全国城市轨道交通专业高职高专规划教材

Guidao Jiaotong Gongcheng Jiance ji Jiance Jishu
轨道交通工程检测及监测技术

朱庆新　主　编
张广军　陈　亮　副主编
谢远堃　主　审

人民交通出版社股份有限公司
北京

内 容 提 要

本书为全国城市轨道交通专业高职高专规划教材。全书分上、下两篇，上篇为轨道交通工程检测技术，内容包括轨道交通工程检测基础知识、水泥砂浆与混凝土结构试验检测、路基工程试验检测、桥梁工程试验检测、隧道工程试验检测和轨道检测等；下篇为轨道交通工程监测技术，内容包括轨道交通工程监测概述和轨道交通工程监测实施方法等。

本书可作为高等职业院校城市轨道交通工程技术专业及相关专业的课程教材，也可作为从事轨道交通工程质量检测或安全监测等相关工作的职工培训用书和技术人员自学参考用书。

* 本书配有教学课件，读者可通过加入职教轨道教学研讨群（教师专用QQ群:129327355）索取。

图书在版编目(CIP)数据

轨道交通工程检测及监测技术／朱庆新主编. —北京:人民交通出版社股份有限公司,2020.1(2025.1重印)
 ISBN 978-7-114-15864-3

Ⅰ.①轨… Ⅱ.①朱… Ⅲ.①城市铁路—铁路工程—监测系统 Ⅳ.①U239.5

中国版本图书馆 CIP 数据核字(2019)第 221361 号

全国城市轨道交通专业高职高专规划教材

书　　名：	轨道交通工程检测及监测技术
著 作 者：	朱庆新
责任编辑：	袁　方　钱　堃
责任校对：	孙国靖　扈　婕
责任印制：	张　凯
出版发行：	人民交通出版社股份有限公司
地　　址：	(100011)北京市朝阳区安定门外外馆斜街3号
网　　址：	http://www.ccpcl.com.cn
销售电话：	(010)85285911
总 经 销：	人民交通出版社股份有限公司发行部
经　　销：	各地新华书店
印　　刷：	北京虎彩文化传播有限公司
开　　本：	787×1092　1/16
印　　张：	14.75
字　　数：	377千
版　　次：	2020年1月　第1版
印　　次：	2025年1月　第4次印刷
书　　号：	ISBN 978-7-114-15864-3
定　　价：	45.00元

(有印刷、装订质量问题的图书由本公司负责调换)

前言

我国轨道交通正处于快速发展阶段，内地城市轨道交通运营里程由 2003 年的 284.7km 快速增长至 2018 年的 5123.7km，增幅达 1700%。截至 2018 年 12 月，已有 44 座城市的轨道交通建设规划获批，批复规模达 10396km。预计未来 5 年，我国将新增城市轨道交通运营里程约 5000km。同时，城际间轨道交通也得到了快速发展，速度高达 300～350km/h 的京津、沪宁、广珠、昌九等城际铁路在区域城市群的一体化和同城化中发挥了重要的基础作用，更多的城际间轨道交通已经开始规划或建设。

轨道交通的大发展带动了轨道交通工程技术的发展，各种新工艺、新技术、新材料层出不穷，也对轨道交通工程建设工程质量检测和安全监测等相关专业人才提出了更高的要求。为满足轨道交通建设对人才培养的迫切需要，我们组织编写了本教材。

本书编写时注重高职学生的培养目标，以轨道交通工程检测与监测技术为主，以现行国家、行业等有效标准为准则，在内容编排和项目选择上充分考虑到先进性、实用性和可操作性，同时不满足于使学生会做每一项试验，尽量将轨道交通工程中的工序推进与相关试验检测与监测相结合，目的是使学生不仅能运用所学试验检测与监测知识和技能来控制工程质量安全，还能合理地规划与安排轨道交通工程中的检测与监测工作，尽可能缩小教学与生产实际的距离。在教材的内容组织上，将轨道交通工程检测技术作为上篇，先整体介绍轨道交通工程检测基础知识和轨道交通中运用最普遍的水泥砂浆与混凝土结构的试验检测，再将轨道交通工程中的路基工程、桥梁工程和隧道工程按施工工序推进顺序对所涉及的试验检测内容方法进行介绍，最后对轨道几何形位检测和轨道主要部件检测进行介绍；将轨道交通工程监测技术作为下篇，主要介绍轨道交通工程监测概述和轨道交通工程监测实施方法。本书所涉及的轨道交通工程路基、桥梁、隧道和轨道工程的检测内容相对独立，轨道交通工程监测技术单独成篇，教师可根据专业特点，选择相关内容进行教学。

本书由南京交通职业技术学院朱庆新担任主编，吉林交通职业技术学院张广军、南京交通职业技术学院陈亮担任副主编，中铁十八局集团有限公司谢远堃担任主审。全书共八章，具体编写分工如下：第一章、第二章、第五章和第六章由南京交通职业技术学院朱庆新编写，第三章、第四章由南京交通职业技术学院陈亮、朱庆新编写，第七章、第八章由吉林交通职业技术学院张广军编写。

本书在编写过程中得到了中铁一局、中铁四局、中铁十八局、南京地铁、苏州地铁、徐州地铁、上海铁路局和南京交通职业技术学院等单位有关专家和领导的大力支持和帮助，并参考、借鉴了相关作者的文献，在此一并表示衷心的感谢和敬意。

由于编者水平有限，且编写时间仓促，教材中难免存在不足甚至错误之处，恳请各位专家、读者批评指正。最后，我们对所有为本书的完成和出版给予支持和帮助的相关人员表示最衷心的谢意。

编　者

2019 年 3 月

目录

上篇 轨道交通工程检测技术

第一章 轨道交通工程检测基础知识 …………………………………………… 1
　第一节 试验检测的目的和意义 ………………………………………………… 1
　第二节 我国的标准体系 ………………………………………………………… 2
　第三节 试验检测数据处理 ……………………………………………………… 4
　第四节 城市轨道交通工程质量验收 …………………………………………… 8
　复习思考题 ……………………………………………………………………… 16

第二章 水泥砂浆与混凝土结构试验检测 ……………………………………… 17
　第一节 水泥砂浆与混凝土施工过程试验检测 ………………………………… 17
　第二节 水泥砂浆与混凝土强度试验检测 ……………………………………… 22
　第三节 混凝土耐久性试验检测 ………………………………………………… 27
　第四节 混凝土结构现场质量检测 ……………………………………………… 31
　复习思考题 ……………………………………………………………………… 54

第三章 路基工程试验检测 ……………………………………………………… 55
　第一节 路基填料质量检测 ……………………………………………………… 55
　第二节 路基地基承载力检测 …………………………………………………… 64
　第三节 路基密实程度试验检测 ………………………………………………… 68
　第四节 路基力学指标检测 ……………………………………………………… 74
　复习思考题 ……………………………………………………………………… 84

第四章 桥梁工程试验检测 ……………………………………………………… 85
　第一节 地基基底检测 …………………………………………………………… 85
　第二节 桩基检测 ………………………………………………………………… 92
　第三节 预应力混凝土结构试验检测 …………………………………………… 105
　第四节 桥梁支座检测 …………………………………………………………… 113
　第五节 桥梁荷载试验 …………………………………………………………… 123

复习思考题 ··· 137

第五章　隧道工程试验检测 ·· 138
　　第一节　基坑围护结构质量检测 ·· 138
　　第二节　地层超前支护及加固质量检测 ·· 142
　　第三节　隧道开挖质量检测 ·· 143
　　第四节　初期支护施工质量检测 ·· 145
　　第五节　隧道防水施工质量检测 ·· 148
　　第六节　隧道衬砌施工质量检测 ·· 150
　　复习思考题 ··· 154

第六章　轨道检测 ·· 155
　　第一节　轨道静态几何形位检测的传统方法 ······································ 155
　　第二节　使用轨道检查仪检测轨道静态几何形位 ·································· 159
　　第三节　钢轨与连接零件检查 ·· 168
　　第四节　混凝土轨枕与无砟道床检测 ·· 173
　　第五节　道岔质量检测 ·· 175
　　复习思考题 ··· 180

下篇　轨道交通工程监测技术

第七章　轨道交通工程监测概述 ·· 181
　　第一节　概述 ··· 181
　　第二节　轨道交通工程监测基本要点 ·· 187
　　复习思考题 ··· 191

第八章　轨道交通工程监测实施方法 ·· 192
　　第一节　变形监测 ·· 192
　　第二节　应力应变监测 ·· 220
　　第三节　地下水监测 ·· 226
　　复习思考题 ··· 228

参考文献 ·· 229

上篇 轨道交通工程检测技术

轨道交通是指运营车辆需要在特定轨道上行驶的交通运输系统,根据服务范围差异一般分成国家铁路系统、城际轨道交通和城市轨道交通三大类。轨道交通虽然没有公路运输的灵活性,但是在运输能力、运营速度、运营成本、安全舒适、准点率和节能环保等方面都具有明显的优势,因此,大力发展轨道交通是世界各国交通发展的趋势。尤其对于解决城市交通拥堵问题的根本出路在于优先发展以轨道交通为骨干的城市公共交通系统,已经成为世界各国的共识。

在轨道交通工程建设中,质量是工程建设项目成败的关键,任何一个环节、任何一个部位出现问题,都会给工程的整体质量带来严重后果,直接影响到轨道交通项目的使用性能,甚至威胁到运营安全而必须返工重建,造成巨大的经济损失。因此,轨道交通工程试验检测机构必须运用检测技术对工程项目或产品进行检测,并判断工程质量或产品质量状态,以确保轨道交通工程建设的顺利进行,同时为竣工后达到预期的使用效果提供保证。

第一章 轨道交通工程检测基础知识

教学目标

1. 能理解轨道交通工程检测的目的及意义。
2. 熟悉我国的标准体系。
3. 能够运用质量数据的修约规则。
4. 会计算质量数据的统计特征值。

第一节 试验检测的目的和意义

工程试验检测工作是建设工程项目管理的重要组成部分,同时也是建设工程施工质量控制和竣工验收评定工作中不可缺少的一个重要环节,是工程质量科学管理的重要手段。工程试验检测工作在建设工程项目的整个过程中,对实现建设工程项目的质量、工期、投资这三大目标具有关键作用,意义重大。

一、工程施工准备阶段

要求试验检测人员及时配合项目经理、总工程师及材料部门进行现场调查,分析工程所在地料源的实际情况,根据施工图纸、规范、标准等用定量的方法科学地评定建设工程所用各种原材料、成品和半成品、构件的质量,并合理地选择料源。一般建设工程施工中材料费用要占总投资的60%～70%,实验室若科学合理地进行配合比设计,不仅可为企业创造良好的经济效益打下坚实的基础,而且既能节约投资,又能保证工程质量,这是项目成本管理的重要组成部分。一个大型工程项目如果配合比设计合理,可能就要节约几百万元成本;反之,如果试验人员业务水平不高,或工作不认真、设计不合理,则不仅不能节约成本,更严重的是可能导致工程质量事故。因此,保证用于工程的原材料质量满足要求而且价格合理,是控制建设工程质量的首要环节,也是建设工程按期开工的必要条件。

二、施工阶段

要求试验检测人员严格按照建设程序对建设工程施工质量进行全过程全方位的控制,保证施工过程中的每个部位、每道工序特别是隐蔽工程等关键过程、关键工序的工程质量。上道工序未经过检查或检查不合格,严禁进行下道工序的施工。对施工过程中出现的质量问题、工程质量事故,试验检测人员应提供准确的检测数据,以便准确判定其性质、范围和程度,合理评价事故损失,明确参建各方责任,保证工程质量。

三、竣工验收阶段

要求试验检测人员运用有效的试验检测手段,对工程实体质量进行检测,提供科学准确的数据和记录报告,来判定工程实体质量是否符合要求,从而保证交付业主使用的工程质量满足规范和图纸的要求,保证人民生命和财产的安全。

综上所述,试验检测工作对于提高工程质量,加快工程进度,降低工程造价,推广新材料、新技术和新工艺,保证人民生命财产安全,推动工程施工技术进步,都具有极为重要的作用。建设工程试验检测技术,融试验检测基本理论和测试操作技能及建设工程相关科学基础知识于一体,是确定工程设计参数、施工质量控制、施工验收评定、养护管理决策的主要依据。工程试验检测人员,应严格做好原材料质量控制、施工控制参数确定、现场施工过程质量控制和分部分项工程验收这四个关键环节的把关工作。

工程实践经验证明,不重视施工检测和施工现场质量控制管理工作,而仅靠经验评估是造成工程早期破坏的重要原因之一。因此,要想切实提高建设工程施工质量、缩短施工工期、降低工程造价,在建立健全工程质量控制检查制度的同时,必须配备一定数量的试验检测设备和相应的专职试验检测技术人员。

第二节 我国的标准体系

工程试验检测工作,无论是试验检测的项目,还是采用的试验方法,均应按照相关标准来进行。因此,工程试验检测人员应对我国的标准体系有一定的了解,以便能正确采用相应的标准来开展试验检测工作。

一、标准的概念

所谓标准,是对重复性事物和概念所做的统一规定。它以科学、技术和实践经验的综合成果为基础,经有关方面协商一致,由主管机构批准,以特定的形式发布,作为共同遵守的准则和依据。

二、标准分级

我国的标准分为国家标准、行业标准、地方标准和企业标准4级;编号由标准代号、标准发布顺序号和标准发布年号3部分组成。

(1)国家标准。由国家标准化和工程建设标准化主管部门联合发布,在全国范围内实施。国家强制性标准代号采用GB(1991年以前采用GBJ),例如《盾构法隧道施工与验收规范》(GB 50446—2017);推荐性标准代号采用GB/T,如《预应力混凝土用钢材试验方法》(GB/T 21839—2019)。其中,发布顺序号大于50000者为工程建设标准,小于50000者为工业产品等标准。

(2)行业标准。由国家行业标准化主管部门发布,在全国某一行业内实施,同时报国家标准化主管部门备案。行业标准的代号随行业的不同而不同。与"交通"相关的标准,强制性标准代号采用JTG,如《公路土工试验规程》(JTG E40—2007);推荐性标准代号采用JTG/T,如《公路工程物探规程》(JTG/T C22—2009)。与"铁路"相关的标准,强制性标准代号采用TB,如《铁路工程土工试验规程》(TB 10102—2010);推荐性标准代号采用TB/T,如《铁路桥梁钢支座》(TB/T 1853—2006)。

(3)地方标准。由地方(省、自治区、直辖市)标准化主管部门发布,在某一地区内实施,同时报国家和行业标准化主管部门备案。地方标准的代号随发布标准的省、自治区、直辖市而定。强制性标准代号采用"DB+地区行政区划代码的前两位数";推荐性标准代号在斜线后加字母T。属于工程建设标准的,不少地区在B后另加字母J。例如,北京市DBJ 01-602—2004,河南省DBJ 41/1046—2002。

(4)企业标准。由企业单位制定,在本企业内实施,并报当地标准化主管部门备案。企业标准代号为QB,我国高速铁路类新规范由中国国家铁路集团有限公司(缩写代码CR)制定,例如《高速铁路桥涵工程施工技术规程》(Q/CR 9603—2015)。

三、相关知识

(1)四级标准中国家标准为最低标准,也可看作市场准入标准。下一级标准提出的技术要求不得低于上一级的标准,且可以提出更高的要求。

(2)按照标准的法律属性,我国的技术标准分为强制性标准和推荐性标准两类。作为强制性标准,它具有法律属性,在规定的适用范围内必须执行;而对于推荐性标准,它具有技术权威性,经合同或行政性文件确认采用后,在确认的范围内也具有法律属性。我国实行的是强制性标准与推荐性标准相结合的标准体制。

(3)当标准只作局部修改时,标准编号不变,只需在标准编号后注明修订年份,如《地下铁道工程施工及验收规范》(GB 50299—1999)(2003年版)。

从事工程试验检测的技术人员,应根据工程项目所属的行业来选择相应的标准,如国家铁路工程与城际轨道交通工程项目应选择相应等级的普通铁路或高速铁路标准,公路工程项目应选择交通行业标准来从事相关试验检测工作。目前,我国城市轨道交通建设标准体系尚不完善,依据的标准主要有建筑类、市政类、铁路类等行业标准,也有可能采用地方或国家标准来进行试验检测。因此,城市轨道交通工程建设时标准选择顺序一般应为企业标准→地方标准→行业标准→国家标准。当发现有下级标准不满足上级标准要求时,就说明下级标准要进行修订了。

第三节 试验检测数据处理

在建设工程施工过程中,不论是原材料试验还是施工中的质量控制检验,都会取得大量的数据。对这些数据进行科学的分析,可以更好地评价原材料和工程质量。在建设工程质量检验评定标准中,也分别提出了许多数理统计的特征值。因此,项目试验人员应具备数理统计的基本知识。在进行试验成果的分析整理时,必须坚持理论与实际相统一的原则,以现场和工程具体条件为依据,以测试所得的实际数据为基础,以数理统计分析为手段,区别不同条件,针对不同要求,采取不同方法。

一、抽样检验

进行质量管理的目的,主要是判断产品质量是否合格。判断产品的质量一般可采用全数检验与抽样检验两种方法。全数检验是对每一个检测对象逐一进行检验;抽样检验则是按数理统计方法从全部检测对象中抽取一部分个体进行检验或测定,进而推断出总体质量是否合格。由于全面检验工作量大,费用高,且有的检验具有破坏性(如检测混凝土梁的受弯性能,检测完毕,梁也就破坏了),因此,在工程质量检测中,除特殊项目外,大多采用抽样检验。

1. 总体与样本

总体也称母体,是数理统计所研究对象的全体,而其中的一个单元称为个体。母体可以是一批产品,也可以是一道工序。为研究总体的质量,从总体中抽取的一部分个体就是样本(又称子样)。例如,一批袋装速凝剂共400袋,总质量10t,应从16个不同袋中取样,每袋取样250g,共取4000g进行检验,则这10t速凝剂称为总体,抽取的4000g速凝剂即为样本,而16个袋中分别取出的250g试样就是样品。抽样检验中总体与样本的关系,如图1-1所示。

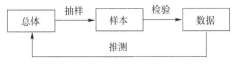

图1-1 总体与样本的关系

2. 抽样检验的抽样方法

为使抽样检验对判定质量好坏提供准确的信息,必须采用恰当的抽样方法。

(1)要明确批的划分。即要注意使同批产品在原材料、工艺条件、生产时间等方面具备基本相同的条件。例如,抽样检验钢筋、水泥等物品的质量特性时,应将相同厂家、相同品种或强度等级的产品作为一个批,而不能将不同生产厂家和不同等级的钢筋或水泥划在一个批内。

(2)必须抽取能代表批的样本。由于抽样检验是以样本检验结果来推断批的好坏,故样本的代表性尤为重要。为使所抽取的样本能成为批的可靠代表,常采用如下方法:

①单纯随机抽样。这是一种完全随机化的取样,它适用于对总体缺乏基本了解的场合。"随机"抽样不同于"随便"抽样。随机抽样是利用随机表或随机数骰子等工具进行的取样,它可以保证总体每个单位出现的概率相同。

②分层抽样。当批量或工序被分为若干层时,可从所有分层中按一定比例取样。例如,有两台混凝土搅拌机同时拌制原材料相同的同强度等级的混凝土。为了检验生产出混凝土的质量特性,采用抽样方法时,应注意对两台搅拌机分别取样。这样便于了解不同"层"的产品质量特性,研究各层造成不良品率的原因(图1-2),也可将甲、乙样品混合进行试验,了解混合产品的质量特性。

图 1-2 分层抽样示例

③两级抽样。当物品堆积在一起构成批时,如许多货箱堆积在一起,按单纯随机抽样相当麻烦。此时,可先进行第一级随机抽样,挑出部分箱,然后再从已挑选出的箱中对物品进行随机抽样。如前面提到过的速凝剂抽样即是两级抽样的典型代表。

④系统抽样。当对连续作业进行抽样或产品为连续体时,对总体实行单纯随机抽样有困难,可先采用简单随机抽样抽取第一个样本单元(或称为随机起点),再顺序抽取其余的样本单元。这类抽样方法称为等距抽样,又称为系统抽样或机械抽样。例如,测定1000m 路基的弯沉值,由于路基是连续体,可采取每 20m 或 50m 测定一点(或两点)的办法,进行抽样测定。这时可用掷骰子或采用其他随机方法确定起点位置,如从 K0+010 开始,然后分别测定 K0+030、K0+050……或 K0+060、K0+110……位置的弯沉值。

(3)要有统一的检测试验方法。产品质量判定标准应与统一的检测试验方法所测定结果相比照,如果试验方法不统一,试验结果偏差很大,容易造成各种误判,抽样检验也就失去了其应有的意义。对于轨道交通工程的各种产品,大多数情况为现场加工制作,质量检测也大多在现场进行。因此,加强现场检测方法的统一,确保检测仪器性能的稳定,同时提高操作人员的技术熟练程度是十分重要的。

二、数据的统计特征

工程质量数据的统计特征量分为两类:一类表示统计数据的集中位置,如算术平均值、中位数、加权平均值等;另一类表示统计数据的离散程度,即工程质量的波动性,主要有极差、标准差、变异系数等。

1. 算术平均值

算术平均值是表示一组数据集中位置最有用的统计特征量,经常用样本的算术平均值来代表总体的平均水平。样本的算术平均值用 $\bar{x}$ 表示,如果 n 个样本数据为 x_1、x_2、x_3、…、x_n,那么样本的算术平均值为:

$$\bar{x} = (x_1 + x_2 + x_3 + \cdots + x_n)/n = \sum x/n \tag{1-1}$$

【例 1-1】 某地铁暗挖隧道初期支护一个断面 8 个点的喷射混凝土厚度(单位为 mm),检测结果分别为 183、196、202、189、177、184、206、191,求该断面喷射混凝土的平均厚度。

解:由式(1-1)可知,喷射混凝土的平均厚度为:

$$\bar{d} = (183 + 196 + 202 + 189 + 177 + 184 + 206 + 191)/8 = 191.0 \text{ (mm)}$$

2. 中位数

在一组数据 x_1、x_2、x_3、…、x_n 中,按其大小次序排序,以排在正中间的一个数表示总体的平均水平。此数称之为中位数,或称中值,用 $\tilde{x}$ 表示。n 为奇数时,正中间的数只有一个;n 为偶数时,正中间的数有两个,则取这两个数的平均值作为中位数,即:

$$\tilde{x} = \begin{cases} x_{\frac{n+1}{2}} & (n \text{ 为奇数}) \\ \frac{1}{2}(x_{\frac{n}{2}} + x_{\frac{n}{2}+1}) & (n \text{ 为偶数}) \end{cases} \quad (1\text{-}2)$$

【例 1-2】 喷射混凝土厚度检测值同例 1-1，求该断面喷射混凝土厚度检测值的中位数。

解： 厚度检测值（单位为 mm）按大小次序排列为：206、202、196、191、189、184、183、177，则中位数为：

$$\tilde{d} = \frac{1}{2}(d_4 + d_5) = \frac{1}{2}(191 + 189) = 190 \text{ (mm)}$$

3. 极差

在一组数据中最大值与最小值之差，称为极差，记作 R：

$$R = x_{\max} - x_{\min} \quad (1\text{-}3)$$

【例 1-3】 喷射混凝土厚度检测数据同例 1-1，求该断面喷射混凝土厚度检测数据的极差。

解： 该断面喷射混凝土厚度检测值极差为：

$$R = d_{\max} - d_{\min} = 206 - 177 = 29 \text{ (mm)}$$

极差没有充分利用数据的信息，但计算十分简单，仅适用于样本容量较小（$n<10$）的情况。

4. 标准差

标准差有时也称标准离差、标准偏差或均方差，它是衡量样本数据波动性（离散程度）的指标。在质量检验中，总体的标准差 σ 一般不易求得。样本的标准差 S 按式(1-4)计算：

$$S = \sqrt{\frac{(x_1 - \bar{x})^2 + (x_2 - \bar{x})^2 + \cdots + (x_n - \bar{x})^2}{n-1}} = \sqrt{\frac{\sum (x_i - \bar{x})^2}{n-1}}$$

$$= \sqrt{\frac{1}{n-1}\left(\sum x_i^2 - n\bar{x}^2\right)} \quad (1\text{-}4)$$

式中： S——标准差（均方根差、均方差）；

$x_1、x_2、\cdots、x_n$——各试验数据值；

$\bar{x}$——试验数据的算术平均值；

n——试验数据个数。

【例 1-4】 喷射混凝土厚度检测数据同例 1-1，求厚度检测数据样本的标准差 S。

解： 样本的标准差为：

$$S = \left\{\frac{1}{8-1}\left[(183-191)^2 + (196-191)^2 + (202-191)^2 + (189-191)^2 + (177-191)^2 + \right.\right.$$

$$\left.\left. (184-191)^2 + (206-191)^2 + (191-191)^2\right]\right\}^{\frac{1}{2}} = 9.9 \text{ (mm)}$$

5. 变异系数

标准差是表示绝对波动大小的指标，当测量较大的量值时，绝对误差一般较大；当测量较小的量值时，绝对误差一般较小。因此，用相对波动的大小（相对离散程度），即变异系数更能反映样本数据的波动性。

变异系数用 C_V 表示，是标准差 S 与算术平均值 $\bar{x}$ 的比值，即：

$$C_V = (S/\bar{x}) \times 100\% \quad (1\text{-}5)$$

【例 1-5】 某隧道初期支护甲断面喷射混凝土厚度算术平均值为 191mm，标准差为

9.9mm;乙断面喷射混凝土厚度算术平均值为227.8mm,标准差为10.3。求两断面喷射混凝土厚度的变异系数。

解:两断面喷射混凝土厚度变异系数:

$$C_{V甲} = (9.9/191) \times 100\% = 5.2\%$$
$$C_{V乙} = (10.3/227.8) \times 100\% = 4.5\%$$

从标准差看,$S_甲 < S_乙$;但从变异系数分析,$C_{V甲} > C_{V乙}$。说明乙断面施工的喷射混凝土厚度变化波动性较小,施工管理和质量控制水平更好。

三、可疑数据的取舍

在一组条件完全相同的重复试验中,当发现有某个过大或过小的可疑数据时,应按数理统计的方法给以鉴别,并决定取舍。常用方法有拉依达法(3倍标准差法)、格拉布斯法和肖维纳特法。这三种方法中,肖维纳特法比较古老,现已较少采用;格拉布斯法每次只能舍弃一个可疑数据,若有两个以上的可疑数据,只能先确定一个数据的取舍,再以此为基础判别第二个可疑数据;拉依达法最简单,试验数据取舍大都采用该法。下面主要介绍拉依达法的使用。

当试验次数较多时,拉依达法简单地用3倍标准差(3S)作为确定可疑数据取舍的标准。当某一测量数据 x_i 与其测量结果的算术平均值 $\bar{x}$ 之差大于3倍标准差时,即满足:

$$|x_i - \bar{x}| > 3S \tag{1-6}$$

则该测量数据应舍弃。

由于该方法是以3倍标准差作为判别标准,所以亦称3倍标准差法,简称3S法。取3S的理由是:根据随机变量的正态分布规律,在多次试验中,测量值落在 $\bar{x} - 3S$ 与 $\bar{x} + 3S$ 之间的概率为99.73%,出现在此范围之外的概率仅为0.27%,也就是在近400次试验中才能遇到一次。这种事件为小概率事件,出现的可能性很小,几乎是不可能。因而在试验中,一旦出现,就认为该测量数据是不可靠的,应将其舍弃。

【例1-6】 某工地试验室进行同配比的混凝土抗压强度(MPa)试验($n=10$),其试验结果为:23.6、24.0、26.5、24.6、25.2、26.7、26.1、30.5、26.0、25.6。试用3S法判别其数据的取舍。

解:分析上述10个试验数据,得 $x_{\min} = 23.6$MPa 和 $x_{\max} = 30.5$MPa 最可疑,故应首先判别 $x_{\min}$ 和 $x_{\max}$。

经计算:$\bar{x} = 25.9$MPa,$S = 1.9$MPa

因 $|x_{\max} - \bar{x}| = |30.5 - 25.9| = 4.6 < 3S = 5.7$(MPa)

$|x_{\min} - \bar{x}| = |23.6 - 25.9| = 2.3 < 3S = 5.7$(MPa)

故上述试验数据均不能舍弃。

3倍标准差法简单方便,不需查表,但要求较宽。当试验检测次数较多或要求不高时,可以应用;当试验检测次数较少时(如 $n < 10$),在一组测量值中即使混有异常值,也无法舍弃。

四、数字修约规则

根据《数值修约规则与极限数值的表示和判定》(GB 8170—2008),试验数据需要修约时,应按下列规则进行:

(1)在拟舍弃的数字中,保留数后面(右边)第一个数小于5(不包括5)时则舍去,保留数的末位数字不变。

例如,将 13.14862 修约到保留一位小数,修约后为 13.1。

(2)在拟舍弃的数字中,保留数后面(右边)第一个数大于5(不包括5)时则进一,保留数的末位数字加一。

例如,将 13.16862 修约到保留一位小数,修约后为 13.2。

(3)在拟舍弃的数字中,保留数后面(右边)第一个数字等于5,5后面的数字并非全部为零时,则进一,保留数末位数字加一。

例如,将 13.15062 修约到保留一位小数,修约后为 13.2。

(4)在拟舍弃的数字中,保留数后面(右边)第一个数字等于5,5后面无数字或全部为零时,保留数的末位数字为奇数(1、3、5、7、9)则进一,为偶数(2、4、6、8、0)则舍弃。

例如,将下列数字修约到保留一位小数:

修约前 13.15,修约后为 13.2;

修约前 13.25,修约后为 13.2。

(5)拟舍弃的数字若为两位以上的数字,不得连续进行多次(包括二次)修约,应根据保留数后面(右边)第一个数字的大小,按上述规定,一次修约出结果。

例如,将 13.4468 修约成整数。

正确的修约是,修约前为 13.4468,修约后为 13;而不应按 13.4468→13.447→13.45→13.5→14 进行修约。

上述修约规则可归纳为以下几句口诀:四舍六入五考虑,五后非零则进一,五后为零视奇偶,奇升偶舍要注意,修约一次要到位。这种修约规则与常用的"四舍五入"法区别在于:用"四舍五入"法对数值进行修约,可能导致修约后的数据均值偏大;用上述修约规则,进舍的状况具有平衡性,进舍误差也具有平衡性,若干数值经过这种修约后,修约值之和变大的可能性与变小的可能性是一样的。

(6)0.5 单位修约。试验数据中,有些规范或规程要求小数点后保留 0 或 5,则修约规则为:将拟修约的数值乘以2,在指定位数上依上述规则修约,所得数值再除以2即为修约结果。

例如,将下列数字修约到个数位的 0.5 单位,修约结果见表 1-1。

0.5 单位修约 表 1-1

拟修约数	乘以2后数值	修约为整数	再除以2得修约结果
60.25	120.50	120	60.0
60.38	120.76	121	60.5
60.75	121.5	122	61.0

第四节 城市轨道交通工程质量验收

一、城市轨道交通工程质量验收依据及其工程项目的划分

1. 城市轨道交通工程的质量验收依据

中华人民共和国住房和城乡建设部制定的《城市轨道交通建设工程验收管理暂行办法》适用于新建、扩建、改建城市轨道交通建设工程的验收活动及其监督管理。但对城市轨道交通工程施工质量的管理、监控和检验评定尚无成套的国家标准,在实际工作中主要依据《地下铁道工程施工标准》(GB/T 51310—2018)、《地下铁道工程施工质量验收标准》

(GB/T 50299—2018)、《建筑工程施工质量验收统一标准》(GB 50300—2013)、《地下防水工程质量验收规范》(GB 50208—2011)等建筑工程相关施工质量验收规范和《铁路轨道工程施工质量验收标准》(TB 10413—2018)等铁路工程相关施工质量验收标准。此外,各大城市制定的轨道交通工程施工质量的验收标准,如北京市制定的《城市轨道交通工程质量验收标准》(DB11/T 311.1—2005)、深圳市制定的《深圳市地铁有限公司轨道交通工程施工质量验收统一标准(试行)》等,都是城市轨道交通工程施工管理、监控和检验评定的主要依据。

2. 城市轨道交通工程项目的划分

考虑建设任务、施工管理和质量控制的需要,城市轨道交通工程项目划分为单位(子单位)工程、分部(子分部)工程、分项工程和检验批。

(1) 单位工程

单位工程是具备独立施工条件并能形成独立使用功能的轨道交通建筑物或构筑物,应按一个完整工程或一个相当规模的施工范围来划分。为便于工程检验和验收管理,增加了"子单位工程"。如:地铁每个车站或两站之间的区间划分为一个单位工程,其划分原则没有变,但地下结构部分按其功能和部位的不同,将左右线、出入口通道、风道和风井、盾构工作井、联络通道和泵房、折返线等分别划分为若干个"子单位工程"。地上部分按其工程种类的不同,将路基、桥梁、涵洞、道路、建筑物、站房等分别划为"子单位工程"。对两站之间的区间,可按不同的施工方法确定单位工程。如:地铁由地下过渡到地上的区间,其施工方法由盾构法或暗挖法改变为明挖法,此区间划分为两个单位工程,并在单位工程名称后面加后缀说明,如××站~××站—地下部分,××站~××站区间—过渡段部分。

(2) 分部工程

分部工程是按专业性质、建(构)筑物的一个完整部位或主要结构及施工阶段划分的工程实体,应按一个完整部位或主要结构及施工阶段来划分。一个分部工程应类型相同、材料相同或施工方法相同;不同时可划分为若干个"子分部工程",如基础分部工程中既有明挖基础又有钻孔桩基础,可分为两个"子分部工程"。

(3) 分项工程

分项工程是按工种、工序、材料、设备类别和施工工艺等划分的工程实体。

(4) 检验批

检验批是分项工程的组成部分,是施工质量验收的基本单元。一个检验批的施工条件应基本相同,所用原材料及其质量要求应相同,形成的质量应均匀一致。

3. 城市轨道交通土建工程与轨道工程的单位、分部和分项工程划分

城市轨道交通土建工程与轨道工程的单位、分部和分项工程划分内容,可参见表 1-2 和表 1-3。

城市轨道交通土建工程的单位、分部和分项工程划分表　　表 1-2

单位工程	子单位工程	分 部 工 程	子分部工程	分 项 工 程
区间工程	区间暗挖工程	洞身开挖		隧底开挖、洞身开挖
		支护		超前小导管、锚杆、钢筋网、钢架、管棚、喷射混凝土
		衬砌		模板、钢筋、回填注浆、底板、仰拱、仰拱填充、混凝土
		防水和排水		盲管(沟)、洞内排水沟、施工缝与变形缝处理、防水板、涂料防水层、注浆防水、洞口防排水

续上表

单位工程	子单位工程	分部工程	子分部工程	分项工程
区间工程	区间暗挖工程	中隔墙		模板、钢筋、混凝土
		附属结构（施工通道、竖井、联络通道、泵房等）	洞身开挖与支护	降水与排水、注浆加固、洞身开挖、格栅钢架制作安装、钢筋网、喷射混凝土、回填注浆等
			地下防水	防水混凝土，水泥砂浆防水层，卷材防水层，涂料防水层，渗排水、盲沟排水、坑道排水，预注浆、后注浆，防水层保护层等
			混凝土结构	模板、钢筋、混凝土、现浇结构、二次衬砌、回填注浆
		明洞工程		明洞开挖、模板、钢筋、混凝土、明洞防排水、回填
	复合TBM掘进法区间隧道	管片制作		钢筋；模具；管片预制
		复合TBM法隧道		复合TBM法掘进；管片拼装；壁后注浆；成型隧道
		防水工程		管片本身防水；管片接缝防水；螺栓孔防水；柔性接头、变形缝等特殊结构处防水
		附属结构（施工通道、竖井、联络通道、泵房等）	洞身开挖与支护	降水与排水；注浆加固；洞身开挖；格栅钢架制作安装、钢筋网；喷射混凝土；回填注浆等
			地下防水	参照区间暗挖工程附属结构分项工程划分
			混凝土结构	模板；钢筋；混凝土；现浇结构；二次衬砌；回填注浆
	区间明挖工程	基坑围护及地基处理	基坑围护	地下连续墙，钻孔灌注桩，人工挖孔桩，旋喷桩，钢板桩，工字钢桩，SMW桩，锚杆及挂网喷射混凝土，土钉墙，桩间网喷混凝土，横撑
			土方工程	土方开挖，土方回填，场地平整
			地基处理	灰土地基、砂和砂石地基、土工合成材料地基，粉煤灰地基，强夯地基，注浆地基，预压地基，振冲地基，高压喷射注浆地基，水泥土搅拌桩地基，土和灰土挤密桩地基，水泥粉煤灰碎石桩地基，夯实水泥土桩地基，砂桩地基
			防排水工程	防水混凝土，水泥砂浆防水层，卷材防水层，涂料防水层，塑料防水板防水层，金属板防水层，膨润土防水材料防水层，细部构造，锚喷支护，地下连续墙、盾构隧道、沉井、逆筑结构；渗排水、盲沟排水、隧道排水、坑道排水、塑料排水板排水；预注浆、后注浆，结构裂缝注浆
		主体结构	混凝土结构	模板、钢筋、混凝土，后浇带混凝土，混凝土结构缝处理
			装配式结构	构件制作，构件进场验收，构件装配
			砌体结构	砖砌体，混凝土小型空心砌块砌体，石砌体，配筋砌体
		附属工程	联络通道、泵房、风井、风道	参照区间暗挖工程分项工程划分

续上表

单位工程	子单位工程	分部工程	子分部工程	分项工程
区间工程	区间桥梁工程	地基与基础	土方工程	土方开挖,土方回填,场地平整
			地基处理	参照区间明挖工程分项工程划分
			桩基础	先张法预应力管桩,混凝土预制桩,钢桩,混凝土灌注桩
			混凝土基础	模板、钢筋、混凝土,后浇带混凝土,混凝土结构缝处理
			砌体基础	砖砌体,混凝土小型空心砌块砌体,石砌体,配筋砌体
			型钢、钢管混凝土基础	型钢、钢管焊接与螺栓连接,型钢、钢管与钢筋连接,浇筑混凝土
			钢结构基础	钢结构制作,钢结构安装,钢结构涂装
		下部结构工程	砌筑墩、台	桥梁墩、台砌筑
			钢筋混凝土墩、台、柱、墙	钢筋、模板、混凝土
			预制钢筋混凝土墩、柱	预制混凝土墩、柱安装
			钢筋混凝土盖梁	现浇钢筋混凝土盖梁、预制现浇钢筋混凝土盖梁安装
			支座安装	安装支座(如板式支座、盆式支座、球形支座等)
		上部结构工程	钢筋混凝土(梁、板)结构	钢筋、模板、混凝土
			预制钢筋混凝土(梁、板)结构	安装预制钢筋混凝土梁、板
			预应力预制钢筋混凝土(梁、板)结构	钢筋、模板、混凝土、施加预应力
			钢(箱)梁结构	安装钢(箱)梁
		桥面系工程	桥面防水	找平层、防水层(水泥砂浆防水层、涂膜防水层、卷材防水层等)、防水保护层
			伸缩装置	安装伸缩装置
			桥面铺装、人行道	沥青混凝土桥面、水泥混凝土(加强筋网片)桥面、钢纤维混凝土桥面、铺装人行道
			栏杆、地袱、挂板、隔离墩、防撞墩、缘石	安装栏杆、地袱、挂板,安装隔离墩、防撞墩、缘石
	区间路基工程	地基、路堤、基床、路堑		原地面平整、碾压,换填,砂(碎石)垫层,强夯,重锤夯实,一般路堤填筑,路堤边坡,路桥过渡段填筑,基床底层,基床表层,路基面,路堑基床底层,路堑基床表层,路堑开挖
		支挡、防护、排水		明挖基坑、基础,换填基础,挡土墙身及墙背填筑,植物防护,混凝土、浆砌护坡(墙),干砌石护坡,边坡喷护,挂网锚喷防护,排水沟

续上表

单位工程	子单位工程	分部工程	子分部工程	分项工程
车站工程	车站隧道工程	洞身开挖		隧底开挖、洞身开挖
		支护		超前小导管、锚杆、钢筋网、钢架、管棚、喷射混凝土
		衬砌		模板、钢筋、回填注浆、喷射混凝土、底板、仰拱及仰拱填充
		防水和排水		盲管(沟)、洞内排水沟(槽)、施工缝与变形缝处理、防水板、涂料防水层、注浆防水、洞口防排水
	车站附属工程	出入口、通道、风井、风道、风亭等附属设施	出入口、通道	参照区间暗挖工程分项工程划分
			风井(竖井)、风道、风亭	
	明、暗挖车站主体工程	地基与基础	无支护土方	土方开挖,土方回填
			有支护土方	排桩,重力式挡土墙,型钢水泥土搅拌墙,土钉墙与复合土钉墙,地下连续墙,沉井与沉箱,钢或混凝土支撑,锚杆,降水与排水
			地基处理	参照区间明挖工程分项工程划分
			桩基础	先张法预应力管桩,混凝土预制桩,钢桩,混凝土灌注桩
			混凝土基础	模板、钢筋、混凝土,后浇带混凝土,混凝土结构缝处理
			地下防水	参照区间暗挖工程地下防水分项工程划分
		主体结构	混凝土结构	模板、钢筋、混凝土、预应力、现浇结构、装配式结构
			砌体结构	砖砌体,混凝土小型空心砌块砌体,石砌体,配筋砖砌体,填充墙砌体
			钢结构	钢结构焊接,紧固件连接,钢零部件加工,钢构件组装及预拼装,单层钢结构安装,多层及高层钢结构安装,空间格构钢结构制作,空间格构钢结构安装,压型金属板,防腐涂料涂装,防火涂料涂装,天沟安装,雨棚安装
			型钢、钢管混凝土结构	型钢、钢管现场拼装,柱脚锚固,构件安装,焊接、螺栓连接,钢筋骨架安装,型钢、钢管与钢筋连接,浇筑混凝土
			轻钢结构	钢结构制作,钢结构安装,墙面压型板,屋面压型板
			索膜结构	膜支撑构件制作,膜支撑构件安装,索安装,膜单元及附件制作,膜单元及附件安装

城市轨道交通轨道工程的单位、分部和分项工程划分表 表1-3

单位工程	子单位工程	分部工程		分项工程
轨道工程	站场轨道工程	道床	有砟道床（铺轨前铺砟）	铺底砟,预铺道砟
			板式无砟道床	底座钢筋,底座模板,底座混凝土,轨道板铺设,CA砂浆模板,CA砂浆配置灌注,防水层、保护层及伸缩缝
			支撑块式无砟道床	轨排组装架设,道床板钢筋,道床板模板,道床板混凝土,防水层、保护层及伸缩缝
			长枕埋入式无砟道床	底座钢筋,底座模板,底座混凝土,隔离层铺设,轨排组装架设,道床板钢筋,道床板模板,道床板混凝土,防水层、保护层及伸缩缝
		轨道	有缝线路轨道	轨排组装,铺轨,铺砟整道,有缝道岔铺设,有缝道岔铺砟整道
		线路附属	道口	道口铺设,道口防护设施
			护轨	护轨铺设
			标志	线路、信号标志
			轨道加强设备	防爬设备,轨距杆、轨撑
	正线轨道工程	线路基桩		基桩测设
		道床	有砟道床（铺轨前铺砟）	铺底砟,预铺道砟
			板式无砟道床	底座钢筋,底座模板,底座混凝土,轨道板铺设,CA砂浆模板,CA砂浆配制灌注,防水层、保护层及伸缩缝
			支撑块式无砟道床	轨排组装架设,道床板钢筋,道床板模板,道床板混凝土,防水层、保护层及伸缩缝
			长枕埋入式无砟道床	底座钢筋,底座模板,底座混凝土,隔离层铺设,轨排组装架设,道床板钢筋,道床板模板,道床板混凝土,防水层、保护层及伸缩缝
		轨道	无缝线路轨道	基地钢轨焊接,长钢轨铺设,铺砟整道,工地钢轨焊接,线路锁定,轨道整理,无缝道岔铺设,无缝道岔铺砟整道,钢轨伸缩调节器铺设,钢轨预打磨
			有缝线路轨道	轨排组装,铺轨,铺砟整道,有缝道岔铺设,有缝道岔铺砟整道,钢轨伸缩调节器铺设
		线路附属	道口	道口铺设,道口防护设施
			防护栅栏	栅栏安装
			护轨	护轨铺设
			标志	线路、信号标志
			轨道加强设备	防爬设备,轨距杆、轨撑

二、城市轨道交通工程质量控制要求与验收规定及方法

(一) 城市轨道交通工程质量控制基本要求

城市轨道交通工程质量应反映城市轨道交通工程施工过程或实体满足相关标准规定或

合同约定的要求,包括其在安全、使用功能、耐久性能、环境保护等方面所有明显和隐含能力的特性总和。为保证城市轨道交通工程质量,应按下列规定进行施工质量控制:

(1)工程采用的主要材料、构配件和设备,施工单位应对其外观、规格、型号和质量证明文件等进行验收,并经监理工程师检查认可。凡涉及结构安全和使用功能的,施工单位应进行检查,监理单位应按规定进行平行检验或见证取样检测。

(2)各工序应按施工规范和技术标准进行质量控制,每道工序完成后,施工单位应进行检查,并形成记录。

(3)工序之间应进行交接检验,上道工序应满足下道工序的施工条件和技术要求。相关专业工序之间的交接检验应经监理工程师检查认可,未经检查或经检查不合格的不得进行下道工序施工。

(二)城市轨道交通工程质量验收基本规定

城市轨道交通工程质量验收应在承包商自行质量检查评定的基础上,由参与建设活动的有关单位共同对检验批、分项、分部、单位工程的质量进行抽样复验,根据相关标准和设计文件要求,以书面形式对城市轨道交通工程施工质量达到合格与否作出确认。其基本要求主要包括:

(1)参加工程施工质量验收的各方人员应具备规定的资格。

(2)涉及结构安全的试块、试件和现场检验项目,监理单位应按规定进行平行检验或见证取样检测(见证检测);承担见证取样检测的单位应具有相应的资质。

(3)检验批的质量应按主控项目和一般项目进行检验。

(4)隐蔽工程在隐蔽前应由施工单位通知监理单位进行验收,并应形成验收文件。

(5)对涉及结构安全和使用功能的重要分部工程应进行抽样检测,承担检测的单位应具有相应的资质。

(6)单位工程的观感质量应由验收人员通过现场检查共同确认。

(三)城市轨道交通工程质量验收方法

城市轨道交通工程的不同层次的验收项目列于表1-4中。

城市轨道交通工程质量验收项目表　　　　表1-4

序号	验收层次	验收时间	验收资料	验收组织形式
1	施工现场质量管理	开工前	施工现场质量管理检查记录表	总监理工程师检查
2	检验批	检验批完工自检合格后	检验批质量验收记录表	由专业监理工程师组织施工单位专职质量检查员等进行验收
3	分项工程	分项工程完工自检合格后	分项工程质量验收记录表	专业监理工程师组织施工单位分项工程技术负责人等进行验收
4	分部工程	分部工程完工自检合格后	分部(子分部)工程质量验收记录表	总监理工程师组织施工单位项目负责人和技术、质量负责人进行验收

续上表

序号	验收层次	验收时间	验收资料	验收组织形式
5	单位工程	单位工程完工自检合格后	单位(子单位)工程质量竣工验收记录表；单位(子单位)工程质量控制资料核查记录表；单位(子单位)工程安全和功能检验资料核查及主要功能抽查记录表；单位(子单位)工程观感质量检查记录表	总监理工程师、建设单位项目负责人组织监理、施工、设计单位进行验收，建设等单位参加
6	竣工预验收	各单位工程验收合格后	监理单位的《工程质量评估报告》；勘察设计单位的《工程质量检查报告》	总监理工程师组织监理、施工、设计单位进行验收，建设、运营等单位参加
7	竣工验收	试运行3个月合格后	《工程竣工验收报告》《单位工程质量竣工验收记录》"竣工移交证书"及规划、公安、消防、环保等部门出具的认可文件或准许使用文件及市交通管理部门要求的其他文件	建设单位组织，设计、施工、监理、运营、质监、规划、公安、消防、环保、劳动、卫生等单位参加
8	国家验收	试运营一年合格后	《国家验收报告》	市轨道交通建设行政主管部门组织验收委员会，建设、运营等单位参加

1. 检验批质量验收

检验批是最小的质量验收单元，包括实物检查和资料检查两部分内容。

1) 实物检查

(1) 对原材料、构配件和设备等的检验，应按进场的批次和产品的抽样检验方案执行。

(2) 对混凝土强度等，应按国家现行有关标准或相关地方标准规定的抽样检验方案执行。

(3) 对须采用计数检验的项目，应按抽查总点数的合格点率进行检查。

2) 资料检查

资料检查内容主要包括原材料、构配件和设备等的质量证明文件(质量合格证、规格、型号及性能检测报告等)和检验报告、施工过程中重要工序的自检和交接检验记录、平行检验报告、见证取样检测报告，隐蔽工程验收记录等。

检验批合格质量应保证主控项目和一般项目的质量经抽样检验合格，并具有完整的施工操作依据、质量检查记录。部分地方标准对一般项目的质量合格标准有所不同，如北京地方标准规定一般项目的有允许偏差的抽查点，除有专门要求外，合格点率应达到80%及以上，且不合格点的最大偏差不得大于规定允许偏差的1.5倍。

当检验批质量不符合要求时，应按以下规定进行处理：

(1) 经返工重做的或更换构配件、设备的检验批，应重新进行验收。

(2) 经有资质的法定检测单位检测鉴定，能够达到设计要求的检验批，应予以验收。

(3)经有资质的检测单位检测鉴定达不到设计要求,但经原设计单位核算认可能够满足结构安全和使用功能的检验批,可予以验收。

2. 分项工程质量验收

分项工程质量验收合格应保证分项工程所含的检验批均应符合合格质量的规定,且分项工程所含的检验批的质量验收记录应完整。

3. 分部(子分部)工程质量验收

分部(子分部)工程质量验收合格标准:

(1)分部工程所含分项工程的质量均应验收合格。

(2)质量控制资料应完整。

(3)地基与基础、主体结构等分部工程中有关安全及功能的检验和抽样检测结果应符合有关规定。

(4)观感质量验收应符合要求。

对于含有子分部工程的分部工程,若子分部工程全部通过质量验收,视作分部工程通过质量验收,不再另组织分部工程质量验收工作。

通过返修或加固处理仍不能满足安全使用要求的分部工程严禁验收。

4. 单位(子单位)工程质量验收

单位(子单位)工程质量验收合格标准:

(1)单位工程所含分部工程的质量均应验收合格。

(2)质量控制资料应完整。

(3)单位工程所含分部工程有关安全和功能的检测资料应完整。

(4)主要功能项目的抽查结果应符合相关专业质量验收标准的规定。

(5)观感质量验收应符合要求。

通过返修或加固处理仍不能满足安全使用要求的单位(子单位)工程严禁验收。

复习思考题

1. 加强试验检测工作对工程质量控制有何意义?
2. 我国工程建设标准分为哪几级?编号有何规则?
3. 我国的标准有何特点?从事工程试验检测的技术人员应如何选择适用的标准规范?
4. 什么是总体、样本?
5. 质量数据的统计特征量有哪些?
6. 随机抽样检查的方法有哪几种?
7. 质量数据的统计方法有哪些?
8. 某地铁隧道暗挖段对一断面进行二次衬砌混凝土厚度检测,10个点的检测值(单位为cm)分别为:55、56、59、60、54、53、52、54、49、53。求该里程断面处的二次衬砌混凝土厚度的平均值、中位数、极差、标准差和变异系数。
9. 请修约以下数据:15.3528(保留两位小数);125.555(保留整数);15.3528(保留一位小数);19.9998(保留两位小数);10.0500001(保留一位小数);16.6875(保留三位小数);10.35(保留一位小数)。

第二章　水泥砂浆与混凝土结构试验检测

教学目标

1. 能够对砂浆稠度、凝结时间等基本性能指标进行试验检测。
2. 能够对混凝土流动性工作性能指标进行试验检测。
3. 掌握砂浆及混凝土强度试验的基本方法。
4. 掌握混凝土抗渗性及抗冻性试验的基本方法。
5. 能够采用回弹法、钻芯法对混凝土结构强度进行检测和评价。

水泥砂浆与混凝土都是城市轨道交通工程中主要用到的建筑材料。轨道线路主体结构中的桥梁、隧道及无砟轨道等均以混凝土为主要建筑材料，而轨道线路附属的排水工程、防护与加固工程等除混凝土外大量使用的浆砌圬工，则主要以水泥砂浆作为砌体材料的黏结剂。水泥砂浆与混凝土的质量将直接影响到工程实体的质量，因此，在水泥砂浆与混凝土施工时必须严格按相关规范要求进行试验检测，以确保其质量。

第一节　水泥砂浆与混凝土施工过程试验检测

一、水泥砂浆施工过程试验检测

浆砌圬工工程在开工前应认真进行砌筑砂浆的配合比设计，并且对所需水泥、砂等原材料进行质量检测，符合规定方可进行使用。施工过程中试验检测人员还应按照相应施工规范要求的频率，依据《建筑砂浆基本性能试验方法标准》（JGJ/T 70—2009）对砂浆稠度、凝结时间等基本性能指标进行试验检测，以保证工程顺利进行。

1. 砂浆取样的要求

（1）砂浆试验用料应从同一盘砂浆或同一车砂浆中取样。取样量应不少于试验所需量的 4 倍。

（2）施工中取样进行砂浆试验时，其取样方法和原则应按相应的施工验收规范执行。一般在使用地点的砂浆槽、砂浆运送车或搅拌机出料口，至少从三个不同部位取样。现场取来的试样，试验前应人工搅拌均匀。

（3）从取样完毕到开始进行各项性能试验，不宜超过 15min。

2. 砂浆稠度试验

砂浆稠度是指砂浆在自重力或外力作用下是否易于流动的性能，其大小用稠度值表示，稠度值越大，砂浆流动性越大。

1）试验目的

本试验采用砂浆稠度测定仪测定圆锥体在砂浆中下沉深度的毫米数，即稠度值；适用于确定配合比或施工过程中控制砂浆的稠度,以达到控制用水量的目的。

2）稠度试验所用仪器

(1)砂浆稠度仪:如图 2-1 所示,由试锥、容器和支座 3 部分组成。试锥由钢材或铜材制成,试锥高度为 145mm,锥底直径为 75mm,试锥连同滑杆的质量应为(300±2)g;盛载砂浆容器由钢板制成,筒高为 180mm,锥底内径为 150mm;支座分底座、支架及刻度显示 3 个部分,由铸铁、钢及其他金属制成。

(2)钢制捣棒:直径 10mm、长 350mm,端部磨圆。

(3)秒表等。

3）试验步骤

(1)用少量润滑油轻擦滑杆,再将滑杆上多余的油用吸油纸擦净,使滑杆能自由滑动。

(2)用湿布擦净盛浆容器和试锥表面,将砂浆拌合物一次装入容器,使砂浆表面低于容器口 10mm 左右。用捣棒自容器中心向边缘均匀地插捣 25 次,然后轻轻地将容器摇动或敲击 5~6 下,使砂浆表面平整,再将容器置于稠度测定仪的底座上。

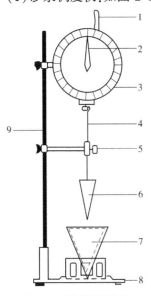

图 2-1 砂浆稠度测定仪
1-齿条测杆;2-摆针;3-刻度盘;4-滑杆;5-制动螺钉;6-试锥;7-盛装容器;8-底座;9-支架

(3)拧松制动螺钉,向下移动滑杆,当试锥尖端与砂浆表面刚接触时,拧紧制动螺钉,使齿条侧杆下端刚接触滑杆上端,读出刻度盘上的读数(精确至 1mm)。

(4)拧松制动螺钉,同时计时间,10s 时立即拧紧螺钉,将齿条测杆下端接触滑杆上端,从刻度盘上读出下沉深度(精确至 1mm),二次读数的差值即为砂浆的稠度值。

(5)盛装容器内的砂浆,只允许测定一次稠度;重复测定时,应重新取样测定。

4）稠度值试验结果确定

(1)取两次试验结果的算术平均值,精确至 1mm。

(2)如两次试验值之差大于 10mm,应重新取样测定。

3. 砂浆凝结时间试验

1）试验目的

本方法适用于采用贯入阻力法确定砂浆拌合物的凝结时间。

2）凝结时间试验仪器

(1)砂浆凝结时间测定仪:如图 2-2 所示,由试针、容器、压力表和支座 4 部分组成,并应符合下列规定:

①试针:应由不锈钢制成,截面面积为 $30mm^2$;

②盛浆容器:应由钢制成,内径应为 140mm,高度应为 75mm;

③压力表:测量精度应为 0.5N;

④支座:应分底座、支架及操作杆 3 部分,应由铸铁或钢制成。

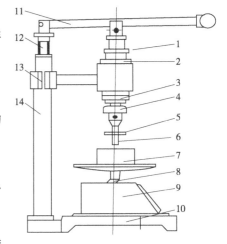

图 2-2 砂浆凝结时间测定仪示意图
1-调节套;2-调节螺母;3-调节螺母;4-夹头;5-垫片;6-试针;7-试模;8-调整螺母;9-压力表座;10-底座;11-操作杆;12-调节杆;13-立架;14-立柱

(2)时钟等。

3)试验步骤

(1)将制备好的砂浆拌合物装入盛浆容器内,砂浆应低于容器上口10mm,轻轻敲击容器,并予以抹平,盖上盖子,放在(20±2)℃的试验条件下保存。

(2)砂浆表面泌水不清除,将容器放到压力表座上,然后通过下列步骤来调节测定仪:

①调节螺母3,使贯入试针与砂浆表面接触。

②拧开调节螺母2,再调节螺母1,以确定压入砂浆内部深度为25mm后再拧紧螺母2。

③旋动调节螺母8,使压力表指针调到零位。

(3)测定灌入阻力值,用截面面积为30mm²的贯入试针与砂浆表面接触,在10s内缓慢而均匀地垂直压入砂浆内部25mm深,每次贯入时记录仪表读数N_P,贯入杆离开容器边缘或已贯入部位应至少12mm。

(4)在(20±2)℃的试验条件下,实际贯入阻力值应在成型后2h开始测定,以后每隔30min测定一次;当贯入阻力仪值达到0.3MPa后,应改为每15min测定一次,直至贯入阻力值达到0.7MPa为止。

4)砂浆贯入阻力值计算

砂浆贯入阻力值应按下式计算:

$$f_P = \frac{N_P}{A_P} \tag{2-1}$$

式中:f_P——贯入阻力值(MPa),精确至0.01MPa;

N_P——贯入深度至25mm时静压力(N);

A_P——贯入试针截面积,即30mm²。

5)砂浆凝结时间的确定

①凝结时间的确定可采用图示法或内插法,有争议时应以图示法为准。

从加水搅拌开始计时,分别记录时间和相应的贯入阻力值,根据试验所得各阶段的贯入阻力与时间的关系绘图,由图求出贯入阻力值达到0.5MPa的所需时间t_s(min),此时的t_s值即为砂浆的凝结时间测定值。

②测定砂浆凝结时间时,应以两个试验结果的算术平均值作为该砂浆的凝结时间值,两次试验结果的误差不应大于30min,否则应重新测定。

二、普通混凝土施工过程试验检测

普通混凝土是城市轨道交通工程中最主要的建筑材料之一,在开工前应认真进行混凝土的配合比设计,并且对所需水泥、砂、碎石等原材料进行质量检测,符合规定方可进行使用。施工过程中试验检测人员还应按照相应施工规范要求的频率,依据《普通混凝土拌合物性能试验方法标准》(GB/T 50080—2016)对采用坍落度、扩展度、维勃稠度等表示的混凝土的流动性等工作性能指标进行试验检测,以保证工程顺利进行。

1.混凝土取样的要求

(1)同一组混凝土拌合物的取样,应在同一盘混凝土或同一车混凝土中取样。取样量应多于试验所需量的1.5倍,且不宜小于20L。

(2)混凝土拌合物的取样应具有代表性,宜采用多次采样的方法。宜在同一盘混凝土或同一车混凝土中的 1/4 处、1/2 处和 3/4 处分别取样,并搅拌均匀;第一次取样和最后一次取样的时间间隔不宜超过 15min。

(3)宜在取样后 5min 内开始各项性能试验。

2. 坍落度试验

1)试验目的

坍落度是表示的混凝土拌合物流动性的一项指标,本试验方法宜用于骨料最大公称粒径不大于 40mm,坍落度不小于 10mm 的混凝土拌合物坍落度的测定。

2)试验仪器设备

(1)坍落度筒:符合《混凝土坍落度仪》(JG/T248)中有关技术要求,如图 2-3 所示。

(2)钢尺(2 把):量程不小于 300mm,分度值不应大于 1mm。

(3)钢底板:平面尺寸不小于 1500mm×1500mm、厚不小于 3mm,最大挠度不应大于 3mm。

(4)装料漏斗、捣棒、小铲、镘刀等。

3)试验步骤

(1)坍落度筒内壁和底板应润湿无明水;底板应放置在坚实水平面上,并把坍落度筒放在底板中心,然后用脚踩住两边的脚踏板,坍落度筒在装料时应保持在固定的位置。

(2)混凝土拌合物试样应分三层均匀地装入坍落度筒内,每装一层混凝土拌合物,应用捣棒由边缘到中心按螺旋形均匀插捣 25 次;捣实后每层混凝土拌合物试样高度约为筒高的三分之一。

图 2-3 坍落度仪示意图

(3)插捣底层时,捣棒应贯穿整个深度,插捣第二层和顶层时,捣棒应插透本层至下一层的表面。

(4)顶层混凝土拌合物装料应高出筒口;插捣过程中,混凝土拌合物低于筒口时,应随时添加。

(5)顶层插捣完后,取下装料漏斗,应将多余混凝土拌合物刮去,并沿筒口抹平。

(6)清除筒边底板上的混凝土后,应垂直平稳地提起坍落度筒,并轻放于试样旁边;当试样不再继续坍落或坍落时间达 30s 时,用钢尺测量出筒高与坍落后混凝土试体最高点之间的高度差,作为该混凝土拌合物的坍落度值。

4)注意事项

(1)坍落度筒的提离过程宜控制在 3～7s;从开始装料到提坍落度筒的整个过程应连续进行,并应在 150s 内完成。

(2)将坍落度筒提起后混凝土发生一边崩坍或剪坏现象时,应重新取样另行测定;第二次试验仍出现一边崩坍或剪坏现象,应予记录说明。

5)精度要求

混凝土拌合物坍落度值测量应精确至 1mm,结果应修约至 5mm。

3. 扩展度试验

1)试验目的

对于坍落度大于 160mm 的大流动性混凝土,仅用坍落度已难以反映其流动性,因此对骨料最大公称粒径不大于 40mm,坍落度不小于 160mm 的混凝土采用本试验方法测定其扩展度。

2)试验仪器设备

(1)坍落度筒:符合《混凝土坍落度仪》(JG/T 248)中有关技术要求。

(2)钢尺:量程不小于1000mm,分度值不应大于1mm。

(3)钢底板:平面尺寸不小于1500mm×1500mm,厚度不小于3mm,最大挠度不应大于3mm。

3)试验步骤

(1)试验设备准备、混凝土拌合物装料和插捣与坍落度试验步骤、要求一致。

(2)清除筒边底板上的混凝土后,应垂直平稳地提起坍落度筒,坍落度筒的提离过程宜控制在3~7s;当混凝土拌合物不再扩散或扩散持续时间已达50s时,应使用钢尺测量混凝土拌合物展开扩展面的最大直径以及与最大直径呈垂直方向的直径。

(3)当两直径之差小于50mm时,应取其算术平均值作为扩展度试验结果;当两直径之差不小于50mm时,应重新取样另行测定。

4)注意事项

(1)发现粗集料在中央堆集或边缘有浆体析出时,应记录说明。

(2)扩展度试验从开始装料到测得混凝土扩展度值的整个过程应连续进行,并应在4min内完成。

5)精度要求

混凝土拌合物扩展度值测量应精确至1mm,结果修约至5mm。

4.维勃稠度试验

1)试验目的

维勃稠度是指按标准方法成型的截头圆锥形混凝土拌合物,经振动至摊平状态的时间(s),是用于表征混凝土拌合物黏稠程度的指标,混凝土拌合物维勃稠度越大,其坍落度越小。本试验方法宜用于骨料最大公称粒径不大于40mm,维勃稠度在5~30s的混凝土拌合物维勃稠度的测定。

2)试验设备

(1)维勃稠度仪(图2-4)应符合现行行业标准《维勃稠度仪》(JG/T 250)的规定。

(2)秒表的精度不应低于0.1s。

3)试验步骤

(1)维勃稠度仪应放置在坚实水平面上,容器、坍落度筒内壁及其他用具应润湿无明水。

(2)喂料斗应提到坍落度筒上方扣紧,校正容器位置,应使其中心与喂料中心重合,然后拧紧固定螺钉。

图2-4 维勃稠度仪

(3)混凝土拌合物试样应分三层均匀地装入坍落度筒内,捣实后每层高度应约为筒高的三分之一。每装一层,应用捣棒在筒内由边缘到中心按螺旋形均匀插捣25次;插捣底层时,捣棒应贯穿整个深度,插捣第二层和顶层时,捣棒应插透本层至下一层的表面;顶层混凝土装料应高出筒口,插捣过程中,混凝土低于筒口,应随时添加。

(4)顶层插捣完应将喂料斗转离,沿坍落度筒口刮平顶面,垂直地提起坍落度筒,不应使混凝土拌合物试样产生横向的扭动。

(5)将透明圆盘转到混凝土圆台体顶面,放松测杆螺钉,应使透明圆盘转至混凝土锥体上部,并下降至与混凝土顶面接触。

(6)拧紧定位螺钉,开启振动台,同时用秒表计时,当振动到透明圆盘的整个底面与水泥浆接触时应停止计时,并关闭振动台。

4)精度要求

秒表记录的时间应作为混凝土拌合物的维勃稠度值,精确至1s。

第二节 水泥砂浆与混凝土强度试验检测

一、砂浆立方体抗压强度试验

1.试验目的

砂浆的强度用强度等级表示。砂浆强度等级是以边长为70.7mm的立方体试块,在标准养护条件下,用标准试验方法测得28d龄期的抗压强度值确定。本试验用于测定砂浆立方体抗压强度。

2.试验仪器设备

(1)试模:为70.7mm×70.7mm×70.7mm的带底试模,应具有足够的刚度并拆卸方便。试模的内表面应机械加工,其不平度应为每100mm不超过0.05mm,组装后各相邻的不垂直度不应超过±0.5°。

(2)钢制捣棒:直径为10mm,长度为350mm,端部磨圆。

(3)压力试验机:精度为1%,试件破坏荷载应不小于压力机量程的20%,且不应大于全量程的80%。

(4)垫板:试验机上、下压板及试件之间可垫以钢垫板,垫板的尺寸应大于试件的承压面,其不平度应为每100mm不超过0.02mm。

(5)振动台:空载中台面的垂直振幅应为(0.5±0.05)mm,空载频率应为(50±3)Hz;空载台面振幅均匀度不应大于10%,一次试验应至少能固定3个试模。

3.试验的制作及养护要求

(1)采用立方体试件,每组试件3个。

(2)应采用黄油等密封材料涂抹试模的外接缝,试模内应涂刷薄层机油或隔离剂,将拌制好的砂浆一次性装满砂浆试模,成型方法根据稠度而定。当稠度≥50mm时采用人工振捣成型,当砂浆稠度<50mm时采用振动台振实成型。

①人工振捣:用捣棒均匀地由边缘向中心按螺旋方式插捣25次,插捣过程中如砂浆沉落低于试模口,应随时添加砂浆;可用油灰刀插捣数次,并用手将试模一边抬高5~10mm,各振动5次,使砂浆高出试模顶面6~8mm。

②机械振动:将砂浆一次装满试模,放置到振动台上,振动时试模不得跳动,振动5~10s或持续到表面出浆为止,不得过振。

(3)待表面水分稍干后,将高出试模部分的砂浆沿试模顶面刮去并抹平。

(4)试件制作后应在温度为(20±5)℃的环境下静置(24±2)h;当气温较低时,可适当延长时间,但不应超出2昼夜,然后对试件进行编号、拆模。试件拆模后应立即放入温度(20±2)℃、相对湿度为90%以上的标准养护室中养护。养护期间,试件彼此间隔不小于10mm,混合砂浆试件上面应覆盖防水布,以防有水滴在试件上。

4. 抗压强度试验步骤

(1)试件从养护地点取出后应及时进行试验。试验前应将试件表面擦拭干净,测量尺寸,并检查其外观,并据此计算试件的承压面积。当实测尺寸与公称尺寸之差不超过1mm时,可按公称尺寸进行计算。

(2)将试件安放在试验机的下压板或下垫板上,试件的承压面应与成型时的顶面垂直,试件中心应与下压板或下垫板中心对准。开动试验机,当上压板与试件或上垫板接近时,调整球座,使接触面均衡受压。承压试验应连续而均匀地加荷,加荷速度应为0.25~1.5kN/s(砂浆强度不大于5MPa时,宜取下限;砂浆强度大于5MPa时,宜取上限)。当试件接近破坏而开始迅速变形时,停止调整试验机油门,直至试件破坏,然后记录破坏荷载。

5. 试验结果

(1)砂浆立方体抗压强度应按下式计算:

$$f_{m,cu} = N_u/A \tag{2-2}$$

式中:$f_{m,cu}$——砂浆立方体试件抗压强度(MPa),精确至0.1MPa;

N_u——试件破坏荷载(N);

A——试件承压面积(mm^2)。

(2)强度试验结果确定按下列要求进行:

应以三个试件测定的算术平均值的1.3倍(f_2)作为该组试件的砂浆立方体抗压强度平均值(精确至0.1MPa)。

当三个测值的最大值或最小值中如有一个与中间值的差值超出中间值的15%,则把最大值及最小值一并舍除,取中间值作为该组试件的抗压强度值;如有两个测值与中间值的差值均超出中间值的15%,则该组试件的试验结果无效。

二、混凝土强度试验

混凝土强度等级是根据立方体抗压强度标准值来确定的。混凝土抗压强度是制作一定边长的立方体试件在标准养护(温度20℃±2℃、相对湿度在95%以上)条件下,养护至28d龄期,用标准试验方法测得的极限抗压强度,是用于评定混凝土品质的主要指标。现场有些受力类似混凝土小梁结构如轨道板、路面等除受压外还需承受弯矩,在弯曲压力下,单位面积上所能承受的最大荷载称为混凝土抗折强度。抗折强度是以一定尺寸的长方体的小梁形试件,在标准养护条件下达到规定龄期后(28d),在净跨450mm、双支点荷载作用下至弯拉破坏,并按规定的方法计算得到的强度值。

1. 混凝土强度试验仪器设备

(1)试模:试模应符合《混凝土试模》(JG 3019)中技术要求的规定,并定期对试模进行自检,自检周期宜为三个月。

(2)振动台:应符合《混凝土试验用振动台》(JG/T 3020)中技术要求的规定,并具有有效期内的计量检定证书。

(3)压力试验机:压力试验机应具有有效期内的计量检定证书,其测量精度为1%,试件破坏荷载应大于压力机全量程的20%且小于压力机全量程的80%;压力试验机同时应具有加荷速度指示装置或加荷速度控制装置,并应能均匀、连续地加荷。

(4)微变形测量仪:应具有有效期内的计量检定证书,其测量精度不得低于0.001mm,微变形测量固定架的标准距离应为150mm。

(5)其他量具及器具:包括量程大于600mm、分度值为1mm的钢板尺;量程大于200mm、分度值为0.02mm的卡尺;符合《混凝土坍落度仪》(JG/T 248)中规定的直径16mm、长600mm、端部呈半球形的捣棒。

2.混凝土强度试件的制备

普通混凝土强度试验应以三个试件为一组,每组试件所用的拌合物应从同一盘混凝土或同一车混凝土中取样。

1)试件的尺寸

试件的尺寸应根据混凝土中骨料的最大粒径按表2-1选定。

混凝土试件尺寸选用表　　表2-1

试件横截面尺寸(mm)	骨料最大粒径(mm)	
	劈裂抗拉强度试验	其他试验
100×100	20	31.5
150×150	40	40
200×200	—	63

2)试件的形状

抗压强度试件应符合下列规定:

(1)边长为150mm的立方体试件是标准试件。

(2)边长为100mm和200mm的立方体试件是非标准试件。

(3)在特殊情况下,可采用$\phi 150mm \times 300mm$的圆柱体标准试件,或$\phi 100mm \times 200mm$和$\phi 200mm \times 400mm$的圆柱体非标准试件。

抗折强度试件应符合下列规定:

(1)边长为150mm×150mm×600mm(或550mm)的棱柱体试件是标准试件。

(2)边长为100mm×100mm×400mm的棱柱体试件是非标准试件。

3)试件尺寸公差

(1)试件承压面的平面度公差不得超过$0.0005d$(d为边长)。

(2)试件相邻面间的夹角应为90°,其公差不得超过0.5°。

(3)试件各边长、直径和高的尺寸的公差不得超过1mm。

4)试件的制作

(1)将试模装配好并检查合格后,在试模内表面应涂一薄层矿物油或其他不与混凝土发生反应的脱模剂。

(2)根据混凝土拌合物的稠度,确定混凝土成型方法,坍落度不大于70mm的混凝土宜用振动振实;大于70mm的宜用捣棒人工捣实。检验现浇混凝土或预制构件的混凝土,试件成型方法宜与实际采用的方法相同。

①用振动台振实制作试件,应按下述方法进行:

a.将混凝土拌合物一次装入试模,装料时应用抹刀沿各试模壁插捣,并使混凝土拌合物高出试模口。

b.将试模附着或固定在振动台上,振动时试模不得有任何跳动,振动应持续到表面出浆为止,但不得过振。

②用人工插捣制作试件应按下述方法进行:

a.混凝土拌合物应分两层装入模内,每层的装料厚度大致相等。

b. 插捣应按螺旋方向从边缘向中心均匀进行,在插捣底层混凝土时,捣棒应达到试模底部;插捣上层时,捣棒应贯穿上层后插入下层 20~30mm;插捣时捣棒应保持垂直,不得倾斜,然后应用抹刀沿试模内壁插拔数次。

c. 每层插捣次数按在 10000mm² 截面积内不得少于 12 次。

d. 插捣后应用橡皮锤轻轻敲击试模四周,直至插捣棒留下的空洞消失为止。

③用插入式振捣棒振实制作试件应按下述方法进行:

a. 将混凝土拌合物一次装入试模,装料时应用抹刀沿各试模壁插捣,并使混凝土拌合物高出试模口。

b. 宜用直径为 φ25 的插入式振捣棒,插入试模振捣时,振捣棒距试模底板 10~20mm 且不得触及试模底板,振动应持续到表面出浆为止,且应避免过振,以防止混凝土离析;一般振捣时间为 20s,振捣棒拔出时要缓慢,拔出后不得留有孔洞。

(3)刮除试模上口多余的混凝土,待混凝土临近初凝时,用抹刀抹平。

5)试件的养护

(1)试件成型后应立即用不透水的薄膜覆盖表面。

(2)采用标准养护的试件,应在温度为(20±5)℃的环境中静置 1~2 个昼夜,然后编号拆模。拆模后应立即放入温度为(20±2)℃、相对湿度为 95% 以上的标准养护室中养护。或在温度为(20±2)℃的不流动的 Ca(OH)₂ 饱和溶液中养护。标准养护室内的试件应放在支架上,彼此间隔 10~20mm;试件表面应保持潮湿,并不得被水直接冲淋。

(3)同条件养护试件的拆模时间可与实际构件的拆模时间相同;拆模后,试件仍需保持同条件养护。

(4)标准养护龄期为 20d(从搅拌加水开始计时)。

试件制作和养护的过程,应做好试验记录。

3. 混凝土抗压强度试验

1)试验目的

测定混凝土立方体试件的抗压强度。

2)试验步骤

试件从养护地点取出后应及时进行试验。其主要试验步骤如下:

(1)将试件表面与压力试验机上下承压板面擦干净。

(2)将试件安放在试验机的下压板或垫板上,试件的承压面应与成型时的顶面垂直。试件的中心应与试验机下压板中心对准,开动试验机;当上压板与试件或钢垫板接近时,调整球座,使接触均衡。

(3)在试验过程中应连续均匀地加荷,混凝土强度等级 <C30 时,加荷速度取每秒钟 0.3~0.5MPa;混凝土强度等级 ≥C30 且 <C60 时,取每秒钟 0.5~0.8MPa;混凝土强度等级 ≥C60 时,取每秒钟 0.8~1.0MPa。

(4)当试件接近破坏开始急剧变形时,应停止调整试验机油门,直至破坏,并记录破坏荷载。

3)立方体抗压强度试验结果计算及确定

(1)混凝土立方体抗压强度应按下式计算:

$$f_{cc} = F/A \tag{2-3}$$

式中:f_{cc}——混凝土立方体试件抗压强度(MPa),精确至 0.1MPa;

F——试件破坏荷载(N);

A——试件承压面积(mm^2)。

(2)强度试验结果确定按下列要求进行:

①三个试件测值的算术平均值作为该组试件的强度值,精确至0.1MPa;

②三个测值中的最大值或最小值中如有一个与中间值的差值超过中间值的15%时,则把最大及最小值一并舍除,取中间值作为该组试件的抗压强度值;

③如最大值和最小值与中间值的差均超过中间值的15%时,该组试件的试验结果无效。

(3)混凝土强度等级<C60时,用非标准试件测得的强度值均应乘以尺寸换算系数,其值对200mm×200mm×200mm试件为1.05;对100mm×100mm×100mm试件为0.95。当混凝土强度等级≥C60时,宜采用标准试件;使用非标准试件时,尺寸换算系数应由试验确定。

4.混凝土抗折强度试验

1)试验目的

测定混凝土的抗折强度。

2)试验器具要求

压力试验机除前述要求外,应带有能使两个相等荷载同时作用在试件跨度3分点处的抗折试验装置,如图2-5所示。

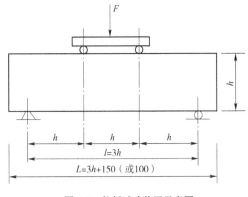

图2-5 抗折试验装置示意图

3)试验步骤

抗折试件从养护地取出后应及时进行试验。其主要试验步骤如下:

(1)将试件表面擦干净并检查,如试件在长向中部1/3区段内有表面直径超过5mm、深度超过2mm的孔洞,则试件应作废。

(2)按图装置试件,安装尺寸偏差不得大于1mm。试件的承压面应为试件成型时的侧面,支座及承压面与圆柱的接触面应平稳、均匀,否则应垫平。

(3)施加荷载应保持均匀、连续,当混凝土强度等级<C30时,加荷速度取每秒钟0.02~0.05MPa;混凝土强度等级≥C30且<C60时,取每秒钟0.05~0.08MPa;混凝土强度等级≥C60时,取每秒钟0.08~0.1MPa,至试件接近破坏时,应停止调整试验机油门,直至试件破坏,记录下破坏荷载及试件下边缘断裂位置。

4)抗折强度试验结果确定

(1)若试件下边缘断裂位置处于两个集中荷载作用线之间,则试件的抗折强度f_f(MPa)按下式计算:

$$f_f = \frac{Fl}{bh^2} \tag{2-4}$$

式中:f_f——混凝土抗折强度(MPa);

F——试件破坏荷载(N);

l——支座间跨度(mm);

b——试件截面高度(mm);

h——试件截面宽度(mm)。

抗折强度计算应精确至0.1MPa。

(2)该组试件的抗折强度值取三个试件测值的算术平均值,数据取舍除满足抗压强度试验同组数据的取舍条件外,还应满足以下要求:

①三个试件中若有一个折断面位于两个集中荷载之外,则混凝土抗折强度值按另两个试件的试验结果计算;

②若这两个测值的差值不大于这两个测值中较小值的15%时,则该组试件的抗折强度值按这两个测值的平均值计算,否则该组试件的试验无效;

③若有两个试件的下边缘断裂位置位于两个集中荷载作用线之外,则该组试件试验无效。

(3)当试件尺寸为100mm×100mm×400mm的非标准试件时,应乘以尺寸换算系数0.85;当混凝土强度等级≥C60时,宜采用标准试件。

第三节 混凝土耐久性试验检测

混凝土耐久性,指的是混凝土抵抗环境介质作用并长期保持其良好的使用性能和外观完整性,从而维持混凝土结构的安全、正常使用的能力。混凝土材料的耐久性指标一般包括抗渗性、抗冻性、抗侵蚀性等项目,城市轨道交通工程中混凝土耐久性检测目前适用规程是《普通混凝土长期性能和耐久性能试验方法标准》(GB/T 50082—2009)。

一、混凝土抗渗性试验检测

混凝土的抗渗性用抗渗等级(P)或渗透系数来表示,我国标准采用抗渗等级。抗渗等级是以28d龄期的标准试件,按标准试验方法进行试验时所能承受的最大水压力来确定。《混凝土质量控制标准》(GB 50164—2011)根据混凝土试件在抗渗试验时所能承受的最大水压力,将混凝土的抗渗等级划分为P4、P6、P8、P10、P12和>P12共6个等级,相应表示能抵抗0.4MPa、0.6MPa、0.8MPa、1.0MPa及1.2MPa的静水压力而不渗水。

抗渗性试验方法主要有渗水高度法和逐级加压法等。渗水高度法适用于以测定硬化混凝土在恒定水压力下的平均渗水高度来表示混凝土的抗水渗透性能,而逐级加压法适用于通过逐级施加水压力来测定以抗渗等级来表示混凝土的抗水渗透性能。通过渗水高度法易于确定混凝土的抗渗系数,而逐级加压法可方便地确定混凝土的抗渗等级。相对渗水高度法,逐级加压法操作更为简单,适用较普遍。下面主要介绍逐级加压法。

1.试验设备

(1)混凝土渗透仪:加压范围0.1~2.0MPa,应能使水压按规定稳定地作用在试件上,常用的有HS-4.0型混凝土抗渗仪、HP-40型自动调压混凝土抗渗仪等,如图2-6所示。

(2)试模:应采用上口内部直径为175mm、下口内部直径为185mm和高度为150mm的圆台体。

(3)密封材料:宜用石蜡加松香或水泥加黄油等材料,也可采用橡胶套等其他有效密封材料。

(4)钟表:分度值应为1min。

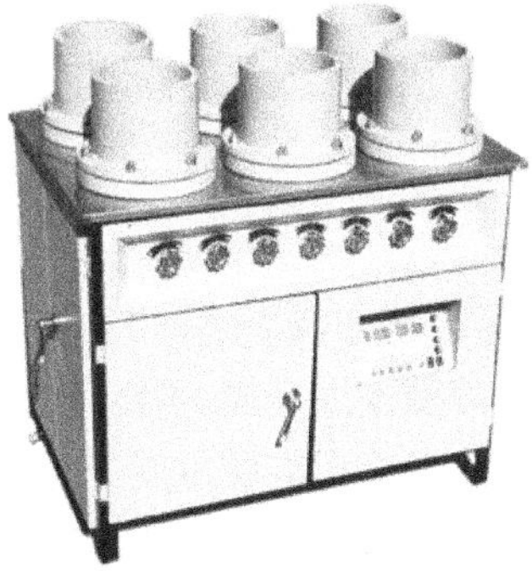

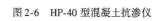

图2-6 HP-40型混凝土抗渗仪

(5)辅助设备:应包括螺旋加压器、烘箱、电炉、浅盘、铁锅和钢丝刷等。

2.试验步骤

1)抗渗试件制作

抗渗性能试验采用的抗渗试件以6个为1组。其具体要求如下:

(1)应采用顶面直径为175mm、底面直径为185mm、高度为150mm的圆台体试件。

(2)试件按要求取样制作并振捣密实,约24h拆模后应用钢丝刷刷去两端面的水泥浆膜,并立即将试件送入标准养护室养护至不少于28d龄期。

2)抗渗试件密封

在到达试验龄期的前一天,从养护室取出试件,并擦拭干净。待试件表面晾干后,按下列方法进行试件密封:

(1)当用石蜡密封时,应在试件侧面裹涂一层熔化的内加少量松香的石蜡,然后用螺旋加压器将试件压入经过烘箱或电炉预热过的试模中,使试件与试模底平齐,并应在试模变冷后解除压力。试模的预热温度,应以石蜡接触试模即缓慢熔化但不流淌为准。

(2)用水泥加黄油密封时,其质量比应为(2.5~3):1。应用三角刀将密封材料均匀地刮涂在试件侧面上,厚度应为1~2mm,然后套上试模并将试件压入,直到试件与试模底齐平。

(3)试件密封也可以采用其他更可靠的密封方式。

3)抗渗试件安装

抗渗试件准备好之后,启动抗渗仪,开通6个试位下的阀门,使水从6个孔中渗出并充满试位坑,再关闭6个试位下的阀门,并将密封好的试件安装在抗渗仪上。

4)逐级加压抗渗

试验时,水压应从0.1MPa开始,以后应每隔8h增加0.1MPa水压,并应随时观察试件端面渗水情况。当6个试件中有3个试件表面出现渗水时,或加至规定压力(设计抗渗等级)在8h内6个试件中表面渗水试件少于3个时,可停止试验,并记下此时的水压力。在试验过程中,当发现水从试件周边渗出时,应重新进行密封。

3.抗渗等级确定

混凝土的抗渗等级应以每组6个试件中有4个试件未出现渗水时的最大水压力乘以10来确定。混凝土的抗渗等级应按下式计算:

$$P = 10H - 1 \tag{2-5}$$

式中:P——混凝土抗渗等级;

H——6个试件中有3个试件渗水时的水压力(MPa)。

二、混凝土抗冻性检测

混凝土抗冻性一般以抗冻等级或抗冻标号表示。抗冻等级(标号)是采用龄期28d的试块在吸水饱和后,承受反复冻融循环,以抗压强度下降不超过25%,而且质量损失不超过5%时所能承受的最大冻融循环次数来确定的。《混凝土质量控制标准》(GB 50164—2011)将混凝土划分为F50、F100、F150、F200、F250、F300、F350、F400和>F400共9个等级,分别表示混凝土能够承受反复冻融循环次数为50、100、150、200、250、300、350、400和>400。

混凝土抗冻性试验检测主要有快冻法(水冻水融)、慢冻法(气冻水融)等试验方法。慢冻法试验周期较长(50次冻融循环约需17d),且工作量大,但试验费用相对较少。快冻法是非破损检验,需制备试件数量少、工作量小,且试验周期短(50次冻融循环约需7d),不足之处是费用昂贵。目前混凝土的抗冻性试验主要采用快冻法,下面主要介绍这种方法。

1. 试验设备

(1)试件盒(图2-7):宜采用具有弹性的橡胶材料制作,其内表面底部应有半径为3mm橡胶突起部分,盒内加水后水面应至少高出试件顶面5mm;试件盒横截面尺寸宜为115mm×115mm,试件盒长度宜为500mm。

(2)快速冻融装置:应符合现行行业标准《混凝土抗冻试验设备》(JG/T 243)的规定。除应在测温试件中埋设温度传感器外,应当在冻融箱内防冻液中心、中心与任何一个对角线的两端分别设有温度传感器。运转时,冻融箱内防冻液各点温度的极差不得超过2℃。

(3)称量设备:最大量程应为20kg,感量不应超过5g。

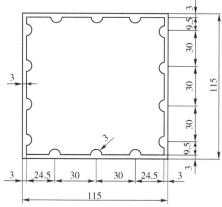

图2-7 橡胶试件盒横截面示意图(尺寸单位:mm)

(4)混凝土动弹性模量测定仪:输出频率可调范围应为100~20000Hz。

(5)温度传感器(包括热电偶、电位差计等):应在-20~20℃范围内测定试件中心温度,且测量精度应为±0.5℃。

2. 试件制作

快冻法抗冻试验应采用尺寸为100mm×100mm×400mm的棱柱体试件,每组试件3块,具体要求如下:

(1)成型试件时,不得采用憎水性脱模剂。

(2)除制作冻融试验的试件外,尚应制作同样形状、尺寸且中心埋设温度传感器的测温试件;测温试件应采用防冻液作为冻融介质,其混凝土抗冻性能应高于冻融试件。温度传感器不应采用钻孔后插入的方式埋设。

(3)试件的公差。

①所有试件的承压面,其平面度公差不得超过试件边长或直径的0.0005。

②所有试件相邻面间的夹角应为90°,公差不得超过0.5°。

③除特别指明试件的尺寸公差以外,所有试件各边长、直径或高度的公差不得超过1mm。

3. 快冻法试验程序

1)试验步骤

(1)冻融试验的试件应在养护龄期为24d时提前从养护地点取出,并放入(20±2)℃水中浸泡4d。浸泡时水面应始终高出试件顶面20~30mm。

(2)当试件养护龄期达到28d时取出试件,用湿布擦除表面水分后应对外观尺寸进行测量,试件的外观尺寸应满足公差要求,并应编号、称量试件初始质量W_{0i};然后用动弹性模量测定仪测定其横向基频的初始值f_{0i}。

(3)将试件放于试件盒中心,然后将试件盒放入冻融箱内的试件架中,并向试件盒中注入清水。在整个试验过程中,盒内水位高度应始终保持至少高出试件顶面5mm。

(4)将测温试件盒放在冻融箱的中心位置。

(5)冻融循环过程应符合下列规定:

①每次冻融循环应在 2～4h 内完成,且用于融化的时间不得少于整个冻融循环时间的 1/4。

②在冷冻和融化过程中,试件中心最低和最高温度应分别控制在 -18℃±2℃ 和 5℃±2℃ 内;在任意时刻,试件中心温度不得高于 7℃,且不得低于 -20℃。

③每块试件从 3℃ 降至 -16℃ 所用的时间不得少于冷冻时间的 1/2;每块试件从 -16℃ 升至 3℃ 所用时间不得少于整个融化时间的 1/2;试件内外的温差不宜超过 28℃。

④冷冻和融化之间的转换时间不宜超过 10min。

(6) 每隔 25 次冻融循环宜测量试件的横向基频 f_{n_i}。测量前应先将试件表面浮渣清洗干净并擦干表面水分,然后应检查其外部损伤并称量试件的质量 W_{n_i},随后测量其横向基频。测完后,应迅速将试件调头重新装入试件盒内并加入清水,继续试验。试件的测量、称量及外观检查应迅速,对测试件应用湿布覆盖。

(7) 当有试件停止试验被取出时,应另用其他试件填充空位。当试件在冷冻状态下因故中断时,试件应保持在冷冻状态,直至恢复冻融试验为止,并应将故障原因及暂停时间在试验结果中注明。试件在非冷冻状态下发生故障的时间不宜超过两个冻融循环的时间。在整个试验过程中,超过两个冻融循环时间的中断故障次数不得超过 2 次。

2) 停止试验的情况

(1) 达到规定的冻融循环次数。

(2) 试件的相对动弹性模量下降到 60%。

(3) 试件的质量损失率达 5%。

4. 试验结果计算及处理

(1) 相对动弹性模量计算

相对动弹性模量应按下式计算:

$$P_i = \frac{f_{n_i}^2}{f_{0_i}^2} \times 100 \tag{2-6}$$

式中:P_i——经 N 次冻融循环后第 i 个混凝土试件的相对动弹性模量(%),精确至 0.1;

f_{n_i}——经 N 次冻融循环后第 i 个混凝土试件的横向基频(Hz);

f_{0_i}——冻融循环试验前第 i 个混凝土试件横向基频初始值(Hz)。

$$P = \frac{1}{3}\sum_{i=1}^{3} P_i \tag{2-7}$$

式中:P——经 N 次冻融循环后一组混凝土试件的相对动弹性模量(%),精确至 0.1。

相对动弹性模量 P 应以 3 个试件试验结果的算术平均值作为测定值。当最大值或最小值与中间值之差超过中间值的 15% 时,应剔除此值,并应取其余两值的算术平均值作为测定值;当最大值和最小值与中间值之差均超过中间值的 15% 时,应取中间值作为测定值。

(2) 单个试件的质量损失率计算

单个试件的质量损失率应按下式计算:

$$\Delta W_{n_i} = \frac{W_{0i} - W_{n_i}}{W_{0i}} \times 100 \tag{2-8}$$

式中:ΔW_{n_i}——N 次冻融循环后第 i 个混凝土试件的质量损失率(%),精确至 0.01;

W_{0i}——冻融循环试验前第 i 个混凝土试件的质量(g);

W_{n_i}——N 次冻融循环后第 i 个混凝土试件的质量(g)。

(3)一组试件的平均质量损失率计算

一组试件的平均质量损失率应按下式计算：

$$\Delta W_n = \frac{\sum_{i=1}^{3} \Delta W_{ni}}{3} \times 100 \qquad (2\text{-}9)$$

式中：ΔW_n——N次冻融循环后一组混凝土试件的平均质量损失率(%)，精确至0.1。

(4)质量损失率数据处理规定

每组试件的平均质量损失率应以3个试件的质量损失率试验结果的算术平均值作为测定值。当某个试验结果出现负值，应取0，再取3个试件的平均值。当3个值中的最大值或最小值与中间值之差超过1%时，应剔除此值，并应取其余两值的算术平均值作为测定值；当最大值和最小值与中间值之差均超过1%时，应取中间值作为测定值。

(5)混凝土抗冻等级的确定

混凝土抗冻等级应以相对动弹性模量下降至不低于60%或者质量损失率不超过5%时的最大冻融循环次数来确定，并用符号F表示。

第四节　混凝土结构现场质量检测

混凝土工程完成后，应对混凝土结构的实体质量进行检测；具体检测项目和数量由建设单位、监理单位、施工单位等各方根据结构、构件的特点和重要性共同确定。

一、混凝土结构强度检测

混凝土结构强度检测是混凝土结构质量检测的重要内容之一。混凝土结构强度等级的确定通常以立方体试件的抗压强度来反映，当对某一方面的检测内容产生怀疑，如构件的强度离散度大、强度不足、振捣不密实或存在其他缺陷时，还需要采用测定混凝土结构强度的其他技术方法。

混凝土结构强度测定技术按其对混凝土结构的影响程度分为部分破损法和非破损(无损)法。部分破损法以不影响结构或构件的承载能力为前提，在结构或构件上直接进行局部破坏性试验，或直接钻取芯样进行破坏性试验，主要方法有钻芯法、拔出法等。非破损法以混凝土强度与某些物理量之间的相关性为基础，检测时在不影响结构或构件混凝土任何性能的前提下测试这些物理量，然后根据相关关系推算被测混凝土的强度值，主要方法有回弹法、超声法、超声回弹综合法、射线法等。常用混凝土强度测试方法的测定内容、适用范围及优缺点比较见表2-2。本书只介绍回弹法、超声回弹综合法和钻芯法。

常用混凝土结构强度检测方法的比较　　表2-2

检测方法	测定内容	使用范围	优　点	缺　点
回弹法	测定混凝土表面硬度	混凝土抗压强度、均质性	测试简单、快速、被测物的形状尺寸一般不受限制	测定部位仅限于混凝土表面，同一处不能再次使用
超声法	超声波传播速度、波幅和频率	混凝土抗压强度及内部缺陷	被测构件形状与尺寸不限，同一处可反复测试	探头频率较高时，声波衰减大，测试精度较差

续上表

检测方法	测定内容	使用范围	优点	缺点
超声回弹综合法	混凝土表面硬度值和超声波传播速度	混凝土抗压强度	测试比较简单,精度比单一法高	比单一法费事
钻芯法	从混凝土中钻取一定尺寸的芯样做抗压试验	混凝土抗压强度、抗劈强度及内部缺陷	原理简单、能直观反映内部缺陷	设备笨重,成本较高,对混凝土有一定损伤,检测后需修补
拔出法	对预埋或后装于混凝土中锚固件,测定拔出力	混凝土抗压强度	测强精度较高	对混凝土有一定损伤,检测后需修补

(一)回弹法测定混凝土抗压强度

混凝土表面硬度与混凝土极限强度之间存在一定关系。回弹法是将回弹仪的弹击重锤利用弹簧装置驱动,通过弹击杆弹击混凝土表面,测出重锤被反弹回来的距离,并以回弹值作为与混凝土表面硬度相关的指标,再结合混凝土碳化深度,推定出混凝土抗压强度。

回弹法使用的仪器设备简单、测试方便,测试费用低且检测中不破坏被测构件,因此,在混凝土质量现场检测中被广泛运用。城市轨道交通工程中回弹法适用规程是《回弹法检测混凝土抗压强度技术规程》(JGJ/T 23—2011),适用于普通混凝土抗压强度(以下简称混凝土强度)的检测,但不适用于表层与内部质量有明显差异或内部存在缺陷的混凝土强度检测。

图2-8 混凝土回弹仪

1. 主要检测器具

(1)混凝土回弹仪:混凝土回弹仪(图2-8)可为数字式的,也可为指针直读式的,应具有产品合格证及计量检定证书,并符合下列规定:

①水平弹击时,在弹击锤脱钩的瞬间,回弹仪的标称能量应为2.207J;

②在弹击锤与弹击杆碰撞的瞬间,弹击拉簧应处于自由状态,且弹击锤起跳点应相应于指针指示刻度尺上"0"处;

③在洛氏硬度HRC为60±2的钢砧上,回弹仪的率定值应为80±2;

④数字式回弹仪应带有指针直读示值系统,数字显示的回弹值与指针直读示值相差不应超过1。

(2)酚酞酒精溶液:浓度为1%~2%。

(3)钢砧:洛氏硬度HRC为60±2,因钢砧钢芯硬度和表面状态会随弹击次数的增加而变化,故钢砧应每2年送授权计量检定机构检定或校准。

(4)手持式砂轮机。

(5)其他:卷尺、钢尺、凿子锤、毛刷等。

2. 回弹仪的检定、率定与保养

1)回弹仪的检定

回弹仪检定周期为半年,当回弹仪具有下列情况之一时,应由法定计量检定机构按现行行业标准《回弹仪检定规程》(JJG 817)进行检定:

(1)新回弹仪启用前。

(2)超过检定有效期限。

(3)数字式回弹仪数字显示的回弹值与指针直读示值相差大于1。

(4)经保养后,在钢砧上的率定值不合格。

(5)遭受严重撞击或其他损害。

2)回弹仪的率定

回弹仪在使用前后,均应在钢砧上进行率定试验,试验应符合下列规定:

(1)率定试验应在室温为 5~35℃ 的条件下进行。

(2)钢砧表面应干燥、清洁,并应稳固地平放在刚度大的物体上。

(3)回弹值应取连续向下弹击3次的稳定回弹结果的平均值。

(4)率定试验应分4个方向进行,且每个方向弹击前,弹击杆应旋转90°,每个方向的回弹平均值均应为 80 ± 2。

3)回弹仪的保养

(1)当回弹仪有下列情况之一时,应进行常规保养:

①回弹仪弹击超过2000次;

②在钢砧上的率定值不合格;

③对检测值有怀疑。

(2)回弹仪的保养应按下列步骤进行:

①先将弹击锤脱钩,取出机芯,然后卸下弹击杆,取出里面的缓冲压簧,并取出弹击锤、弹击拉簧和拉簧座。

②清洁机芯各零部件,并应重点清理中心导杆、弹击锤和弹击杆的内孔及冲击面。清理后,应在中心导杆上薄薄地涂抹钟表油,其他零部件不得抹油。

③清理机壳内壁,卸下刻度尺,检查指针,其摩擦力应为 $(0.5~0.8)N$。

④对于数字式回弹仪,还应按产品要求的维护程序进行维护。

⑤保养时,不得旋转尾盖上已定位紧固的调零螺钉,不得自制或更换零部件。

⑥保养后应进行率定。

(3)回弹仪使用完毕,应使弹击杆伸出机壳,并应清除弹击杆、杆前端球面以及刻度尺表面和外壳上的污垢、尘土。

(4)回弹仪不用时,应将弹击杆压入机壳内,经弹击后按下按钮,锁住机芯,然后装入仪器箱。仪器箱应平放在干燥阴凉处。当数字式回弹仪长期不用时,应取出电池。

3.回弹值测定

1)资料准备

采用回弹法检测混凝土强度时,宜具有下列资料:

(1)工程名称、设计单位、施工单位。

(2)构件名称、数量及混凝土类型、强度等级。

(3)水泥安定性,外加剂、掺合料品种,混凝土配合比等。

(4)施工模板,混凝土浇筑、养护情况及浇筑日期等。

(5)必要的设计图纸和施工记录。

(6)检测原因。

2)被测结构或构件准备

(1)单个检测:适用于单个结构或构件的检测;检测时需要布置测区(见图2-9),因为测区是进行测试的单元。测区应标有清晰的编号,并宜在记录纸上绘制测区布置示意图和描述外观质量情况。测区布置应符合下列规定:

①对于一般构件,测区数不宜少于10个。当受检构件数量大于30个且不需提供单个构件推定强度,或受检构件某一方向尺寸不大于4.5m且另一方向尺寸不大于0.3m时,每个构件的测区数量可适当减少,但不应少于5个。

②相邻两测区的间距不应大于2m,测区离构件端部或施工缝边缘的距离不宜大于0.5m,且不宜小于0.2m。

③测区宜选在能使回弹仪处于水平方向的混凝土浇筑侧面。当不能满足这一要求时,也可选在使回弹仪处于非水平方向的混凝土浇筑表面或底面。

④测区宜布置在构件的两个对称的可测面上,当不能布置在对称的可测面上时,也可布置在同一可测面上,且应均匀分布。在构件的重要部位及薄弱部位应布置测区,并应避开预埋件。

⑤测区面积不宜大于0.04m²,一般选择边长不超过20cm的方形。

⑥测区表面应为混凝土原浆面,并应清洁、平整,不应有疏松层、浮浆、油垢、涂层以及蜂窝、麻面;必要时可用砂轮清除疏松层和杂物,且不应留有残留的粉末或碎屑。

⑦对于弹击时产生颤动的薄壁、小型构件,应进行固定。

(2)批量检测:对于混凝土生产工艺、强度等级相同,原材料、配合比、养生条件基本一致且龄期相近的一批同类构件的检测应采用批量检测。

按批量进行检测时,应随机抽取构件,抽检数量不宜少于同批构件总数的30%且不宜少于10件。当检验批构件数量大于30个时,抽样构件数量可适当调整,并不得少于国家现行有关标准规定的最少抽样数量。

3)回弹值测量

回弹仪使用时的环境温度应为 -4 ~40℃。测量回弹值时,回弹仪的轴线应始终垂直于混凝土检测面,并应缓慢施压、准确读数、快速复位,如图2-9所示。

图2-9 测区布置及回弹值测量

每一测区应选取16个测点进行回弹,各测点宜在测区范围内均匀分布,同一测点应只弹击一次,回弹值读数应精确至1;相邻两测点的净距离不宜小于20mm;测点距外露钢筋、预埋件的距离不宜小于30mm;测点不应设在气孔或外露石子上。

检测泵送混凝土强度时,测区应选择在混凝土浇筑侧面。

4)混凝土碳化深度值测量

回弹值测量完毕后,应在有代表性的测区上测量碳化深度值,测点数不应少于构件测区数的30%,应取其平均值作为该构件每个测区的碳化深度值。当碳化深度值极差大于

2.0mm时,应在每一测区分别测量碳化深度值。

碳化深度值的测量应符合下列规定:

(1)可采用工具在测区表面形成直径约15mm的孔洞,其深度应大于混凝土的碳化深度。

(2)应清除孔洞中的粉末和碎屑,且不得用水擦洗。

(3)应采用浓度为1%~2%的酚酞酒精溶液滴在孔洞内壁的边缘处;当已碳化与未碳化界线清晰时,应采用碳化深度测量仪测量已碳化与未碳化混凝土交界面到混凝土表面的垂直距离,并应测量3次,每次读数应精确至0.25mm。

(4)应取三次测量的平均值作为检测结果,并应精确至0.5mm。

4. 测区回弹值计算及修正

1)测区平均回弹值的计算

计算测区的平均回弹值时,应从每一测区的16个回弹值中剔除其中3个最大值和3个最小值,取余下的10个回弹值的平均值作为该测区平均回弹值。其计算公式为:

$$R_m = \frac{\sum_{i=1}^{n} R_i}{10} \tag{2-10}$$

式中:R_m——测区平均回弹值,精确至0.1;

R_i——第i个测点的回弹值。

当回弹仪水平方向检测混凝土浇筑侧面时,式(2-10)的计算结果即为测区平均回弹值。

2)测区平均回弹值的角度修正

当回弹仪非水平方向检测混凝土浇筑侧面时(测试角度值按图2-10内插确定),应将测区平均回弹值按公式(2-11)进行修正。

$$R_m = R_{m\alpha} + R_{a\alpha} \tag{2-11}$$

式中:$R_{m\alpha}$——非水平方向检测时测区的平均回弹值,精确至0.1;

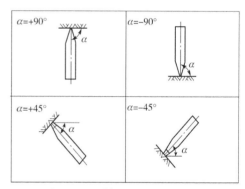

图2-10 回弹仪测试角度示意图

$R_{a\alpha}$——非水平方向检测时回弹值修正值,可按表2-3取值。

非水平方向检测时的回弹值修正值　　　表2-3

$R_{m\alpha}$	检测角度							
	向上				向下			
	90°	60°	45°	30°	−30°	−45°	−60°	−90°
20	−6.0	−5.0	−4.0	−3.0	+2.5	+3.0	+3.5	+4.0
25	−5.5	−4.5	−3.8	−2.8	+2.0	+2.8	+3.3	+3.8
30	−5.0	−4.0	−3.5	−2.5	+2.0	+2.5	+3.0	+3.5
35	−4.5	−3.8	−3.3	−2.3	+1.8	+2.3	+2.8	+3.3
40	−4.0	−3.5	−3.0	−2.0	+1.5	+2.0	+2.5	+3.0
45	−3.8	−3.3	−2.8	−1.8	+1.3	+1.8	+2.3	+2.8
50	−3.5	−3.0	−2.5	−1.5	+1.0	+1.5	+2.0	+2.5

注:①本表摘录自《回弹法检测混凝土抗压强度技术规程》(JGJ/T 23—2011)附录C;

②$R_{m\alpha}$小于20或大于50时,分别按20或50查表;

③表中未列入的相应于$R_{m\alpha}$的回弹值修正值,可用内插法求得,精确至0.1。

3）浇筑面修正

当回弹仪水平方向检测混凝土浇筑表面或底面时，测区的平均回弹值应按下式进行修正。

$$R_m = R_m^t + R_a^t \tag{2-12}$$

$$R_m = R_m^b + R_a^b \tag{2-13}$$

式中：R_m^t、R_m^b——水平方向检测混凝土浇筑表面、底面时，测区的平均回弹值，精确至0.1；

R_a^t、R_a^b——混凝土浇筑表面、底面回弹值修正值，可按表2-4取值。

不同浇筑面的回弹值修正值　　　　　表2-4

R_m^t 或 R_m^b	表面修正值（R_a^t）	底面修正值（R_a^b）	R_m^t 或 R_m^b	表面修正值（R_a^t）	底面修正值（R_a^b）
20	+2.5	-3.0	36	+0.9	-1.4
21	+2.4	-2.9	37	+0.8	-1.3
22	+2.3	-2.8	38	+0.7	-1.2
23	+2.2	-2.7	39	+0.6	-1.1
24	+2.1	-2.6	40	+0.5	-1
25	+2.0	-2.5	41	+0.4	-0.9
26	+1.9	-2.4	42	+0.3	-0.8
27	+1.8	-2.3	43	+0.2	-0.7
28	+1.7	-2.2	44	+0.1	-0.6
29	+1.6	-2.1	45	0	-0.5
30	+1.5	-2	46	0	-0.4
31	+1.4	-1.9	47	0	-0.3
32	+1.3	-1.8	48	0	-0.2
33	+1.2	-1.7	49	0	-0.1
34	+1.1	-1.6	50	0	0
35	+1.0	-1.5			

注：①本表摘录自《回弹法检测混凝土抗压强度技术规程》（JGJ/T 23—2011）附录D；

②R_m^t 或 R_m^b 小于20或大于50时，分别按20或50查表；

③表中有关混凝土浇筑表面的修正系数，是指一般原浆抹面的修正值；

④表中有关混凝土浇筑底面的修正系数，是指构件底面与侧面采用同一类模板在正常浇筑情况下的修正值；

⑤表中未列入相应于 R_m^t 或 R_m^b 的 R_a^t 和 R_a^b，可用内插法求得，精确至0.1。

当回弹仪为非水平方向且测试面为混凝土的非浇筑侧面时，应先对回弹值进行角度修正，再对修正后的回弹值进行浇筑面修正。

5．混凝土强度的计算

1）测区混凝土强度换算值确定

为方便根据回弹平均值和碳化深度值确定测区混凝土强度换算值，由全国有代表性的材料、成型工艺制作的混凝土试件，通过试验建立了统一测强曲线，有条件的地区和部门也制定了本地区的测强曲线或专用测强曲线。

构件第 i 个测区混凝土强度换算值 $f_{cu,i}$ 可根据测得的平均回弹值 R_m 及平均碳化深度值 d_m，宜按专用测强曲线、地区测强曲线、统一测强曲线的顺序选用测强曲线计算或查表得出。

当采用统一测强曲线时,可查表 2-5。

测区混凝土强度换算表　　表 2-5

平均回弹值 R_m	测区混凝土抗压强度值 R_{ni}(MPa)												
	平均碳化深度值 d_m(mm)												
	0	0.5	1.0	1.5	2.0	2.5	3.0	3.5	4.0	4.5	5.0	5.5	≥6
20	10.3	10.1											
21	11.4	11.2	10.8	10.5	10.0								
22	12.5	12.2	11.9	11.5	11.0	10.6	10.2						
23	13.7	13.4	13.0	12.6	12.1	11.6	11.2	10.8	10.5	10.1			
24	14.9	14.6	14.2	13.7	13.1	12.7	12.2	11.8	11.5	11.0	10.7	10.4	10.1
25	16.2	15.9	15.4	14.9	14.3	13.8	13.3	12.8	12.5	12.0	11.7	11.3	10.9
26	17.5	17.2	16.6	16.1	15.4	14.9	14.4	13.8	13.5	13.0	12.6	12.2	11.6
27	18.9	18.5	18.0	17.4	16.6	16.1	15.5	14.8	14.6	14.0	13.6	13.1	12.4
28	20.3	19.7	19.2	18.4	17.6	17.0	16.5	15.8	15.4	14.8	14.4	13.9	13.2
29	21.8	21.1	20.5	19.6	18.7	18.1	17.5	16.8	16.4	15.8	15.4	14.6	13.9
30	23.3	22.6	21.9	21.0	20.0	19.3	18.6	17.9	17.4	16.8	16.4	15.4	14.7
31	24.9	24.2	23.4	22.4	21.4	20.7	19.9	19.2	18.4	17.9	17.4	16.4	15.5
32	26.5	25.7	24.9	23.9	22.8	22.0	21.2	20.4	19.6	19.1	18.4	17.5	16.4
33	28.2	27.4	26.5	25.4	24.3	23.4	22.6	21.7	20.9	20.3	19.4	18.5	17.4
34	30.0	29.1	28.0	26.8	25.6	24.6	23.7	23.0	22.1	21.3	20.4	19.5	18.3
35	31.8	30.8	29.6	28.0	26.7	25.8	24.8	24.0	23.2	22.3	21.4	20.4	19.2

注:①本表摘录自《回弹法检测混凝土抗压强度技术规程》(JGJ/T 23—2011)附录 A;
②表中未注明的测区混凝土强度换算值为小于 10MPa 或大于 60MPa。

2) 构件的测区混凝土强度平均值及标准差

构件的测区混凝土强度平均值可根据各测区的混凝土强度换算值计算。当测区数为 10 个及以上时,还应计算强度标准差。平均值及标准差应按下列公式计算:

$$m_{f_{cu}^c} = \frac{\sum_{i=1}^{n} f_{cu,i}^c}{n} \quad (2\text{-}14)$$

$$S_{f_{cu}^c} = \sqrt{\frac{\sum_{i=1}^{n}(f_{cu,i}^c)^2 - n(m_{f_{cu}^c})^2}{n-1}} \quad (2\text{-}15)$$

式中:$m_{f_{cu}^c}$——结构或构件测区混凝土强度换算值的平均值(MPa),精确至 0.1;

n——对于单位检测的构件,取该构件的测区数;对批量检测的构件,取所有被抽检构件测区数之和;

$S_{f_{cu}^c}$——结构或构件测区混凝土强度换算值的标准差(MPa),精确至 0.01。

3) 构件的现龄期混凝土强度推定值

构件的现龄期混凝土强度推定值 $f_{cu,e}$,应符合下列规定:

(1) 当构件测区数少于 10 个时,应按下式计算:

$$f_{cu,e} = f_{cu,min}^c \quad (2\text{-}16)$$

式中：$f^c_{cu,min}$——构件中最小的测区混凝土强度换算值。

（2）当构件的测区强度值中出现小于10.0MPa时，应按下式确定：
$$f_{cu,e} < 10.0\text{MPa} \tag{2-17}$$

（3）当构件测区数不少于10个时，应按下式计算：
$$f_{cu,e} = m_{f^c_{cu}} - 1.645 S_{f^c_{cu}} \tag{2-18}$$

（4）当批量检测时，应按下式计算：
$$f_{cu,e} = m_{f^c_{cu}} - k S_{f^c_{cu}} \tag{2-19}$$

式中：k——推定系数，宜取1.645，当需要进行推定强度区间时，可按国家现行有关标准的规定取值。

注：构件的混凝土强度推定值，是指相应于强度换算值总体分布中保证率不低于95%的构件的混凝土抗压强度值。

4）批量检测的构件特殊情况处理

对按批量检测的构件，当该批构件混凝土强度标准差出现下列情况之一时，则该批构件应全部按单个构件检测：

（1）当该批构件混凝土强度平均值小于25MPa，标准差大于4.5MPa时。

（2）当该批构件混凝土强度平均值不小于25MPa且不大于60MPa，标准差大于5.5MPa时。

6. 检测报告

回弹法检测混凝土抗压强度报告的内容应包括：测区混凝土平均回弹值，测强曲线、回弹值与抗压强度的相关关系式、相关系数，各测区的抗压强度推定结果，推定的混凝土抗压强度平均值、标准差、变异系数等，参见表2-6。

回弹法测混凝土强度试验记录表　　　　　　　　　　　表2-6

试验日期																	
率定值：													回弹仪型号：				
编号	回弹值 R_i																碳化深度 (mm)
测区	1	2	3	4	5	6	7	8	9	10	11	12	13	14	15	16	R_m	
1																		
2																		
3																		
4																		
5																		
6																		
7																		
8																		
9																		
10																		
测面状态：	(1)侧面；(2)表面；(3)底面；(4)风干；(5)潮湿；(6)光洁；(7)粗糙																	
测试角度：	(1)水平；(2)向上；(3)向下																	

续上表

项目	测区号	1	2	3	4	5	6	7	8	9	10
回弹值	测区平均值										
	角度修正值										
	角度修正后										
	浇筑面修正值										
	浇筑面修正后										
平均碳化深度值 d_m(mm)											
测区强度值 f_{cui}^c(MPa)											
强度计算(MPa)				$mf_{cu}^c=$			$Sf_{cu}^c=$				
强度评定值 $f_{cu,e}$(MPa)											

(二)超声回弹综合法检测混凝土强度

超声回弹综合法是采用混凝土超声波检测仪、中型回弹仪(图2-11)对结构混凝土进行综合检测,根据实测声速值和回弹值综合推定混凝土强度的方法。此方法适用规程为《超声回弹综合法检测混凝土强度技术规程》(CECS 02:2005)。推定的结构混凝土强度,可作为混凝土结构处理的一个依据,但不适用于检测因冻害、化学侵蚀、火灾、高温等已造成表面疏松、剥落的混凝土。

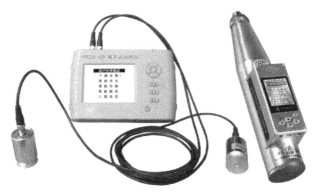

图2-11 混凝土超声波检测仪与回弹仪

1. 主要检测器具

(1)混凝土回弹仪、钢砧、钢尺等:与回弹法检测混凝土强度试验中要求一致。

(2)混凝土超声波检测仪:主要由主机和换能器组成,可分为模拟式(接收的信号为连续模拟量,可由时域波形信号测读声学参数)和数字式(接收的信号转化为离散数字量,具有采集、储存数字信号、测读声学参数和对数字信号处理的智能化功能)两类。其工作原理为:发射换能器发射的超声波经耦合进入混凝土,在混凝土中传播后为接收换能器接收并转换为电信号,电信号被送至超声仪主机,经放大后显示在示波屏上,同时测量超声波有关参数,如声波传播时间(声时)、接收波振幅(波幅)、频率等。

所使用的超声波检测仪应在计量检定有效期内,同时满足下列要求:

①具有波形清晰、显示稳定的示波装置;

②声时最小分度值为0.1μs;

③具有最小分度值为1dB的信号幅度调整系统;

④接收放大器频响范围10~500kHz,总增益不小于80dB,接收灵敏度(信噪比3:1时)不大于50μV;

⑤电源电压波动范围在标称值±10%情况下能正常工作;

⑥连续正常工作时间不少于4h。

模拟式超声波检测仪还应满足下列要求:

①具有手动游标和自动整形两种声时测读功能;

②数字显示稳定,声时调节在20~30μs范围内,连续静置1h数字变化不超过±0.2μs。

数字式超声波检测仪还应满足下列要求:

①具有采集、储存数字信号并进行数据处理的功能;

②具有手动游标测读和自动测读两种方式;当自动测读时,在同一测试条件下,在1h内每5min测读一次声时值的差异不超过±0.2μs;

③自动测读时,在显示器的接收波形上,有光标指示声时的测读位置。

所使用换能器的工作频率宜在50~100kHz范围内,且实测主频与标称频率相差不应超过±10%。

2. 超声仪的校准与保养

(1)用实测空气声速法校准超声仪

超声波检测仪的声时计量检验,应按"时-距"法测量空气中声速实测值 v^0。其具体方法可参见《超声回弹综合法检测混凝土强度技术规程》(CECS 02:2005)附录E,并与按下式计算的空气中声速计算值相比较,二者的相对误差不应超过±0.5%。否则,应检查仪器各部位的连接后重测,或更换超声波检测仪。

$$v_k = 331.4\sqrt{1 + 0.00367T_k} \tag{2-20}$$

式中:v_k——温度为 T_k 时空气中的声速计算值(m/s);

331.4——0℃时空气中的声速值(m/s);

T_k——测试时空气的温度(℃)。

(2)t_0 的标定

由于电延迟时间、电声转换时间和声延迟等原因,仪器测读出声波从发射到接收的时间 t' 与超声在被测混凝土中实际传播时间 t 之间存在的差异 t_0 称为声时初读数。检测时,应根据测试需要在仪器上配置合适的换能器和高频电缆线,并测定声时初读数 t_0。检测过程中如更换换能器或高频电缆线,应重新测定 t_0。

(3)超声波检测仪的使用与保养

①使用前务必了解仪器特性,仔细阅读使用说明书后再开机。

②注意使用环境。在潮湿、烈日、灰尘环境中使用时,应采取保护措施。

③环境温度不能太高或太低,一般在10~40℃温度范围内使用。

④超声仪使用时应避开干扰源,如电焊机、电锯、电台及其他强磁场。

⑤仪器应放置在通风、干燥、阴凉的环境下保存。若长期不用时,应定期开机驱潮,尤其是在南方梅雨季节。

⑥仪器发射插座有脉冲高压,接换发射换能器应将发射击电压旋至在零伏挡或关机后进行。

⑦换能器内压电陶瓷易碎,黏结脱落,切忌敲打。

⑧普通换能器不防水,不能在水中使用;孔中用换能器虽有防水层,但黏结处常因扰动而损坏,使用中应注意。

3.测区回弹值和声速值的测量

1)资料准备和检测数量要求

资料准备和检测数量要求与回弹法要求相同。

2)构件的测区布置

构件的测区布置宜满足下列规定:

①在条件允许时,测区宜优先布置在构件混凝土浇筑方向的侧面。
②测区可在构件的两个对应面、相邻面或同一面上布置。
③测区宜均匀布置,相邻两测区的间距不宜大于2m。
④测区应避开钢筋密集区和预埋件。
⑤测区尺寸宜为200mm×200mm;采用平测时宜为400mm×400mm。
⑥测试面应清洁、平整、干燥,不应有接缝、施工缝、饰面层、浮浆和油垢,并应避开蜂窝、麻面部位;必要时,可用砂轮片清除杂物和磨平不平整处,并擦净残留粉尘。

3)回弹测试及回弹值计算

回弹测试及回弹值计算,与"回弹法测定混凝土抗压强度"方法一致。

4)超声测试及声速值计算

(1)对结构或构件的每一测区进行回弹测试后即可进行超声测试。其具体方法与要点如下:

①测区布置:超声测点应布置在回弹测试的同一测区内,每一测区布置3个测点。超声测试宜优先采用对测或角测,当被测构件不具备对测或角测条件时,可采用单面平测。

②超声仪参数设定:包括基本信息、换能器布置方式、接收换能器与发射换能器之间的测试距离、声时初读数 t_0、采样周期等。

③换能器的安装与采样:在拟定测点的混凝土测试面上涂少许耦合剂(如黄油、凡士林等),将发射与接收换能器辐射面分别与测试面耦合良好(对测要求发射与接收换能器在同一轴线上),采样前先调整波形显示区,使首波幅度超出首波控制线,合格后开始采样,并保存测试结果。

④声时测量应精确至0.1μs,超声测距测量应精确至1.0mm,且测量误差不应超过±1%。

⑤仪器使用完毕,应及时做好清理工作,换能器应擦拭干净单独存放。换能器的辐射面应避免磨损。

(2)声速值的计算:当在混凝土浇筑方向的侧面对测时,测区混凝土中声速代表值应根据该测区中3个测点的混凝土中声速值,按下列公式计算:

$$v = \frac{1}{3}\sum_{i=1}^{3}\frac{l_i}{t_i - t_0} \quad (2-21)$$

式中:v——混凝土中声速代表值(km/s),精确至0.01;

l_i——第i个测点的超声测距(mm);

t_i——第i个测点的声时读数(μs);

t_0——声时初读数(μs)。

(3)声速代表值修正:当在混凝土浇筑的顶面或底面测试时,测区声速代表值应按下列

公式修正:

$$v_a = \beta \cdot v \tag{2-22}$$

式中:v_a——修正后的测区混凝土中声速代表值(km/s);

  β——为超声测试面的声速修正系数,在混凝土浇筑的顶面和底面间对测或斜测时,$\beta = 1.034$;在混凝土侧面测试时,$\beta = 1$。

5)混凝土抗压强度推算

(1)结构或构件中第 i 个测区的混凝土抗压强度换算值,可按修正后的测区回弹代表值 R_{ai},及修正后的声速代表值 v_{ai},优先采用专用测强曲线或地区测强曲线换算而得。

(2)当无专用和地区测强曲线时,经验证后,可按全国统一测区混凝土抗压强度换算表换算,也可按下列全国统一测区混凝土抗压强度换算公式计算:

①当粗集料为卵石时:

$$f^c_{cu,i} = 0.0056 v_{ai}^{1.439} R_{ai}^{1.769} \tag{2-23}$$

②当粗集料为碎石时:

$$f^c_{cu,i} = 0.0162 v_{ai}^{1.656} R_{ai}^{1.410} \tag{2-24}$$

式中:$f^c_{cu,i}$——第 i 个测区混凝土抗压强度换算值(MPa),精确至0.1。

(3)当结构或构件中的测区数不少于10个时,各测区混凝土抗压强度换算值的平均值和标准差应按下列公式计算:

$$m_{f^c_{cu}} = \frac{1}{n}\sum_{i=1}^{n} f^c_{cu,i} \tag{2-25}$$

$$S_{f^c_{cu}} = \sqrt{\frac{\sum_{i=1}^{n}(f^c_{cu,i})^2 - n(m_{f^c_{cu}})^2}{n-1}} \tag{2-26}$$

式中:$f^c_{cu,i}$——结构或构件第 i 个测区的混凝土抗压强度换算值(MPa);

  $m_{f^c_{cu}}$——结构或构件测区混凝土抗压强度换算值的平均值(MPa),精确至0.1MPa;

  $S_{f^c_{cu}}$——结构或构件测区混凝土抗压强度换算值的标准差(MPa),精确至0.01MPa;

  n——测区数,对单个检测的构件,取一个构件的测区数;对批量检测的构件,取被抽检构件测区数之总和。

(4)当结构或构件所采用的材料及其龄期与制定测强曲线所采用的材料及其龄期有较大差异时,应采用同条件立方体试件或从结构或构件测区中钻取的混凝土芯样试件的抗压强度进行修正。试件数量不应少于4个。此时,采用式(2-23)、式(2-24)计算测区混凝土抗压强度换算值应乘以下列修正系数 η。

①采用同条件立方体试件修正时:

$$\eta = \frac{1}{n}\sum_{i=1}^{n} f^o_{cu,i} / f^c_{cu,i} \tag{2-27}$$

②采用混凝土芯样试件修正时:

$$\eta = \frac{1}{n}\sum_{i=1}^{n} f^o_{cor,i} / f^c_{cu,i} \tag{2-28}$$

式中:η——修正系数,精确至小数点后两位;

  $f^c_{cu,i}$——对应于第 i 个立方体试件或芯样试件的混凝土抗压强度换算值(MPa),精确至0.1MPa;

  $f^o_{cu,i}$——第 i 个混凝土立方体(边长150mm)试件的抗压强度实测值(MPa),精确至0.1MPa;

$f_{\text{cor},i}^{\text{o}}$——第 i 个混凝土芯样（$\phi 100 \times 100$mm）试件的抗压强度实测值（MPa），精确至0.1MPa；

n——试件数。

(5)结构或构件混凝土抗压强度推定值 $f_{\text{cu,e}}$，应按下列规定确定：

①当结构或构件的测区抗压强度换算值中出现小于10.0MPa的值时，该构件的混凝土抗压强度推定值 $f_{\text{cu,e}}$ 取小于10MPa。

②结构或构件中测区数少于10个时：

$$f_{\text{cu,e}} = f_{\text{cu,min}}^{\text{c}} \tag{2-29}$$

式中：$f_{\text{cu,min}}^{\text{c}}$——结构或构件最小的测区混凝土抗压强度换算值（MPa），精确至0.1MPa。

③当结构或构件中测区数不少于10个或按批量检测时：

$$f_{\text{cu,e}} = m_{f_{\text{cu}}^{\text{c}}} - 1.645 S_{f_{\text{cu}}^{\text{c}}} \tag{2-30}$$

(6)对按批量检测的构件，当一批构件的测区混凝土抗压强度标准差出现下列情况之一时，该批构件应全部重新按单个构件进行检测：

①一批构件的混凝土抗压强度平均值 $m_{f_{\text{cu}}^{\text{c}}} < 25.0$MPa，标准差 $S_{f_{\text{cu}}^{\text{c}}} > 4.50$MPa；

②一批构件的混凝土抗压强度平均值 $m_{f_{\text{cu}}^{\text{c}}} = 25.0 \sim 50.0$MPa，标准差 $S_{f_{\text{cu}}^{\text{c}}} > 5.50$MPa；

③一批构件的混凝土抗压强度平均值 $m_{f_{\text{cu}}^{\text{c}}} > 50.0$MPa，标准差 $S_{f_{\text{cu}}^{\text{c}}} > 6.50$MPa。

(三)钻芯法检测混凝土强度

钻芯法即钻孔取芯法，是利用钻芯机从结构混凝土中钻取芯样以检测混凝土强度或观察混凝土内部质量的方法。由于它对结构混凝土造成局部损伤，因此是一个半破损的现场检测手段。目前该法适用的规程是《钻芯法检测混凝土强度技术规程》（JGJ/T 384—2016）。

钻芯法检测混凝土抗压强度，无须进行某种物理量与强度之间的换算，是一种准确、可靠的检测方法，同时利用芯样观测混凝土的裂缝、接缝、分层、孔洞或离析等缺陷，具有直观、精度高等特点。因此对混凝土采用回弹法、超声-回弹综合法等间接法进行现场检测时，当具备钻芯法检测条件时，宜采用钻芯法对间接法检测结果进行修正。但钻芯法也有下述一定的局限性：

(1)钻芯时会对结构造成局部损伤，因而钻芯位置的选择及钻芯数量等均受到一定限制，而且它所代表的区域也是有限的。

(2)钻芯机及芯样加工配套机具与非破损测试仪器相比，比较笨重，移动不方便，测试成本较高。

(3)钻芯后的孔洞要修补，尤其当钻断钢筋时，更增加了修补工作的困难。

1. 检测器具

钻芯法的设备主要有：钻芯机（图2-12）、钻头、锯切机、磨平机、芯样补平装置和钢筋探测仪等。主要设备与仪器均应有产品合格证，计量器具经检测或校准并在有效期内。

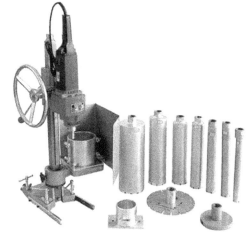

图2-12 混凝土钻芯机及钻头

(1)钻芯机：钻芯机应具有足够的刚度，操作灵活，固定和移动方便，并应有水冷却系统。

(2)钻头：宜采用人造金刚薄壁钻头，钻头胎体不得有裂缝、缺边、少角、倾斜及喇叭口变形。

（3）锯切机和磨平机：用于锯切和磨平芯样，应具有冷却系统和牢固夹紧芯样的装置；配套使用的人造金刚石圆锯片应有足够的刚度；锯切芯样宜使用双刀锯切机。

（4）补平装置：用于芯样端面加工，应保证芯样的端面平整，且芯样端面与芯样轴线垂直。

（5）钢筋探测仪：用于探测钢筋位置，应适用于现场操作，最大探测深度不应小于60mm，探测位置偏差不宜大于3mm。

（6）压力试验机：能够满足试件破坏吨位要求。

2. 芯样钻取

1）资料准备

（1）工程名称及设计、施工、监理和建设单位名称。

（2）结构或构件种类、外形尺寸及数量。

（3）设计混凝土强度等级。

（4）混凝土浇筑日期、配合比通知单和强度试验报告。

（5）结构或构件质量状况和施工记录。

（6）有关的结构设计施工图等。

2）芯样位置选择

取芯时会对混凝土结构造成局部损伤，因此在选择芯样位置时要慎重，宜在结构或构件的下列部位钻取：

（1）结构或构件受力较小的部位。

（2）混凝土强度具有代表性的部位。

（3）便于钻芯机安放与操作的部位。

（4）方便采用钢筋探测仪测试或局部剔凿的方法避开主筋、预埋件和管线的位置。

在构件上钻取多个芯样时，芯样宜取自不同部位。

3）芯样钻取

芯样钻取是混凝土钻芯测强工作的首要环节，钻取过程的安全、芯样质量的好坏、钻头和钻机的使用寿命以及工作效率等，除了与操作者的熟练程度和经验有关外，更要求操作者遵守国家有关安全生产和劳动保护的规定，遵守钻芯现场安全生产的有关规定，严格按规定的程序、步骤与要点进行作业：

（1）钻芯机就位并安放平稳后，应将钻芯机固定。如固定不稳，钻芯机容易发生晃动和位移，不仅影响钻芯机和钻头的使用寿命，而且很容易发生卡钻或芯样折断事故。

（2）钻芯机在没有安装钻头之前，应先通电确认主轴旋转方向为顺时针方向。如果安装钻头后再通电试验，一旦方向相反则钻头与连接头变成退扣旋转，容易把钻头甩掉而造成事故。

（3）安装好钻头，接通水源，启动电动机。

（4）操作加压手柄，使钻头慢慢接触混凝土表面，待钻头入槽稳定后，方可适当加压保持匀速钻进，并将用于冷却钻头和排除混凝土碎屑的冷却水流量控制为3~5L/min。

（5）当钻头钻至芯样要求长度后，退钻至距混凝土表面20~30mm时方可停电停水。如停电停水过早，则容易发生卡钻现象。

（6）移开钻机后，用带弧度的钢钎插入圆形槽并用锤敲击，利用弯矩的作用使芯样在底部与结构断离，然后将芯样取出。

(7)取出的芯样应进行标记,钻进部位应予以记录。芯样高度及质量不能满足要求时,则应重新钻取芯样。对合格的芯样应采取保护措施,避免在运输和储存中损坏。

(8)钻芯后留下的孔洞应及时进行修补,以保证结构的工作性能。

3. 芯样加工

1) 芯样要求与端面处理

(1)抗压芯样试件宜使用直径为100mm的芯样,且其直径不宜小于骨料最大粒径的3倍;也可采用小直径芯样,但其直径不应小于70mm且不得小于骨料最大粒径的2倍;抗压芯样试件的高径比(H/d)宜为1;抗折芯样试件宜使用直径为100mm的芯样,且其直径不宜小于骨料最大粒径的3倍;抗折芯样试件的高径比(H/d)宜为3.5。

(2)抗压芯样试件内不宜含有钢筋,也可含有一根直径不大于10mm的钢筋,且钢筋应与芯样试件的轴线垂直并离开端面10mm以上;抗折芯样试件内不应有纵向钢筋。

(3)锯切后的芯样应按下列要求进行端面处理:

①抗压芯样试件的端面处理,可采取在磨平机上磨平端面的处理方法,也可采用硫黄胶泥或环氧胶泥补平,补平层厚度不宜大于2mm。抗压强度低于30MPa的芯样试件,不宜采用磨平端面的处理方法;抗压强度高于60MPa的芯样试件,不宜采用硫黄胶泥或环氧胶泥补平的处理方法。

②抗折芯样试件的端面处理,宜采取在磨平机上磨平端面的处理方法。

2) 芯样试件尺寸及测量

(1)平均直径(见图2-13a)应用游标卡尺在芯样试件上部、中部和下部相互垂直的两个位置上共测量6次,取测量的算术平均值作为芯样试件的直径,精确至0.5mm。

(2)芯样试件高度可用钢卷尺或钢板尺进行测量(见图2-13b),精确至1.0mm。

(3)垂直度应用游标量角器测量芯样试件两个端面与母线的夹角,取最大值作为芯样试件的垂直度(见图2-13c),精确至0.1°。

(4)平整度可用钢板尺或角尺紧靠在芯样试件承压面(线)上,一面转动钢板尺,一面用塞尺测量钢板尺与芯样试件承压面(线)之间的缝隙,取最大缝隙为芯样试件的平整度(见图2-13d),也可采用其他专用设备测量。

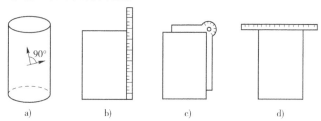

图2-13 芯样尺寸测量示意图
a)测平均直径;b)测高度;c)测垂直度;d)测平整度

3) 芯样试件尺寸偏差及外观质量要求

芯样试件尺寸偏差及外观质量出现下列情况时,相应的芯样试件宜报废:

(1)抗压芯样试件的实际高径比(H/d)小于要求高径比的0.95或大于1.05。

(2)芯样试件端面与轴线的不垂直度超过1°。

(3)抗压芯样试件端面的不平整度在100mm长度内超过0.1mm,抗折芯样试件承压线的不平整度在100mm长度内超过0.25mm。

(4)沿芯样试件高度的任一直径与平均直径相差超过1.5mm。
(5)芯样有较大缺陷。

4.抗压强度检测

芯样试件一般应在自然干燥的状态下进行试验。当结构工作条件比较潮湿,需要确定潮湿状态下混凝土的强度时,芯样试件宜在20℃±5℃的清水中浸泡40~48h,从水中取出后应除去表面水渍,并立即进行试验。

1)操作要求

芯样试件的抗压试验的操作可参见本章第二节中混凝土抗压强度试验内容,并应符合现行国家标准《普通混凝土力学性能试验方法》(GB/T 50081)中对立方体试块抗压试验的规定。

2)抗压强度计算

芯样试件的混凝土抗压强度可按下式计算:

$$f_{cu,cor} = \beta_c F_c / A_c \tag{2-31}$$

式中:$f_{cu,cor}$——芯样试件的混凝土抗压强度值(MPa),精确至0.1;
F_c——芯样试件的抗压试验的破坏荷载(N);
A_c——芯样试件抗压截面面积(mm^2);
β_c——芯样试件强度换算系数,取1.0,当有可靠试验依据时,β_c也可根据混凝土原材料和施工工艺情况通过试验确定。

3)混凝土抗压强度推定值及代表值

(1)钻芯法确定检验批的混凝土强度推定值时,取样应遵守下列规定:

①芯样试件的数量应根据检验批的容量确定。直径100mm的芯样试件的最小样本量不宜小于15个,小直径芯样试件的最小样本量不宜小于20个。

②芯样应从检验批的结构构件中随机抽取,每个芯样应取自一个构件或结构的局部部位,且取芯位置应符合规定。

(2)检验批混凝土抗压强度的推定值应按下列方法确定:

①检验批的混凝土抗压强度推定值应计算推定区间,推定区间的上限值和下限值应按下列公式计算:

$$f_{cu,e1} = f_{cu,cor,m} - k_1 S_{cu} \tag{2-32}$$

$$f_{cu,e2} = f_{cu,cor,m} - k_2 S_{cu} \tag{2-33}$$

$$f_{cu,cor,m} = \frac{\sum_{i=1}^{n} f_{cu,cor,i}}{n} \tag{2-34}$$

$$S_{cu} = \sqrt{\frac{\sum_{i=1}^{n}(f_{cu,cor,i} - f_{cu,cor,m})^2}{n-1}} \tag{2-35}$$

式中:$f_{cu,cor,m}$——芯样试件抗压强度平均值(MPa),精确至0.1;
$f_{cu,cor,i}$——单个芯样试件抗压强度值(MPa),精确至0.1;
$f_{cu,e1}$——混凝土抗压强度推定上限值(MPa),精确至0.1;
$f_{cu,e2}$——混凝土抗压强度推定下限值(MPa),精确至0.1;
k_1、k_2——推定区间上限值系数和下限值系数,按《钻芯法检测混凝土强度技术规程》(JGJ/T 384—2016)附录A查得;

S_{cu}——芯样试件抗压强度样本的标准差(MPa),精确至0.01。

②$f_{cu,e1}$和$f_{cu,e2}$所构成推定区间的置信度宜为0.90;当采用小直径芯样试件时,推定区间的置信度可为0.85。$f_{cu,e1}$与$f_{cu,e2}$之间的差值不宜大于5.0MPa和$0.10f_{cu,cor,m}$两者的较大值。

③宜以$f_{cu,e1}$作为检验批混凝土强度的推定值。

(3)钻芯法确定单个构件混凝土抗压强度推定值时,芯样试件的数量不应少于3个;钻芯对构件工作性能影响较大的小尺寸构件,芯样试件的数量不得少于2个。单个构件的混凝土抗压强度推定值不再进行数据的舍弃,而应按芯样试件混凝土抗压强度值中的最小值确定。

(4)钻芯法确定构件混凝土抗压强度代表值时,芯样试件的数量宜为3个,应取芯样试件抗压强度值的算术平均值作为构件混凝土抗压强度代表值。

5.抗折强度检测

芯样试件抗折强度试验与抗压强度试验一样,也分为在自然干燥和潮湿两种状态下检测,试件状态均与芯样试件抗压强度试验规定一致。芯样试件除应符合前述有关规定外,在长向中部1/3区段内不得有表面直径超过5mm、深度超过2mm的孔洞。

1)操作要求

芯样试件抗折强度试验操作可参见本章第二节中混凝土抗折强度试验内容,并按现行国家标准《普通混凝土力学性能试验方法》(GB/T 50081)中抗折强度试验的相关规定执行。

2)抗折强度计算

当芯样试件下边缘断裂位置处于两个集中荷载作用线之外,则该试件试验无效;当芯样试件下边缘断裂位置处于两个集中荷载作用线之间,则芯样试件抗折强度值可按下式计算:

$$f_{f,cor} = 4\beta_f F_f / A_f \qquad (2-36)$$

式中:$f_{f,cor}$——芯样试件抗折强度值(MPa),精确至0.1;

F_f——芯样试件抗折试验的破坏荷载(N);

A_f——芯样试件抗折面面积(mm^2);

β_f——芯样试件强度换算系数,应为同条件养护同龄期150mm×150mm×600mm的棱柱体试件与芯样试件抗折强度的比值,应根据混凝土原材料和施工工艺情况通过试验确定。

3)混凝土抗折强度推定值及代表值

(1)钻芯法确定单个构件混凝土抗折强度推定值时,芯样试件的数量不应少于3个。单个构件的混凝土抗折强度推定值不再进行数据的舍弃,而应按芯样试件混凝土抗折强度值中的最小值确定。

(2)钻芯法确定构件混凝土抗折强度代表值时,芯样试件的数量宜为3个,应取芯样试件抗折强度值的算术平均值作为构件混凝土抗折强度代表值。

二、混凝土中的钢筋检测

钢筋在混凝土结构中主要承受拉力并赋予结构以延性,补偿混凝土抗拉能力低下和容易脆断的缺陷,因此混凝土中的钢筋质量直接关系到结构物的安全和耐久性。混凝土中钢筋的检测内容主要包括钢筋间距和保护层厚度检测、钢筋直径检测及构件中钢筋锈蚀状况检测等内容。检测时,应依照《混凝土中钢筋检测技术规程》(JGJ/T 152—2008)相关规定进行检测。

检测前宜具备下列资料：

(1)工程名称、结构及构件名称以及相应的钢筋设计图纸。

(2)建设、设计、施工及监理单位名称。

(3)混凝土中含有的铁磁性物质。

(4)检测部位钢筋品种、牌号、设计规格、设计保护层厚度，结构构件中预留管道、金属预埋件等。

(5)施工记录等相关资料。

(6)检测原因。

(一)钢筋间距和混凝土保护层厚度检测

1．电磁感应法钢筋探测仪检测技术

钢筋探测仪可用于检测混凝土结构或构件中的钢筋间距和混凝土保护层厚度。

1)主要检测器具

(1)电磁感应法钢筋探测仪(图2-14)：由主机、探头、电缆线及人机接口等部分组成。其检测原理是基于电磁感应原理：仪器探头产生一个电磁场，当某根钢筋或其他金属体位于这个电磁场内时，会使局部电磁场强度发生改变，其变化量与金属物大小与探头距离存在一定的对应关系，可通过探头测量并给出测试结果。

(2)校准试件：校准试件(图2-15)可采用混凝土、木材、塑料、环氧树脂等对仪器不产生电磁干扰的材料制作，宜优先采用混凝土材料，且在混凝土龄期达到28d后使用。校准试件表面应平整，中部预埋的钢筋轴线应平行于试件表面，两端露出试件50mm以上，同时从试件4个侧面测量其钢筋的埋置深度应不相同，并且同一钢筋两外露端轴线至试件同一表面的垂直距离差应在0.5mm之内。

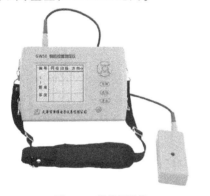
图2-14　钢筋探测仪

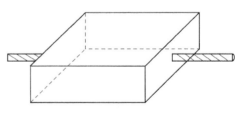
图2-15　校准试件

2)钢筋探测仪校准

钢筋探测仪使用前应采用标准试件进行校准，当混凝土保护层厚度为10～50mm时，混凝土保护层厚度检测的允许误差为±1mm，钢筋间距的检测允许误差为±3mm。具体校准步骤如下：

(1)应在试件各测试表面标记出钢筋的实际轴线位置，用游标卡尺测量两外露钢筋在各测试面上的实际保护层厚度值，取其平均值，精确至0.1mm。

(2)应采用游标卡尺测量钢筋，精确至0.1mm，并通过相关的钢筋产品标准查出其对应的公称直径。

(3)校准时，钢筋探测仪探头在试件上进行扫描，并标记出仪器所指定的钢筋轴线。应采用直尺测量试件表面钢筋探测仪所测定的钢筋轴线与实际钢筋轴线之间的最大偏差,并记录钢筋探测仪指示的保护层厚度检测值。钢筋探测仪检测值和实际量测值的对比结果均符合前述允许误差要求时,应判定钢筋探测仪合格。当部分项目指标以及一定量程范围内符合要求时,应判定其相应部分合格,但应限定钢筋探测仪的使用范围,并应指明其符合的项目和量程范围以及不符合的项目和量程范围。

(4)经过校准合格或部分合格的钢筋探测仪,应注明所采用的校准试件的钢筋牌号、规格以及校准试件材质。

正常情况下,钢筋探测仪校准有效期可为一年。发生下列情况之一时,应对钢筋探测仪进行校准:

①新仪器启用前;
②检测数据异常,无法进行调整;
③经过维修或更换主要零配件。

3)检测程序

(1)检测前,应对钢筋探测仪进行预热和调零,调零时探头应远离金属物体。在检测过程中,应核查钢筋探测仪的零点状态。

(2)进行检测前,宜结合设计资料了解钢筋布置状况,检测时,应避开钢筋接头和绑丝,钢筋间距应满足钢筋探测仪的检测要求。探头在检测面上移动,直到钢筋探测仪保护层厚度示值最小,此时探头中心线与钢筋轴线应重合,在相应位置做好标记。按上述步骤将相邻的其他钢筋位置逐一标出,并逐个测量钢筋的间距。

(3)钢筋位置确定后,应按下列方法进行混凝土保护层厚度的检测:

①首先应设定钢筋探测仪量程范围及钢筋公称直径,沿被测钢筋轴线选择相邻钢筋影响较小的位置,并应避开钢筋接头和绑丝,读取第1次检测的混凝土保护层厚度检测值。在被测钢筋的同一位置应重复检测1次,读取第2次检测的混凝土保护层厚度检测值。

②当同一处读取的2个混凝土保护层厚度检测值相差大于1mm时,该组检测数据无效,应查明原因,并在该处重新进行检测。仍不满足要求时,应更换钢筋探测仪或采用钻孔、凿的方法验证。

注:大多数钢筋探测仪要求钢筋公称直径已知,方能准确检测混凝土保护层厚度,此时钢筋探测仪必须按照钢筋公称直径对应进行设置。

(4)当实际混凝土保护层厚度小于钢筋探测仪最小示值时,应采用在探头下附加垫块的方法进行检测。垫块对钢筋探测仪检测结果不应产生干扰。表面应光滑平整,其各方向厚度值偏差不应大于0.1mm,所加垫块厚度在计算时应予扣除。

4)检测数据处理

(1)钢筋的混凝土保护层厚度平均检测值应按下式计算:

$$C_{m,i}^t = (C_1^t + C_2^t + 2C_c - 2C_D)/2 \tag{2-37}$$

式中:$C_{m,i}^t$——第i测点混凝土保护层厚度平均检测值(mm),精确至1;

C_1^t、C_2^t——第1、2次监测的混凝土保护层厚度检测值(mm),精确至1;

C_c——混凝土保护层厚度修正值,为同一规格钢筋的混凝土保护层厚度实测验证值减去检测值(mm),精确至0.1;

C_D——探头垫块厚度(mm),精确至0.1;不加垫块时,$C_D = 0$。

(2)检测钢筋间距时,可根据实际需要采用绘图方式给出结果。当同一构件检测钢筋不

少于7根钢筋(6个间隔)时,也可给出最大间距、最小间距,并按下式计算钢筋平均间距:

$$S_{m,i} = \frac{1}{n}\sum_{i=1}^{n}S_i \tag{2-38}$$

式中:$S_{m,i}$——钢筋平均间距(mm),精确至1;

S_i——第i个钢筋间距(mm),精确至1。

2. 雷达仪检测技术

雷达法宜用于结构或构件中钢筋间距的大面积扫描检测;当检测精度满足要求时,也可用于钢筋的混凝土保护层厚度检测。

1) 主要检测器具

(1) 雷达仪:雷达仪(图2-16)可辐射出高频电磁波穿透混凝土表面,并接收从钢筋或其他与混凝土性质不同的物体反射的信号,可通过画面直观显示和记录钢筋等的位置和深度。

(2) 校准试件:应选择当地常用的原材料及强度等级制作混凝土板,并宜采用同盘混凝土拌合物同时制作校正混凝土介电常数的素混凝土试块。其具体要求如下:

①混凝土板应采用单层钢筋网,宜采用直径为8~12mm的圆钢制作,其间距宜为100~150mm,钢筋的混凝土保护层厚度应覆盖15mm、40mm、65mm、90mm四个区段,每个混凝土保护层厚度的钢筋网至

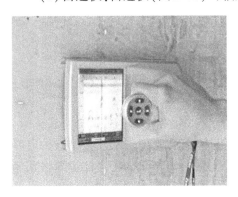

图2-16 雷达仪

少应有8个间距。钢筋两端应外露,其两端混凝土保护层厚度差不应大于0.5mm,两端的间距差不应大于1mm,否则应重新制作试件。

②素混凝土试块大小应参考雷达仪说明书的要求。当试件较多时,校准用混凝土板应和校正介电常数的试块逐一对应。

③制作混凝土试件的原材料均不得含有铁磁性物质,试件浇筑后7d内应浇水并覆盖养护,7d后采用自然养护,试件龄期应达到28d且在自然风干后使用。

2) 雷达仪校准

雷达仪使用前亦应采用标准试件进行校准,当混凝土保护层厚度为10~50mm时,混凝土保护层厚度检测的允许误差为±1mm,钢筋间距的检测允许误差为±3mm。注意应先校正试件的介电常数,然后再进行雷达仪校准,校准过程中应避免外界的电磁干扰。其具体校准步骤如下:

(1) 在外露钢筋的两端,采用钢卷尺测量6段钢筋间距内的总长度,取平均值作为钢筋的实际平均间距。同时用游标卡尺测量钢筋两外露端实际混凝土保护层厚度值,取其平均值。

(2) 根据雷达仪在试件上的扫描结果,标记出雷达仪所指定的钢筋轴线,并根据扫描结果计算钢筋平均间距及混凝土保护层厚度检测值。

(3) 当雷达仪检测值和实际测量值的对比结果均符合前述精度要求时,应判定雷达仪合格。当部分项目指标以及一定量程范围内符合要求时,应判定其相应部分合格,但应限定雷达仪的使用范围,并应指明其符合的项目和量程范围以及不符合的项目和量程范围。

经过校准合格或部分合格的雷达仪,应注明所采用的校准试件的钢筋牌号、规格以及混

凝土材质。雷达仪的校准有效期与重新校准规定均与电磁感应法钢筋探测仪的要求一致。

3）检测要点

根据被测结构及构件中钢筋的排列方向，雷达仪探头或天线应沿垂直于选定的被测钢筋轴线方向扫描，并根据钢筋的反射波位置来确定钢筋间距和混凝土保护层厚度检测值。

遇到下列情况之一时，应选取不少于30%的已测钢筋，且不应少于6处（当实际检测数量不到6处时应全部选取），采用钻孔、剔凿等方法验证。

(1) 认为相邻钢筋对检测结果有影响。

(2) 钢筋实际根数、位置与设计有较大偏差或无资料可供参考。

(3) 混凝土含水率较高。

(4) 钢筋以及混凝土材质与校准试件有显著差异。

4）检测数据处理

采用雷达仪与采用钢筋探测仪检测钢筋间距和混凝土保护层厚度时的数据处理方法一致。

(二) 钢筋直径检测

钢筋公称直径应采用有数字显示的钢筋探测仪检测，并结合钻孔、剔凿的方法进行。

1. 主要检测器具

(1) 钢筋探测仪：与检测钢筋间距和混凝土保护层厚度所用的钢筋探测仪要求相同。

(2) 校准试件、手持式冲击钻、凿子、毛刷、钢尺及游标卡尺等。

2. 钢筋探测仪校准

钢筋探测仪使用前应采用标准试件进行校准，钢筋公称直径的检测允许误差为+1mm。当检测误差不能满足要求时，应以剔凿实测结果为准。

3. 检测要点

(1) 检测的准备及钢筋探测仪的操作与使用钢筋探测仪检测钢筋间距和混凝土保护层厚度的要求相同。对需依据钢筋混凝土保护层厚度值来检测钢筋公称直径的仪器，应事先钻孔确定钢筋的混凝土保护层厚度。

(2) 应根据设计图纸等资料，确定被测结构及构件中钢筋的排列方向，并采用钢筋探测仪对被测结构及构件中钢筋及其相邻钢筋进行准确定位并做好标记。

(3) 检测时，被测钢筋与相邻钢筋的间距应大于100mm，且其周边的其他钢筋不应影响检测结果，并应避开钢筋接头及绑丝。在定位的标记上，应根据钢筋探测仪的使用说明书操作，并记录钢筋探测仪显示的钢筋公称直径。每根钢筋重复检测2次，第2次检测时探头应旋转180°，每次读数必须一致。

(4) 采用探测仪进行钢筋直径检测应结合钻孔、剔凿的方法进行，钻孔、剔凿的数量不应少于该规格已测钢筋的30%且不应少于3处（当实际检测数量不到3处时应全部选取）。钻孔、剔凿时，不得损坏钢筋。

(5) 实测应采用游标卡尺，测量精度应为0.1mm，再通过相关的钢筋产品标准查出对应的钢筋公称直径；当钢筋探测仪测得的钢筋公称直径与钢筋实际公称直径之差大于1mm时，应以实测结果为准。

(三) 钢筋锈蚀性状检测

钢筋锈蚀是影响混凝土结构耐久性的主要因素之一，因此摸清混凝土中钢筋锈蚀性状是研究混凝土结构耐久性的一个重要环节。考虑到在一般的混凝土结构及构件中钢筋腐蚀通常是由于自然电化学腐蚀引起的,因此可采用测量电化学参数(电位变化)来进行判断钢筋锈蚀性状。

采用半电池电位法测量时,将铜-硫酸铜半电池与混凝土和混凝土中的钢筋构成的另一个半电池相连接,检测钢筋的电位,并根据研究积累的经验来判断钢筋的锈蚀性状。该法适用于已硬化混凝土中钢筋的半电池电位的检测,它不受混凝土构件尺寸和钢筋保护层厚度的限制,可用于定性评估结构及构件中的钢筋锈蚀性状。

1. 主要检测设备

主要检测设备有半电池电位法钢筋锈蚀检测仪,简称钢筋锈蚀检测仪(图2-17)。它由铜-硫酸铜半电池(以下简称半电池)、电压仪和导线构成。铜-硫酸铜半电池,如图2-18所示。

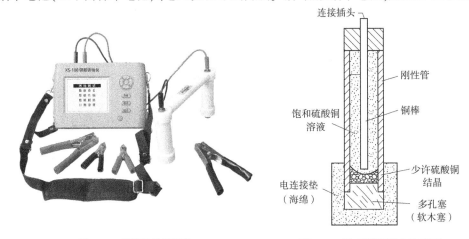

图2-17 钢筋锈蚀检测仪　　　　图2-18 铜-硫酸铜半电池剖面

①饱和硫酸铜溶液应采用分析纯硫酸铜试剂晶体溶解于蒸馏水制备。应使刚性管的底部积有少量未溶解的硫酸铜晶体,溶液应清澈且饱和。

②半电池的电连接垫应预先浸湿,多孔塞和混凝土构件表面应形成电通路。

③电压仪应具采集、显示和存储数据的功能,满量程不宜小于1000mV。在满量程范围内的测试允许误差为±3%。

④用于连接电压仪与混凝土中钢筋的导线宜为铜导线。其总长度不宜超过150m、截面面积宜大于0.75mm^2,在使用长度内因电阻干扰所产生的测试回路电压降不应大于0.1mV。

2. 钢筋锈蚀检测仪的保养、维护与校准

(1)钢筋锈蚀检测仪使用后,应及时清洗刚性管、铜棒和多孔塞,并应密闭盖好多孔塞。

(2)铜棒可采用稀释的盐酸溶液轻轻洗,并用蒸馏水清洗干净。不得用钢毛刷擦洗铜棒及刚性管。

(3)硫酸铜溶液应根据使用时间给予更换,更换后宜采用甘汞电极进行校准。在室温(22±1)℃时,铜硫酸铜电极与甘汞电极之间的电位差应为(68±10)mV。

3. 检测方法

1)测区选择与测点布置

在混凝土结构及构件上可布置若干测区,测区面积不宜大于5m×5m,并应按确定的位置编号。每个测区应采用矩阵式(行、列)布置测点,依据被测结构及构件的尺寸,宜用100mm×100mm～500mm×500mm划分网格,网格的节点应为电位测点。

2)测区及测点混凝土处理

当测区混凝土有绝缘涂层介质隔离时,应清除绝缘涂层介质。测点处混凝土表面应平整、清洁,必要时可采用砂轮钢丝刷打磨,并应将粉尘等杂物清除。检测时测区混凝土应预先充分浸湿。可在饮用水中加入适量(约2%)家用液态洗涤剂配制成导电溶液,在测区混凝土表面喷洒,以保证半电池的电连接垫与混凝土表面测点耦合良好。

3)检测系统的连接

现场检测时,半电池与检测仪正输入端连接,待检钢筋与检测仪负输入端连接,如图2-19所示。其具体连接步骤如下:

(1)导线与钢筋的连接:

①采用钢筋探测仪检测钢筋的分布情况,并应在适当位置剔凿出钢筋;

②导线一端应接于电压仪的负输入端,另一端应接于混凝土中钢筋上;

③对连接处的钢筋表面应除锈或清除污物,并保证导线与钢筋有效连接;

④测区内的钢筋(钢筋网)必须与连接点的钢筋形成电通路。

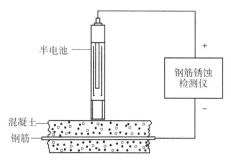

图2-19 检测时系统连接方法

(2)导线与半电池的连接:

①连接前应检查各种接口,接触应良好;

②导线一端应连接到半电池接线插头上,另一端应连接到电压仪的正输入端。

4)半电池检测系统稳定性要求

(1)在同一测点,用相同半电池重复2次测得该点的电位差值应小于10mV。

(2)在同一测点,用两只不同的半电池重复2次测得该点的电位差值应小于20mV。

5)半电池电位的检测方法

(1)测量并记录环境温度。

(2)按测区编号,将半电池依次放在各电位测点上,检测并记录各测点的电位值。

(3)检测时,应及时清除电连接垫表面的吸附物,半电池多孔塞与混凝土表面应形成电通路。

(4)在水平方向和垂直方向上检测时,应保证半电池刚性管中的饱和硫酸铜溶液同时与多孔塞和铜棒保持完全接触。

(5)检测时应避免外界各种因素产生的电流影响。

6)电位值温度修正

当检测环境温度在(22±5)℃之外时,应按下列公式对测点的电位值进行温度修正:

当 $T \geq 27$℃:

$$V = 0.9 \times (T - 27.0) + V_R \tag{2-39}$$

当 $T \leq 17$℃:

$$V = 0.9 \times (T - 17.0) + V_R \tag{2-40}$$

式中:V——温度修正后电位值,精确至1mV;

V_R——温度修正前电位值,精确至1mV;

T——检测环境温度,精确至1℃;

0.9——系数(mV/℃)。

4. 半电池电位法检测结果评判

(1)半电池电位检测结果,可采用电位等值线图(图2-20)表示被测结构及构件中钢筋的锈蚀性状。

(2)宜按合适比例在结构及构件图上标出各测点的半电池电位值,可通过数值相等的各点或内插等值的各点绘出电位等值线。电位等值线的最大间隔宜为100mV,如图2-20所示。

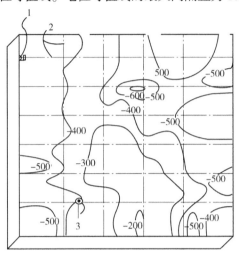

图2-20 电位等值线示意图
1-钢筋锈蚀检测仪与钢筋连接点;2-钢筋;3-铜-硫酸铜半电池

(3)当采用半电池电位法值评价钢筋锈蚀性状时,应根据表2-7进行判断。

半电池电位值评价钢筋锈蚀性状的判据　　　表2-7

电位水平(mV)	钢筋锈蚀性状
> -200	不发生锈蚀的概率>90%
-200 ~ -350	锈蚀性状不确定
< -350	发生锈蚀的概率>90%

复习思考题

1. 砂浆取样的要求有哪些?
2. 简述砂浆稠度试验的方法要点。
3. 表征混凝土流动性工作性能指标有哪些? 叙述混凝土坍落度试验的方法要点。
4. 分别叙述混凝土抗压强度试验和抗折强度试验的方法要点。
5. 砂浆和混凝土的抗压强度试验有何异同之处?
6. 混凝土抗渗等级如何划分? 应如何做好抗渗试件的密封?
7. 混凝土结构强度测定的方法有哪些? 有何优缺点?
8. 如何进行回弹仪的率定?
9. 混凝土碳化深度如何测定?
10. 钻芯法进行抗压和抗折强度检测中,对芯样质量和端面处理有哪些要求?
11. 用于测量钢筋混凝土保护层厚度的钢筋探测仪应如何进行校准?
12. 钢筋锈蚀检测仪使用时,检测系统应如何进行连接?

第三章 路基工程试验检测

教学目标

1. 能够运用检测仪器完成路基工程质量检测。
2. 掌握压实度检测方法、仪器设备操作、试验步骤及试验数据的处理与分析。
3. 掌握承载比试验方法、仪器设备操作、试验步骤及试验数据的处理与分析。
4. 掌握 K_{30}、E_{vd}、E_{v2} 检测方法、测试仪器操作、试验数据的处理分析。

路基是为满足轨道铺设和运营条件而修筑的土工建筑物,但长期以来,我国新建轨道交通工程中并没有把路基当成土工结构物,而只是作为土石方工程对待。在"重桥隧、轻路基,重土石方数量、轻质量"的倾向下,路基翻浆冒泥、下沉、边坡坍滑、滑坡等病害经常发生,为保证地面轨道交通工程的质量,确保不会影响到轨道交通线路正常运营,必须加强路基施工各环节的试验检测工作。

第一节 路基填料质量检测

轨道线路路基的质量与所采用的路基填料质量密切相关,路基填料质量的好坏直接决定着路基压实的质量,同时直接关乎着路基工后沉降与路基病害。因此,保证路基填料质量符合设计和施工要求能够有效地防治轨道线路后期运营出现的各种问题。

城市轨道交通路基工程开工前,应对取土场填料进行土的天然含水率、天然干密度、颗粒分析试验、液塑液试验、相对密度等土工试验,并按照现行行业标准《铁路路基设计规范》(TB 10001)依据颗粒组成、颗粒形状、细粒含量、颗粒级配、抗风化能力等将巨粒土、粗粒土填料分为 A、B、C、D 四组,将细粒土填料依据土的塑性指数和液限含水率分为 C、D、E 组。根据《地铁设计规范》(GB 50157—2013),路堤基床表层填料应选用 A、B 组填料,基床底层及基床以下部分的填料可选用 A、B、C 组填料。此外,在轨道交通路基施工中也采用承载比试验结果(CBR 值)作为评价路基填料强度的辅助指标。承载比试验的优点是能测出填料浸水后的强度,这一指标对于浸水路基非常重要。而当现场使用化学改良土时,在使用前应进行配合比和无侧限抗压强度验证试验,在施工中可采用 EDTA 滴定法快速测定水泥石灰稳定土中的水泥和石灰的剂量,用以检查拌和的均匀性。

一、承载比(CBR)试验

承载比(California Bearing Ration,简称 CBR)又称为加州承载比,由美国加利福尼亚州公路局首先提出来的,是评定土基及基层材料强度的一种方法。CBR 值是指标准试件在贯入量 2.5mm 或 5mm 时所施加的试验荷载与标准碎石材料在相同贯入量时所施加的荷载之比值,以百分率表示。由于该法简便,试验数据稳定,因而被许多国家采用。

1.试验目的

承载比试验可用于测定在规定击实筒内制备的试件在标准尺寸贯入杆贯入试件的贯入量与荷载强度的关系,计算承载比。试样的最大粒径应符合《铁路工程土工试验规程》(TB 10102—2010)试验条件的规定。

2.试验仪器设备

(1)击实筒:内径152mm、高166mm的金属圆筒(含50mm高的筒内垫块),护筒高50mm;筒内垫块直径151mm,高50mm。

(2)击锤和导筒:锤底直径51mm,锤质量4.5kg,落距457mm。

(3)分析筛:孔径为40mm、20mm、5mm。

(4)膨胀量测定装置:由三脚架和位移计组成,如图3-1所示。

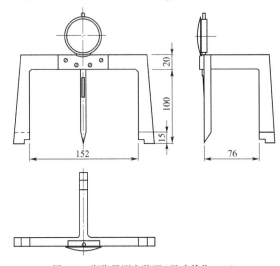

图3-1 膨胀量测定装置(尺寸单位:mm)

(5)带调节杆的多孔板:板上孔径宜小于2mm,如图3-2所示。

(6)贯入仪:由加压和测力设备、贯入杆及位移计组成,如图3-3所示。

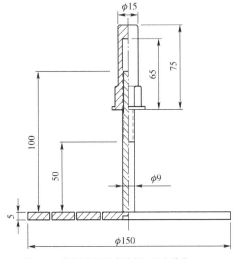

图3-2 带调节杆的多孔板(尺寸单位:mm)

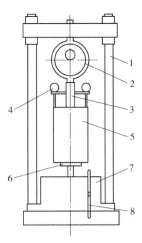

图3-3 贯入仪

1-框架;2-测力计;3-贯入杆;4-位移计;5-试件;6-升降台;
7-蜗轮蜗杆箱;8-摇把

56

①加压和测力设备：测力计量程不小于50kN，最小贯入速度应能调节至1mm/min。
②贯入杆：杆的端面直径50mm，长约100mm，杆上应配有安装位移计的夹孔。
③位移计：2只，最小分度值为0.01mm的百分表或准确度为0.2%F.S的位移传感器。

(7) 荷载板：直径150mm，中心孔直径52mm，并沿直径分为两个半圆块，如图3-4所示，每块质量1.25kg，共4块。

(8) 水槽：浸泡试样用，槽内水面应高出试件顶面25mm。

(9) 其他：台秤、脱模器、滤纸等。

3．试验步骤

1) 试件制备

(1) 取代表性试样测定风干含水率，试样需过20mm或40mm筛，筛除大于20mm或40mm的颗粒，并记录超径颗粒的百分比，按需要制备数份试样，每份试样质量约6kg。

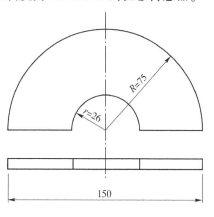

图3-4 荷载板(尺寸单位：mm)

(2) 试样制备应进行重型击实样，测定试样的最大干密度和最佳含水率。

(3) 按最佳含水率制备3个试样，进行重型击实试验(击实筒内放垫块)；若需要制备3种干密度试样时，应制备9个试样，试样的干密度可控制在最大干密度的95%~100%。击实试验完成后试样超高应小于6mm。

(4) 卸下护筒，用修土刀或直刮刀沿击实筒顶修平试样，表面不平整处，应小心用细料填补，取出垫块，称击实筒和试样总质量。

2) 试件浸水测膨胀量

(1) 将一层滤纸铺于试样表面，放上多孔底板，并用拉杆将击实筒与多孔底板固定。倒转击实筒，在试样另一表面铺一层滤纸，并放上带调节杆的多孔板，再放上4块荷载板。

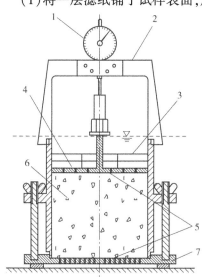

图3-5 浸水膨胀装置
1-位移计；2-膨胀量测定装置；3-荷载块；4-多孔板；5-滤纸；6-试样；7-多孔底板

(2) 将整个装置放入水槽内(先不放水)，安装好膨胀率测定装置，并读取位移计初始读数。

(3) 向水槽内注水，使水自由进入试样的底部和顶部，注水后水槽内水面应保持高出试样顶面20mm(图3-5)，浸泡4昼夜。

(4) 测量浸水后试样的高度变化，按式(3-1)计算膨胀率：

$$V_{HP} = \frac{\Delta h_w}{h_o} \times 100 \quad (3-1)$$

式中：V_{HP}——浸水后试样的膨胀率(%)，精确至0.1；
Δh_w——试样浸水后的高度变化(mm)；
h_o——浸水前试件高度($h_o = 116$mm)。

(5) 卸下膨胀量测定装置，从水槽中取出击实筒，吸去试样顶面的水，静置15min后卸下荷载块、多孔板和多孔底板，取下滤纸，称试样及击实筒的总质量，计算试样的吸水量及密度变化。

3)进行贯入试验

(1)将浸水后的试样放在贯入仪的升降台上,调整升降台的高度,使贯入杆与试样顶面刚好接触,试样顶面放上4块荷载板。

(2)在贯入杆上施加45N的荷载,将测力计和变形量测设备的位移计调至零位。

(3)启动电动机或摇动贯入仪摇把,施加轴向压力,使贯入杆以1~1.25mm/min的速度压入试样,记录测力计读数和对应的贯入量,贯入量达到2.5mm时的读数不应少于5组;试验至贯入量为10~12.5mm时终止。试验加载过程中,位移计读数随荷载增大而减小时,应重新进行试验。

4.试验结果整理

(1)根据测力计读数,结合量力环系数得出贯入荷载大小,再除以贯入杆面积,计算某级贯入量对应的单位压力作为荷载强度。

(2)以荷载强度为横坐标,贯入量为纵坐标,绘制荷载强度与贯入量关系曲线,如图3-6所示。曲线的开始段呈凹形时,应对曲线进行修正,如图3-6中所示的曲线2,通过变曲率点引一切线与纵坐标相交于O'点,O'点即为修正后的原点。

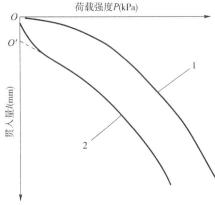

图3-6 荷载强度与贯入量关系曲线

(3)承载比应按以下方法计算:

①贯入量为2.5mm时:

$$\mathrm{CBR}_{2.5} = \frac{P}{7000} \times 100 \tag{3-2}$$

式中:$\mathrm{CBR}_{2.5}$——贯入量2.5mm时的承载比(%),精确至0.1;

P——贯入量2.5mm时的荷载强度(kPa);

7000——贯入量2.5mm时所对应的标准荷载强度(kPa)。

②贯入量为5.0mm时:

$$\mathrm{CBR}_{5.0} = \frac{P}{10500} \times 100 \tag{3-3}$$

式中:$\mathrm{CBR}_{5.0}$——贯入量5.0mm时的承载比(%),精确至0.1%;

P——贯入量5.0mm时的荷载强度(kPa);

10500——贯入量5.0mm时所对应的标准荷载强度(kPa)。

③承载比宜采用贯入量为2.5mm时的结果。当贯入量为5.0mm时的承载比大于贯入量为2.5mm时的承载比时,应重新进行试验。如试验结果仍然相同,则采用贯入量为5.0mm时的承载比。

(4)试样的湿密度应按下式计算:

$$\rho = \frac{m_2 - m_1}{V} \tag{3-4}$$

式中:ρ——试样的湿密度(g/cm³),精确至0.01;

m_2——击实筒和试件的质量(g);

m_1——击实筒的质量(g);

V——击实筒的容积(cm³)。

(5)试样的干密度应按下式计算:

$$\rho_d = \frac{\rho}{1+0.01w} \tag{3-5}$$

式中:ρ_d——试样的干密度(g/cm³),精确至0.01;
　　　w——试样的含水率(%)。

(6)浸水后试样的吸水量应按下式计算:

$$w_a = m_3 - m_2 \tag{3-6}$$

式中:w_a——浸水后试样的吸水量(g);
　　　m_3——浸水后击实筒和试件的质量(g);
　　　m_2——浸水前击实筒和试件的质量(g)。

5. 精度要求

本试验应进行3个试样的平行试验。3个试样试验结果的变异系数不大于12%,且试样间的干密度之差不大于0.03g/cm³时,试验结果取3个结果的平均值;变异系数大于12%,或试样间的干密度之差大于0.03g/cm³时,去掉一个偏大的值,试验结果取其余2个结果的平均值。

二、化学改良土的无侧限抗压强度试验

无侧限抗压强度值作为评判化学改良土性能的关键性指标,能较准确地反映试样的强度特性,对化学改良土的设计和施工都有重要的指导意义。无侧限抗压强度值须通过无侧限抗压强度试验进行测定。

1. 试验目的

本试验适用于测定土最大粒径小于15mm的化学改良土的无侧限抗压强度值。

2. 试验仪器设备

(1)分析筛:孔径为5mm、10mm、15mm。

(2)试模:细粒土应采用直径50mm、高50mm的圆柱体试模;粗粒土应采用直径和高均为100mm的圆柱体试模。

(3)脱模器。

(4)液压千斤顶:0.2~1.0MN。

(5)反力框架:400kN以上。

(6)击锤和导筒。

(7)恒温恒湿箱或混凝土标准养护室。

(8)水槽:深度应比试件高50mm。

(9)材料试验机:不大于200kN。

(10)天平:称量200g,分度值0.01g。

(11)案秤:称量10kg,分度值5g。

(12)其他设备:量筒、拌和工具、漏斗、电热干燥箱、称量盒。

3. 试件制备

1)试料准备

(1)采用"四分法"取具有代表性的风干试料,必要时,可在50℃电热干燥箱内烘干,用木槌或木碾捣碎(不破坏原颗粒粒径),将试料过筛(细粒土应除去大于5mm颗粒;粗粒土应

除去大于15mm颗粒)备用,并应在试验前一天测定其风干含水率。试料数量:细粒土1.1～1.3kg,粗粒土16～17kg。

(2)混合料的最佳含水率和最大干密度应预先通过重型击实试验确定。

2)试件要求

(1)同一化学改良土应制备相同状态的试件数量:细粒土不少于6个,粗粒土不少于9个。细粒土可以一次称取6个试件的试料;粗粒土可以一次称取3个试件的试料。

(2)根据试模尺寸,每个试件所需干试料质量:φ50mm×50mm试件约需180～210g;φ100mm×100m试件约需1700～1900g。所需风干试料的质量由下式计算。

$$m_g = m_{dg}(1 + 0.01\omega_g) \tag{3-7}$$

式中:m_g——风干化学改良土试料质量(g);

ω_g——化学改良土试料的风干含水率(%);

m_{dg}——化学改良土干试料的质量(g)。

(3)将称取的风干试料放入方盘(尺寸约为40cm×60cm×7cm)内,按式(3-7)计算应向试料中加的水量(细粒土使其含水率较最佳含水率小3%,粗粒土按最佳含水率计算)。将试料与水拌和均匀后放入密封容器内浸润备用,石灰改良土、石灰粉煤灰综合改良土和水泥石灰综合改良土等,可先将石灰、粉煤灰和土一起拌匀浸润。浸润时间为:生石灰不少于24h,黏性土12～24h,粉性土6～8h,砂性土、砂砾土、红土砂砾、级配砂砾等约4h,含土很少的未筛分砂砾或砂约2h。

(4)化学改良土应根据设计要求和施工工艺确定延迟时间H。在浸润后的试料中加入所需外接料,在拌和过程中将预留的3%水(细粒土)加入试料中,使混合料的含水率达到最佳含水率。拌和料应用湿布覆盖,在延时$(H-1)h$内,每半小时用小铲或其他拌和工具充分搅拌,并在1h内完成试件制备全过程。水泥或石灰的剂量按干土质量的百分率计。

3)试件制备

试件制备宜采用静力压实法或锤击法。制备方法应符合下列规定:

(1)静力压实法:利用反力框架和液压千斤顶将混合试料压入试模中。加入混合试料的数量,按预定的干密度和试模容积计算。

$$m_{sg} = \rho_{dg}V(1 + 0.01w_{sg}) \tag{3-8}$$

式中:m_{sg}——应取浸润混合料数量(g);

w_{sg}——浸润混合料的含水率(%);

ρ_{dg}——化学改良土试件的干密度(g/cm³);

V——试模的容积(cm³)。

①先将试模内壁和上下压柱底部涂上一薄层润滑油,再将试模的下压柱放入试模的下部,约外露2cm。将称取预定数量的浸润混合料分2～3次用漏斗灌入试模中,每次灌入后都用夯棒轻轻均匀插实,然后将上压柱放入试模内,外露约2cm。再将整个试模连同上下压柱,放到反力框架内的千斤顶上,千斤顶下应放扁球座,施加压力直至上下压柱都压入试模为止。维持1min后,解除压力,取出试模,拿去上压柱,放到脱模器上利用千斤顶和下压柱将试件推出脱模,称取试件质量,φ50mm×50mm试件精确至1g,φ100mm×100mm试件精确至2g。最后用游标卡尺量试件高度,准确至0.1mm。

②φ50mm×50mm试件可以将试料一次倒入试模中,上下压柱各露出试模外约2cm。

③用水泥改良具有黏结性的材料制成的试件可以立即脱模;用水泥改良无黏结性材料

制成试件宜过数小时后再脱模。

(2)锤击法:步骤同静力压实法,不同的是以击实试验用的击锤代替反力框架和千斤顶将上下压柱击入已放有试料的试模内;压柱顶面应垫一块牛皮或胶皮,保护锤面和压柱顶面不受损伤。

4)试件养生

(1)试件脱模称量后应立即放入密封的恒温恒湿箱内进行养生,养生时试件应采用塑料薄膜包覆。

(2)养生时间视需要而定(宜为 7d、14d、28d 等)。养生期间的温度应控制在 (20 ± 2)℃,相对湿度控制在95%。

(3)养生期的最后一天,将试件再次称量。试件需要浸水时,应将试件放入水中浸泡24h,水面应高出试件顶部2.5cm。取出试件用柔软的抹布吸去试件表面的余水,称取试件的质量。养生期间试件质量的损失:ϕ50mm×50mm 试件不得超过1g;ϕ100mm×100mm 试件不得超过 4g。试件质量损失超过此规定的,应作废。

4.试验步骤

(1)取养生后(或已浸泡24h)的试件用游标卡尺量取试件高度,准确至0.1mm。

(2)将试件安装在材料试验机的升降台上进行抗压试验。试验过程中,应使试件的变形等速增加,并保持速率约为1mm/min,记录试件被破坏时的最大压力。

(3)从破碎试件中取代表性试样测定其含水率。

5.试验结果处理

1)无侧限抗压强度计算

试件无侧限抗压强度应按下式计算:

$$q_u = \frac{P}{A} \tag{3-9}$$

式中:q_u——无侧限抗压强度(MPa),小于2.0MPa 计算至0.01MPa;大于2.0MPa 计算至0.1MPa;

P——试件破坏时最大荷载(N);

A——试件面积(mm^2)。

2)试验精度要求

(1)无侧限抗压强度相对标准偏差计算:

$$C_V = (S/\bar{q}_u) \times 100$$
$$\bar{q}_u = \frac{1}{n}\sum_{i=1}^{n} q_u \tag{3-10}$$
$$S = \sqrt{\frac{1}{n}\sum_{i=1}^{n}(q_u - \bar{q}_u)^2}$$

式中:C_V——相对标准偏差(%);

$\bar{q}_u$——无侧限抗压强度均值(MPa);

S——无侧限抗压强度标准偏差(MPa);

n——无侧限抗压强度试验试件个数。

(2)允许相对标准偏差 C_V:ϕ50mm×50mm 试件不得大于10%;ϕ100mm×100mm 试件不得大于15%。相对标准偏差大于允许差值时,应重新进行试验。

三、化学改良土的水泥或石灰的剂量测定

1. 目的和适用范围

(1)本试验方法适用于在铁路路基现场快速测定水泥和石灰稳定土中水泥和石灰的剂量,并可用以检查拌和的均匀性。用于稳定土可以是细粒土,也可以是中粒土和粗粒土。路基现场水泥和石灰稳定土含水率的少量变化(±2%),实际上不影响测定结果。用本方法进行一次剂量测定,只需10min左右。

(2)本方法也可以用来测定水泥和石灰稳定土中结合料的剂量。

2. 仪器设备

(1)滴定管(酸式):50mL,1支。

(2)滴定台:1个。

(3)滴定管夹:1个。

(4)大肚移液管:10mL,10支。

(5)锥形瓶(三角瓶):200mL,20个。

(6)烧杯:2000mL,一只,300mL,10只。

(7)容量瓶:1000mL,1个。

(8)搪瓷杯:容量大于1200mL,10只。

(9)不锈钢棒(或粗玻璃棒):10根。

(10)量筒:100和5mL,各1只;50mL,2只。

(11)棕色广口瓶:60mL,1只(装钙红)。

(12)托盘天平:称量500g,感量0.5g和称量100g、感量0.1g各1台。

(13)秒表:1只。

3. 试剂配备

(1)0.1mol/L乙二胺四乙酸二钠(简称EDTA二钠)标准液:准确称取EDTA二钠(分析纯)37.226g,用微热的无二氧化碳蒸馏水溶解,待全部溶解并冷却至室温,定容至1000mL。

(2)10%氯化铵溶液:将500g氯化铵(分析纯或化学纯)放在10L聚乙烯桶内,加蒸馏水4500mL,充分振荡,使氯化铵完全溶解。也可以分批在1000mL的烧杯内配制,然后倒入塑料桶内摇匀。

(3)1.8%氢氧化钠(内含三乙醇胺)溶液:用100g托盘天平称取18g氢氧化钠(分析纯),放入洁净干燥的1000mL烧杯中,加入1000mL蒸馏水使其全部溶解;待溶解冷却至室温后,置入2mL三乙醇胺(分析纯),搅拌均匀后储于塑料桶中。

(4)钙红指示剂:将0.2g钙试剂羟酸钠(分子式$C_{21}H_{13}O_7N_2SNa$)与20g预先在105℃烘箱中烘1h的硫酸钾混合,一起放入瓷研钵中,研成极细粉末,储于棕色广口瓶中,以防吸水变潮。

4. 准备标准曲线

(1)取样:取工地用石灰和集料,风干后分别过2.0mm或2.5mm筛,用烘干法或酒精燃烧法测其含水率(如为水泥可假定其含水率为0%)。

(2)混合料组成的计算:

①干混合料质量 = 湿混合料质量/(1 + 混合料最佳含水率)

②干土质量 = 干混合料质量/[1 + 石灰(或水泥)剂量]

③干石灰(或水泥)质量＝干混合料－干土质量

④风干土质量＝干土质量×(1＋土的风干含水率)

⑤风干石灰质量＝干石灰质量×(1＋石灰的风干含水率)

⑥石灰土中应加入的水＝湿混合料质量－风干土质量－风干石灰质量

(3)试样准备。准备5种试样,每种2个样品(以水泥集料为例)如下:

第一种:称2份300g集料(如为细粒土,则每份的质量可以减为100g)分别放在2个搪瓷杯内,集料的含水率应等于工地预期达到的最佳含水率。集料中所加的水应与工地所用的水相同(300g为湿质量)。

第二种:准备2份水泥剂量为2%的水泥土混合料试样,每份质量均为300g,并分别放在2个搪瓷杯内。水泥土混合料的最佳含水率应等于工地预期达到的最佳含水率。混合料中所加的水应与工地所用的水相同。

第三种、第四种、第五种:各准备2份水泥剂量分别为4%、6%、8%的水泥混合料试样,每份质量均为300g,并分别放在6个搪瓷杯内,其他要求同第一种(在此,准备标准曲线的水泥剂量为:0%、2%、4%、6%和8%,实际工作中应使工地实际所用水泥或石灰的剂量位于准备标准曲线时所用剂量的中间)。

(4)取一个盛有试样的搪瓷杯,在杯内加600mL 10%氯化铵溶剂,(当仅用100g混合料时,只需200mL 10%氯化铵溶剂)用不锈钢搅拌棒充分搅拌3min(每分钟搅拌110～120次)。如水泥(或石灰)土混合料中的土为细粒土,则也可以用1000mL具塞三角瓶代替搪瓷杯,手握三角瓶(瓶口向上)用力振荡3min(120±5次/min),以代替搅拌棒搅拌。放置沉淀4min[如4min后得到的是混浊悬浮液,则应增加放置沉淀时间,直到出现澄清悬浮液为止,并记录所需的时间,以后所有该种水泥(或石灰)土混合料的试验,均应以同一时间为准],然后将上部清液转移到300mL烧杯内,搅匀,加盖表面皿待测。

(5)用移液管吸取上层(液面下1～2cm)悬浮液10.0mL置入200mL的三角瓶内,用量筒量取50mL 1.8%的氢氧化钠(内含三乙醇胺)倒入三角瓶中。此时溶液pH值为12.5～13.0(可用pH值为12～14的精密试纸检验);然后加入钙红指示剂(体积约为黄豆大小),摇匀,溶剂呈玫瑰红色。用EDTA二钠标准液滴定到纯蓝色为终点,记录EDTA二钠的耗量(以mL计,读至0.1mL)。

(6)对其他几个搪瓷杯中的试样,用相同的方法进行试验,并记录各自EDTA二钠的耗量。

(7)以同一水泥(或石灰)剂量混合料消耗EDTA二钠标准液毫升数的平均值为纵坐标,以水泥(或石灰)剂量(%)为横坐标制图。两者的关系应是一根顺滑的曲线(见图3-7),如素集料或水泥(或石灰)改变以及同一次配制的EDTA溶液用完后,必须重做标准曲线。

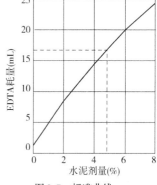

图3-7 标准曲线

5.试验步骤

(1)选取有代表性的水泥土或石灰土混合料,称取300g放在搪瓷杯中,用搅拌棒将结块搅散,加600mL 10%的氯化铵溶液,然后如前述步骤那样进行试验。

(2)利用所绘制的标准曲线,根据所消耗的EDTA二钠标准液毫升数,确定混合料中水泥或石灰剂量。

6. 注意事项

(1)每个样品搅拌的时间、速度和方式应力求相同,以增加试验的精度。

(2)做标准曲线时,如工地实际水泥剂量较大,素集料和低剂量水泥的试样可以不做,而直接用较高的剂量做试验,但应有两种剂量大于实用剂量以及两种剂量小于实用剂量。

(3)配制的氯化铵溶液最好当天用完,不要放置过久,以免影响试验的精度。

第二节 路基地基承载力检测

轨道交通工程的路基是一种由土石构成的土工结构物,因此路基工程的地基应满足承载力和路基工后沉降的要求。当地基承载力不够时,应采用换土、夯实及软土地基加固等方法进行处理,以提高承载力、减小工后沉降以确保其上路基工程的安全。《地铁设计规范》(GB 50157—2013)规定,路基基床底层厚度范围内天然地基的静力触探比贯入阻力 p_S 值不应小于1.2MPa,或天然地基容许承载力[σ]不应小于0.15MPa。比贯入阻力 p_S 可由静力触探试验得出,天然地基容许承载力[σ]可根据现行行业标准《铁路工程地质勘察规范》(TB 10012)附录D确定,对重要工程应采用荷载试验、理论公式计算及其他原位测试方法综合确定,对于软土地基一般可采用原状土无侧限抗压强度试验测定其无侧限抗压强度及灵敏度来确定。

一、静力触探试验

静力触探试验通过静力将标准圆锥形探头匀速压入土中,根据测定触探头的贯入阻力 p_S,判定土的物理力学特性的一种原位试验方法;适用规程是现行行业标准《铁路工程地质原位测试规程》(TB 10018)。静力触探适用于软土、黏性土、砂类土以及含少量碎石的土层;试验成果用于确定地基承载力、判定砂土液化和提供地基物理力学参数等。

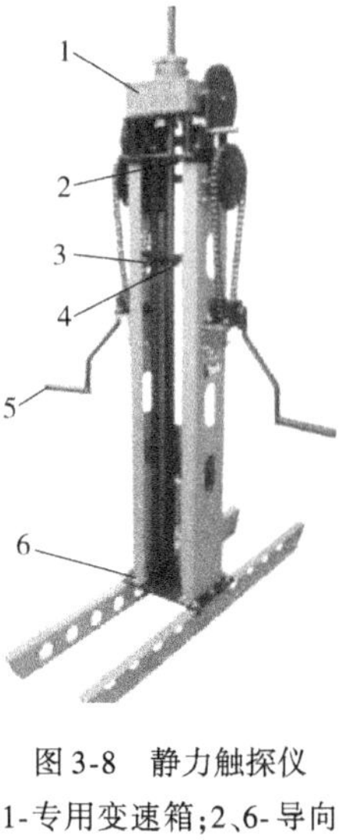

1. 试验设备

静力触探试验设备主要由静力触探仪(图3-8)、反力装置、探头、量测仪、探杆、导线等组成。触探头根据其结构和功能主要分为单桥触探头、双桥触探头和三功能孔压探头。

2. 触探试验原理

1)单桥触探头

当探头压入土中时,由于土层阻力,使探头受到一定压力,土层强度越高,探头所受到的压力越大,使得探头传感器上的电桥发生变化。在弹性限度内,探头所受的力与桥压成线性关系,通过放大即可将土层的阻力转换为电信号,然后由仪表测出。

图3-8 静力触探仪
1-专用变速箱;2、6-导向管;3-山形板;4-卡块;5-摇把

2)双桥触探头

双桥触探试验原理与单桥触探试验相似,当触探头压入土中时,土层不但给锥头有反力,还给摩擦筒有个向上的摩擦力,由于摩擦筒上部与侧壁传感器连接,这样即可测得土层对侧壁的摩擦阻力。

3)三功能孔压探头

三功能孔压探头在双桥探头基础上增加了由透水陶粒做成的透水滤器和一个孔压传感

器,能同时测定锥头阻力、侧壁摩擦阻力和孔隙水压力;同时还能测定探头周围孔隙水压力的消散过程。

3.试验步骤及要点

(1)触探前,将触探头的电缆线穿入触探杆。应尽量一次穿入所需的全部触探杆。装卸触探头时,不应转动触探头。

(2)贯入时采用的量测仪器应与标定触探头时的量测仪器相同。贯入前,应对接上量测仪器的触探头进行试压,检查顶柱、锥头、摩擦筒是否能正常工作。

(3)量测仪器所选用的供桥电压的工作电流,应小于电阻应变片的容许值。

(4)触探的贯入速率应控制在(20 ± 5)mm/s范围内,在同一孔中宜保持匀速贯入。

(5)触探头贯入土中$0.5\sim1.0$m,然后提升$5\sim10$cm,待量测仪器上无明显零漂时,记录零读数或调整零位并压回原位,方能开始正式贯入。

(6)贯入过程中,在地面下6m深度范围,每贯入隔$2\sim3$m应提升探头1次,将零漂值作为初读数填入记录表的相应深度旁,然后使探头复位,继续贯入。孔深超过6m后,视零漂值大小,可放宽归零检查的深度间隔或不做归零检查。

(7)终孔起拔时和探头拔出地面时,应记录零漂值。

(8)计深标尺设置在主机上时,每贯入$3\sim4$m应校核一次实际深度。

4.测试数据分析与判定

1)原始数据修正

(1)读数方式取得的原始数据,应按下列步骤及要求修正:

①记录深度与实际深度有出入时,应根据记录表所标注的数值和深度误差出现的深度范围,按等距修正法调整;多余的读数记录应根据实际贯入情况删除。

②具一定热敏性的探头(传感器),当零漂值在该深度段测试值10%以内时,可依归零检查的深度间隔,按线性内插法对测试值予以平差。当零漂值大于该深度段测试值的10%时,宜在相邻两次归零检查的时间间隔内,按贯入行程所占时间段落依比例进行线性平差。

③各深度的测试值按下式修正:

$$x'_d = x_d - \Delta x_d \tag{3-11}$$

式中:x'_d——某深度d处读数的修正值;

x_d——深度d处的实测值(读数);

Δx_d——相应于深度d处的零漂修正量(平差值),分正、负。

(2)自动记录仪取得的原始记录曲线,应按下列要求修正:

①贯入深度修正。

a.按下式计算实际贯入深度d:

$$d = nl + h - \Delta l \tag{3-12}$$

式中:l——每根探杆长度;

n——贯入土中的探杆根数;

h——从锥底全断面处起算的探头长度;

Δl——未入土的探杆余长。

b.以孔口地面为深度零点,以停止贯入(加接探杆)时锥尖应力松弛所形成的似归零线为依据,用记录纸上所标注的深度误差,按式(3-12)校正曲线深度。

c.双笔或三笔式记录曲线应标明深度零点。

②曲线幅值修正。

a.以归零检查的标注为依据,直线连接两相邻归零点,根据此连线与记录纸上零线的偏差值,反号调整记录曲线的幅值。

b.因加接探杆造成记录曲线脱节或出现喇叭口曲线形态时,应以平顺曲线予以补齐。

c.根据探头的标定系数,绘制修正后的触探曲线纵横坐标比例尺,注明单位和标出各触探曲线所代表的参数符号。

2)比贯入阻力 p_s 确定

单桥、双桥及孔压探头的比贯入阻力 p_s 与端阻 q_c 可按下列公式换算:

$$p_s = 1.1 q_c \tag{3-13}$$

静力触探结果的其他参数,亦可参照现行行业标准《铁路工程地质原位测试规程》(TB 10018)确定。

二、原状土无侧限抗压强度试验

轨道交通工程中原状土无侧限抗压强度试验适用于测定在自重作用下不发生变形的饱和软黏土的无侧限抗压强度 q_u 和灵敏度 S_t;试验应符合现行业规范《铁路工程土工试验规程》(TB 10102)相关规定。

1.仪器设备

(1)应变控制式无侧限压缩仪(见图3-9):包括轴向测力计、轴向位移计、加荷架、升降板以及上、下传动板等。

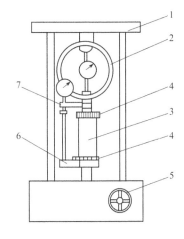

图3-9 应变控制式无侧限压缩仪
1-轴向加荷架;2-轴线测力计;3-试样;4-上、下传动板;5-手轮或电动转轮;6-升降板;7-轴向位移计

(2)轴向位移计:量程10mm,分度值0.01mm的百分表或准确度为0.2%F.S的位移传感器。

(3)天平:称量500g,分度值0.1g。

(4)其他:切土盘、重塑筒、秒表、0.1mm精度卡尺、切土刀、钢丝锯、凡士林等。

2.试样制备

1)试样尺寸要求

试样直径宜为35~50mm,高度与直径之比为2.0~2.5倍。

2)原状土试样制备

(1)一般土样:先用钢丝锯或切土刀截取稍大于规定尺寸的土样,放在切土盘(图3-10)上、下圆盘之间,用钢丝锯或切土刀紧靠侧板,由上往下切削,边切削边转动圆盘,直至土样被削成规定的直径。再按试样高度的要求,削平上下两端。直径大于10cm的土样,可先用分样器(图3-11)切成3个土柱,再按上述方法切取直径为39.1mm的试样。

(2)较硬的土样:先用切土刀或钢丝锯切取一块稍大于规定尺寸的土柱,并将上、下两端削平,再按试样上下层次,放在切土架(图3-12)上进行切削。切削前应先在切土器(图3-12)刃口内壁涂上薄层滑润油,将刀口对准土样的顶面,边削边压切土器,至切削到比要求的试样高度高出约2cm。拆开切土器,将试样取出,按要求高度将两端削平。在切样过程中,试样表面遇到砾石面形成孔洞时,可用切削下来的余土填补。

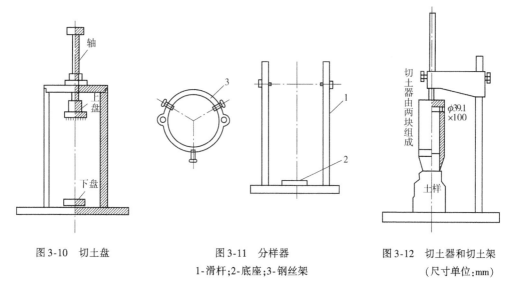

图 3-10 切土盘　　图 3-11 分样器　　图 3-12 切土器和切土架
　　　　　　　　1-滑杆;2-底座;3-钢丝架　　　　（尺寸单位:mm）

(3)将切成的试样称量,用游标卡尺测量试样的直径和高度,按下式计算试样的平均直径:

$$D_0 = \frac{D_1 + 2D_2 + D_3}{4} \quad (3-14)$$

式中:D_0——试样的平均直径(mm);

D_1——试样的上部直径(mm);

D_2——试样的中部直径(mm);

D_3——试样的下部直径(mm)。

(4)取切下的余土测定含水率。同一组试样间的含水率差值不宜大于2%,密度差值不宜大于$0.03g/cm^3$。

3.试验操作步骤

(1)将已制备的试样置于下传压板上,转动转轮使试样与上传压板刚好接触、并将轴向压力计和轴向位移计的读数均调整到零。

(2)以每分钟1%~3%的应变速度(5~15r/min)转动转轮,整个试验应在8~10min内完成。

(3)轴向应变小于3%时,每增加0.5%记录测力计和位移计读数一次;轴向应变到达3%以后,每增加1%记录测力计和位移计读数一次。

(4)测力计读数达到峰值或稳定值以后,应继续转动转轮,再继续进行3%~5%的应变值,即可停止试验。读数无稳定值时,试验应进行到轴向应变达20%为止。

(5)试验结束后,迅速反转转轮,取出试样,并描述破坏后试样的形状。

(6)需测定灵敏度时,应刮掉已破坏试样表面上的凡士林,再加入少量切削下来的余土,包以塑料布,用手搓捏,破坏其原来结构。制成与原状试样密度相等的重塑试样,然后按上述步骤进行试验。

4.试验结果计算及制图

1)轴向应变

轴向应变应按下式进行计算:

$$\varepsilon_1 = \frac{\Delta h}{h_o} \times 100 \tag{3-15}$$

式中：ε_1——轴向应变(%)；

Δh——轴向变形(mm)；

h_o——试样的初始高度(mm)。

2）校正后的试样的面积

$$A_a = \frac{A_O}{1-0.01\varepsilon_1} \tag{3-16}$$

式中：A_a——校正后面积(cm^2)；

A_O——试样初始面积(cm^2)。

3）试样所受的轴向应力

$$\sigma = \frac{C \cdot R}{A_a} \times 10 \tag{3-17}$$

式中：σ——轴向应力(kPa)；

C——测力计率定系数(N/0.01mm)；

R——测力计读数(0.01mm)；

10——单位换算因数。

4）应力与应变关系曲线绘制

以轴向应力为纵坐标，轴向应变为横坐标，绘制应力与应变关系曲线，如图3-13所示，曲线上最大轴向应力值为q_u。最大轴向应力值不明显时，可取轴向应变为15%处的应力为无侧限抗压强度值。

5）灵敏度

$$S_t = \frac{q_u}{q_u'} \tag{3-18}$$

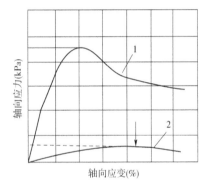

图3-13 轴向应力与轴向应变关系曲线
1-原状试样；2-重塑试样

式中：S_t——灵敏度；

q_u——原状试样的无侧限抗压强度(kPa)；

q_u'——重塑试样的无侧限抗压强度(kPa)。

第三节 路基密实程度试验检测

路基压实是提高填土的密实程度，降低其透水性和压缩性，增强其承载能力并减少变形的重要手段。在施工中往往需要快速、准确地检测填料的压实情况，以保证填料的压实符合设计标准，确保路基工程施工质量。

检测路基压实质量的方法和仪器很多，大致可分为两大类：一类主要用于检测填料的密实程度，以压实度（压实系数）的大小作为控制土压实效果的标准，并据此推断土料的强度和变形特性，如常用的环刀法、灌砂法和灌水法测定土的密度，此外还可采用核子密度湿度仪（或无核密度仪）法快速测定土的密度和含水率；另一类主要用于直接检测填料的承载能力及变形模量等力学指标，以确定路基的承载能力及稳定性。本节主要讲解路基压实度检测方法，现场常用的路基压实度检测方法及适用范围比较见表3-1。

路基压实度检测方法及适用范围比较 表 3-1

试验方法	适用范围
灌砂法	适用于在现场测定路基土的各种材料压实层的密度和压实度,但不适用于填石路堤等有大孔洞或大孔隙材料的压实度检测
灌水法	灌水法又称水袋法,适用于在现场测定各种材料压实层的密度和压实度,可适用于测定粗粒填料路基压实层的压实度
环刀法	适用于细粒土及无机结合料稳定细粒土的密度测试。但对无机结合料稳定细粒土,其龄期不宜超过 2d,且适用于施工过程中的压实度检测
核子法（无核法）	适用于现场用核子密度仪(或无核密度仪)以散射法或直接透射法测定路基的密度和含水率,并计算施工压实度。适用于施工质量的现场快速评定,不宜用作仲裁试验或评定验收试验

一、灌砂法

灌砂法适用于现场测定细粒土、砂类土和砾类土的密度,是对压实土基的一种破坏性检测方法。灌砂法试验时,需在待测土基上挖一适当大小试坑,用均匀颗粒的砂由一定高度下落并填满试坑,根据其单位质量不变的原理,来测量试坑的容积;用试坑的容积代表从试坑中取出土的体积,计算填土的天然密度及干密度。灌砂法的缺点是需要携带较多的量砂,同时称量次数较多,测试速度较慢。

1. 仪器设备

(1)密度测定器:由容砂瓶、灌砂漏斗和底盘组成,如图 3-14 所示。容砂瓶的容积为 4L;灌砂漏斗高 135mm、直径 165mm,颈部有孔径为 13mm 的圆柱形阀门,可控制标准砂均匀地下放;容砂瓶和灌砂漏斗之间用螺纹接头连接。底盘作为工地坑口的护面承托灌砂漏斗和容砂瓶。

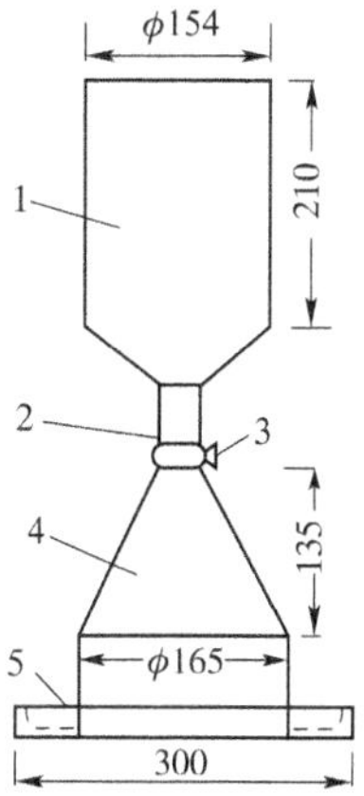

(2)天平:称量 10kg,分度值 5g;称量 500g,分度值 0.1g。

(3)分析筛:孔径 0.25 mm、0.50mm。

(4)其他:小铁锹、小铁铲、勺子、毛刷、盛土容器等。

2. 室内试验步骤

1)量砂密度的测定

(1)量砂应选用粒径在 0.25~0.5 mm 之间洁净干燥砂,烘干冷却后能自由流动且不胶结,密度为 1.47~1.61g/cm³。

图 3-14 密度测定器
(尺寸单位:mm)

1-容砂瓶;2-螺纹接头;3-阀门;4-灌砂漏斗;5-底盘

(2)将容砂瓶与灌砂漏斗经螺纹接头接紧,并作一标记,以后每次拆卸再衔接时都要接在这一位置。称组装好的密度测定器的质量 m_{r1},准确至 5 g。

(3)将干燥的密度测定器竖立(灌砂漏斗口向上)在工作台上,打开阀门,往密度测定器内注水,直至水面高出阀门;关闭阀门,倒掉漏斗中多余的水,称注满水的密度测定器总质量 m_{r2},准确至 5g。同时测定水温,准确至 0.5℃。再重复测定两次,取三次测定值的平均值。三次测值之间的差值不得大于 5g。否则应重新测定。

(4)将干燥的密度测定器竖立(灌砂漏斗口向上)在工作台上,关阀门,向漏斗中灌满量砂。打开阀门使漏斗中的量砂漏入容砂瓶内,边漏边继续向漏斗中补充量砂,当量砂停止流动时迅速关闭阀门。倒掉漏斗内多余的量砂,称灌满量砂的密度测定器总质量 m_{r3},准确至 5g。测定过程中应避免振动。

(5)按下式计算容砂瓶容积:

$$V_r = \frac{m_{r2} - m_{r1}}{\rho_{wT}} \tag{3-19}$$

式中:V_r——容砂瓶容积(cm³);

m_{r2}——注满水的密度测定器的总质量(g);

m_{r1}——密度测定器的质量(g)。

(6)量砂的密度按下式计算:

$$\rho_{sr} = \frac{m_{r3} - m_{r1}}{V_r} \tag{3-20}$$

式中:ρ_{sr}——量砂的密度(g/cm³),计算至0.01g/cm³;

m_{r3}——灌满量砂的密度测定器的总质量(g)。

2)测定灌满灌砂漏斗所需量砂的质量

(1)按前述方法将量砂灌满容砂瓶,称取灌满量砂的密度测定器的总质量 m_{r3}。

(2)将灌满量砂的密度测定器倒置(即灌砂漏斗口向下)在洁净的平面上,打开阀门,直至砂停止流动。

(3)迅速关闭阀门,称取剩余量砂和密度测定器的总质量,计算流失量砂的质量,该流失量即为灌满漏斗所需量砂的质量 m_{r4}。

(4)重复上述步骤三次,取其平均值。

3.现场挖坑灌砂试验步骤

(1)根据试样最大粒径确定试坑尺寸,如表3-2所示。试坑深度不应大于该层填筑深度。

灌砂法试坑尺寸　　　　表3-2

试样最大粒径 (mm)	试坑尺寸(mm)	
	直径	深度
5(20)	150	200
40	200	250
60	250	300
75	300	400

(2)将选定试坑位置处的地面铲平,其面积略大于试坑直径;按试坑直径画出坑口轮廓线,在轮廓线内下挖至该层碾压层底面。注意保持坑壁竖直,边挖边将挖出的土放入盛土容器内,称土的质量 m_P,准确至10g,然后取代表性土样测定含水率 w。

(3)向容砂瓶内灌满量砂,关阀门,称灌满量砂的密度测定器的总质量 m_{r3},准确至5g。

(4)将密度测定器倒置(灌砂漏斗口向下)于挖好的坑口上,打开阀门,使密度测定器内的量砂流入坑内,当密度测定器内量砂停止流动时关闭阀门。

(5)称密度测定器和剩余量砂的质量 m_{r5},准确至5g。并计算灌满试坑所用量砂的质量 $m_{sr} = m_{r3} - m_{r4} - m_{r5}$。

(6)取出试坑内的量砂,以备下次试验时再用。若量砂的湿度发生变化或混有杂质,则应风干、过筛后再用。

(7)试验完毕,应将试坑回填并夯实。

4. 试验结果计算

(1)路基土的湿密度 ρ 与干密度 ρ_d 应按下列公式计算:

$$\rho = \frac{m_p}{m_{sr}} \times \rho_{sr} \qquad (3\text{-}21)$$

式中:m_p ——灌满试坑所用量砂的质量(g);
m_{sr} ——取自试坑内土的质量(g)。

$$\rho_d = \frac{\rho}{1 + 0.01w} \qquad (3\text{-}22)$$

(2)路基的压实度按下式计算:

$$K = \frac{\rho_d}{\rho_{dmax}} \times 100 \qquad (3\text{-}23)$$

式中:K ——测试地点的路基压实度(%);
ρ_d ——试坑土的实测干密度(g/cm³);
ρ_{dmax} ——由击实试验得到的土样的最大干密度(g/cm³)。

各种材料的干密度均应准确至 0.01g/cm³。

5. 成果记录

灌砂法密度试验记录格式,应符合表 3-3 的要求。

灌砂法密度试验记录表 表 3-3

试坑编号			测　　定
灌满量砂的密度测定器总质量(g)	(1)		
灌砂漏斗所需量砂的质量(g)	(2)		
密度测定器和剩余量砂的质量(g)	(3)		
灌满试坑所用量砂的质量(g)	(4)	(4) = (1) - (2) - (3)	
量砂密度(g/cm³)	(5)		
试坑容积(cm³)	(6)	(6) = (4)/(5)	
土和容器质量(g)	(7)		
容器质量(g)	(8)		
土的质量(g)	(9)	(9) = (7) - (8)	
土的密度(g/cm³)	(10)	(10) = (9)/(6)	
土的含水率(%)	(11)		
土的干密度(g/cm³)	(12)	(12) = (10)/[1 + 0.01 × (11)]	

复核_____　____年___月___日　　试验_____　____年___月___日

二、灌水法

灌水法测定压实度的试验方法,原理与灌砂法基本相同,只是利用水代替量砂置换试坑的体积,亦对压实土面有破坏性;此法适用于在现场测定各种材料压实层的密度和压实度,并可适用于测定粗粒填料路基压实层的压实度。

1. 仪器设备

(1) 储水筒:直径应均匀,并附有刻度及出水管。

(2) 台秤:称量50kg,分度值10g。

(3) 塑料薄膜袋:由聚氯乙烯塑料薄膜制成。

(4) 其他:盛土容器、水准尺、钢卷尺、挖土工具等。

2. 试验主要步骤

(1) 在选定的试坑位置处铲平略大于试坑直径的地面,并根据土的最大粒径按表3-4确定试坑的尺寸,试坑深度不应大于该层填筑深度。

灌水法试坑尺寸　　　　表3-4

试样最大粒径 (mm)	试坑尺寸(mm)	
	直径	深度
5(20)	150	200
40	200	250
60	250	300
75	300	400
150	600	750
200	850	1000

(2) 按确定的试坑直径画出坑口轮廓线,在轮廓线内下挖至要求深度。边挖边将坑内的试样装入盛土容器内,称土的质量m_p,精确至10g。并取代表性土样测定含水率。

(3) 试坑挖好后,将略大于试坑容积的塑料薄膜袋沿坑底、坑壁紧密相贴,到地面后翻开袋口,袋口周围用重物压牢固定。

(4) 记录储水筒内初始水位高度,打开储水筒的注水管,让水缓缓流入坑内塑料薄膜袋内。当袋内水面上升到接近坑口地面时将水流调小,待水面与环套的上边缘齐平时关闭注水管,持续3~5min记录储水筒内水位高度。如袋内出现水面下降时,应另取塑料薄膜袋重做试验。

(5) 试验完毕后,应将试坑回填,并夯实。

3. 试验结果计算

试验结果应按下列公式计算:

$$\rho = \frac{m_p}{V_p} \quad (3-24)$$

$$V_p = (H_1 - H_2) \cdot A_W \quad (3-25)$$

式中:V_p——试坑容积(cm^3);

H_1——储水筒内初始水位高度(cm);

H_2——储水筒内注水终止时水位高度(cm);

A_W——储水筒横断面面积(cm^2)。

4. 成果记录

灌水法密度试验记录格式,应符合表3-5的要求。

灌水法密度试验记录表　　　　　　　　　　表3-5

试样编号	试坑编号	储水筒水位(cm)		储水筒断面积(cm²)	试坑容积(cm³)	土的质量(g)	土的含水率(%)	土的湿密度(g/cm³)	平均湿密度(g/cm³)	平均干密度(g/cm³)
		初始	终止							
		(1)	(2)	(3)	(4)=[(2)−(1)]×(3)	(5)	(6)	$(7)=\frac{(5)}{(4)}$	(8)	$(9)=\frac{(8)}{1+0.01\times(6)}$

复核＿＿＿＿＿＿　＿＿＿年＿＿月＿＿日　　　　试验＿＿＿＿＿＿　＿＿＿年＿＿月＿＿日

三、核子密度湿度仪法

核子密度湿度仪法是利用同位素(伽马源和中子源)的放射原理,在施工现场快速地检测路基土和基层材料的密度和含水率的电子仪器。

核子密度湿度仪法以散射法或直接透射法测定路基或路面材料的密度和含水率,并计算施工压实度。测定土基或基层材料的压实密度及含水率时,打洞后用直接透射法所测定层的厚度不宜大于30cm。本方法属非破坏性检测,允许对同一个测试位置进行重复测试,并监测密度和压实度的变化,以确定合适的碾压方法,达到所要求的压实度。

1. 仪器设备

(1)核子密度湿度仪(图3-15)主机:由放射源、探测器、微处理器、测深定位装置等组成。

①放射源:铯137-γ源,辐射活性3.7×10^8Bq;镅241/铍中子源,辐射活性1.85×10^9Bq。

②探测器:盖革-密勒计数管,接收γ射线;氦-3探测管,接收中子射线。

③微处理器:将探测器接收到的射线信号转换成数据,并经运算后显示检测结果。

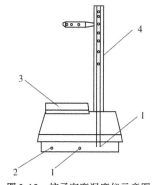

图3-15　核子密度湿度仪示意图
1-放射源;2-探测器;3-微处理器;
4-测深定位装置

④测深定位装置:将放射源定位到预定的测试深度。

(2)附件:标准块、导板、钻杆、充电器。

(3)技术指标:

①测量范围:含水率0~64%,密度1.12~2.73 g/cm³。

②准确度:含水率±0.4%,密度±0.004g/cm³。

2. 仪器的标定

由于核子密度湿度仪是一种间接检测路基材料密度和含水率的方法,必须事先建立射线计数率与密度和湿度的关系,才能在检测时,根据仪器收到的射线计数率,推算实际的密度值和湿度值。标定过程就是将仪器在一系列密度和湿度已知的标准材料块(标定块)上进行检测,在每一标定块上,在每一个检测深度上确立标准密度值和湿度值与射线计数率之间的对应关系。

一般情况下,每12个月以内要对核子密度湿度仪进行一次标定。标定可以由仪器生产厂家或独立的有资质的服务机构进行。标定后的仪器在测量标准材料块上的密度时,其检测结果与标准密度值的误差不应超过±16kg/m³。

3. 测试方法与步骤

1)准备工作

(1)每天使用前或者对测试结果有怀疑时,用标准计数块测定仪器的标准值。

(2)测定材料密度时,宜与挖坑灌砂法的结果进行标定。求取两种不同方法测定的密度的相关关系,其相关系数 R 应不小于0.95。

(3)按照规定的时间,预热仪器。

2)测试步骤

(1)如用散射法测定压实层密度时,应将核子密度湿度仪平稳地置于测试位置上。可用细砂填平测试位置路基表面凸凹不平的空隙,使路基表面平整,能与仪器紧密接触。

(2)如用直接透射法测定时,应将放射源棒放下插入已预先打好的垂直的测试孔内。前后或左右移动仪器,使之安放稳固。孔深必须大于探测杆达到的测试深度。

(3)打开仪器,测试员退至距仪器2m以外,按照选定的测定时间进行测量;到达测定时间后,读取显示的各项数值,并迅速关机。

4. 结果计算

路基土施工干密度 ρ_d 可按下式计算:

$$\rho_d = \rho - \rho_{sw} \tag{3-26}$$

式中:ρ_d——干密度(g/cm^3),计算至 $0.01\ g/cm^3$;

ρ——湿密度(g/cm^3);

ρ_{sw}——单位体积中水的质量(g/cm^3)。

路基压实度,可按式(3-23)计算。

5. 试验允许偏差

本试验在同一测点,仪器在初始位置进行第一次读数,然后将仪器绕测孔旋转180°进行第二次读数,密度的平行差值不大于 $0.03g/cm^3$ 时,试验结果取两次读数的平均值。如果两次测定的平行差值超过允许差值,则应将仪器再绕测孔旋转到90°和270°的位置进行两次读数,取其四次读数的算术平均值。

6. 注意事项

(1)放射性物质对人体有害,应注意安全防护。

(2)有些因素会影响核子密度湿度仪的测试结果,应注意避免干扰。

第四节 路基力学指标检测

路基密实程度检测是通过测定路基土的密度,来推断路基的强度和变形特性,是路基设计及施工控制的重要方法,但是对于高速铁路或其他对强度指标要求严格的情况,仅靠填土密实程度来反映路基压实质量有一定的局限性。为检测路基真实的受力稳定性及变形特征,还需要直接检测路基承载能力及变形模量等力学指标。地基系数、二次变形模量 E_{v2} 和动态变形模量 E_{vd} 等是我国轨道交通工程路基力学指标主要检测的项目。

一、地基系数试验

地基系数是表示土体表面在平面压力作用下产生的可压缩性的大小,它是用一定直径的刚性承载板进行静压平板荷载试验(图3-16)。试验时,取第一次加载测得的应力与位移(σ-s)曲线上 s 为1.25mm时所对应的荷载 σ_s,按地基系数 $K = \sigma_s/1.25$ 计算得出,单位为MPa/m。其中,直径300mm荷载板对应的地基系数 K_{30} 运用最为广泛。

图 3-16 K_{30} 平板荷载试验

1. 仪器设备

试验所采用的荷载及沉降测量装置宜具备数据自动采集、数字显示功能。

(1) 承载板:承载板为圆形钢板,其直径分为 300mm、400mm 和 1600mm。承载板直径偏差不应大于 0.5mm,厚度偏差不应大于 0.2mm。承载板表面粗糙度不应大于 6.3μm。其中直径为 300mm 的承载板,板厚为 25mm,承载板上应带有水准泡。

(2) 加载装置:

①千斤顶与手动液压泵,通过高压油软管连接,液压系统不得渗漏油。千斤顶顶端应设置球铰,并配有可调节丝杆和加长杆件。直径 300mm、400mm 和 600mm 承载板选用的千斤顶最大承载力应分别不小于 50kN、65kN 和 100kN。

②高压油软管长度不应小于 1.8m,两端应装有自动开闭阀门的快速接头。

③手动液压泵上应装有一个可调节减压阀,并可准确地对承载板实施分级加、卸载。

④荷载量测装置宜采用误差不大于 1% 的测力计、力传感器或精度不低于 0.4 级的防震压力表。

(3) 反力装置:承载能力应大于最大试验荷载 10kN 以上。

(4) 下沉量测量装置:由测桥和下沉量测表组成。下沉量测表可采用百分表或位移传感器,并应配有可调式固定支架;下沉量测表最大误差不应大于 0.04mm,分辨力不应低于 0.01mm,量程不应小于 10mm。目前采用的地基系数测试仪主要有以下两种:

①采用 2~3 只下沉量测表测量承载板下沉量的地基系数测试仪(图 3-17),其测桥可由长度大于 3m 的支承梁和支撑座组成,用于安装测表固定支架或作为下沉量测表量测基准面,支承梁应具有足够的刚度。下沉量测表应沿承载板周边等分布置,并且应与承载板中心保持等距离。

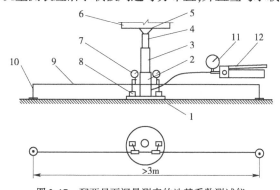

图 3-17 配两只下沉量测表的地基系数测试仪

1-承载板;2-千斤顶;3-加长杆件;4-调节丝杆;5-球铰座;6-反力装置;7-下沉量测表;8-测表固定支架;9-支撑梁;10-支撑座;11-压力表;12-手动液压泵

②采用中心单点测量承载板下沉量的地基系数测试仪,测桥的测量臂可采用杠杆式(图3-18),测量臂应有足够的刚度。杠杆式测量臂杠杆比 $h_P:h_M$ 可在1:1至2:1范围内选择,选定后不得改变。测桥支撑座与承载板外缘的距离应不小于1m。

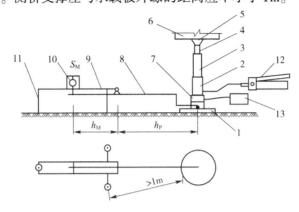

图3-18 杠杆式单点测量下沉量的地基系数测试仪

1-承载板;2-千斤顶;3-加长杆件;4-调节丝杆;5-球铰座;6-反力装置;7-力传感器;8-测量臂;9-支撑架;10-下沉量测表;11-支撑座;12-手动液压泵;13-数据采集装置

(5)其他:铁锹、钢板尺、毛刷、圬工泥刀、刮铲、水准仪、铅垂、褶尺、干燥中砂、石膏、油、遮阳挡风设施等。

2. 试验条件

1)试验对填料的要求

地基系数试验适用于各类土及土石混合填料,其最大粒径不宜大于承载板直径的1/4。

2)测试位置

测试有效深度约为承载板直径的1.5倍;水分挥发快的均粒砂,表面结硬壳、软化或因其他原因表层扰动的土,试验应置于其影响以下进行。

3)测试时间与测试面状态

试验应避免在测试面过湿或干燥的情况下进行,宜在压实后4小时内进行。测试面必须是平整无坑洞的地面,对于粗粒或混合料造成的表面不平整,试验前应铺设一层2~3mm的干燥中砂或石膏腻子。此外,测试面应远离震源,以保持测试精度。

4)天气条件

雨天或风力大于6级的天气不得进行试验。

3. 试验操作步骤

1)安置平板荷载仪

(1)场地测试面应进行平整,并使用毛刷扫除松土。当处于斜坡上时,应将荷载板支撑面做成水平面。

(2)安置平板荷载仪:

①将荷载板放置于测试地面上,应使荷载板与地面良好接触;必要时可铺设一薄层干燥砂(2~3mm)或石膏腻子。当用石膏腻子做垫层时,应在荷载板底面上抹一层油膜,然后将荷载板安放在石膏层上,左右转动荷载板并轻轻击打顶面,使其与地面完全接触;与此同时可借助荷载板上水准泡或水准仪调整水平。

②将反力装置承载部分安置于荷载板上方,并加以制动。反力装置的支撑点必须距荷载板外侧边缘1m以外。

③将千斤顶放置于反力装置下面的荷载板上,可利用加长杆和通过调节丝杆,使千斤顶顶端球铰座紧贴在反力装置承载部位上,组装时应保持千斤顶垂直不出现倾斜。

④安置测桥。测桥支撑座应设置在距离荷载板外侧边缘及反力装置支承点1m以外。测表的安放必须相互对称,并且应与荷载板中心保持等距离。

2)加载试验

(1)为稳固荷载板,预先加0.01MPa荷载,约30s,待稳定后卸除荷载,将百分表读数调至零或读取百分表读数作为下沉量的初始读数。

(2)以0.04MPa的增量,逐级加载。每增加一级荷载,应在下沉量稳定后,读取荷载强度和下沉量读数。

(3)当总下沉量超过规定的基准值(1.25mm),或者荷载强度超过估计的现场实际最大接触压力,或者达到地基的屈服点,试验即可终止。

(4)当试验过程出现异常时(如荷载板严重倾斜,荷载板过度下沉),应将试验点下挖相当于荷载板直径的深度,重新进行试验。对出现的异常应在试验记录表中注明。

4.试验结果计算及制图

(1)根据试验结果绘出荷载强度与下沉量关系曲线,见图3-19。

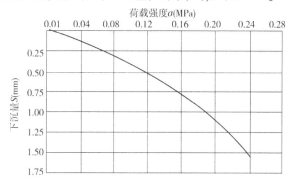

图3-19 荷载强度σ-下沉量S关系曲线

(2)从荷载强度与下沉量关系曲线得出下沉量基准值时的荷载强度,并按下式计算出地基系数:

$$K_{30} = \frac{\sigma_s}{S_s} \qquad (3-27)$$

式中:K_{30}——由直径30cm的荷载板测得的地基系数(MPa/m),计算取整数;

σ_s——σ-S曲线中$S_s = 1.25 \times 10^{-3}$m相对应的荷载强度(MPa);

S_s——下沉量基准值,取1.25×10^{-3}m。

二、二次变形模量试验

二次变形模量试验通过圆形承载板和加载装置对测试面进行一次加载和卸载后,再进行第二次加载,用测得的承载板下应力σ和与之相应的承载板中心沉降量S,来计算变形模量E_{v1}、E_{v2}及E_{v2}/E_{v1}值。

1.仪器设备

(1)承载板:承载板为圆形钢板,其直径应为300±0.5mm,厚度应为25±0.2mm;承载板上应带有水准泡,承载板表面粗糙度不应大于6.3μm。

(2)加载装置：

①千斤顶与手动液压泵通过高压油软管连接，液压系统不得渗漏油。千斤顶顶端应设置球铰，并配有可调节丝杆和加长杆件，千斤顶的最大承载力应不小于50kN。

②高压油软管长度不应小于1.8m，两端应装有自动开闭阀门的快速接头。

③手动液压泵上应装有可调节减压阀，可准确地对承载板进行分级加、卸载。

④千斤顶两边应固定，确保不倾斜，千斤顶活塞的行程不应小于150mm。试验过程中，千斤顶高度不应超过600mm。

(3)反力装置：反力装置的承载能力应大于最大试验荷载10kN以上。

(4)荷载测量装置：测表量程应达到最大试验荷载的1.25倍，最大误差应不大于1%，显示值应能保证承载板上的荷载强度有效位至少达到0.001MPa。

(5)沉降测量装置：

①沉降测量装置应由测桥和测表组成，承载板沉降应采用中心单点测量方式测量。

②测桥的测量臂可采用杠杆式(图3-20)或垂直抽拉式(图3-21)。测量臂应有足够的刚度。

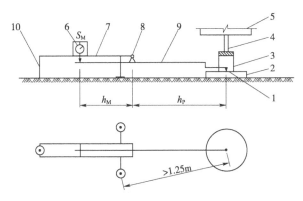

图3-20 杠杆式测量臂

1-触点；2-承载板；3-千斤顶；4-加长杆件；5-反力装置；6-沉降测表；7-支撑架；8-杠杆支点；9-测量臂；10-支撑座

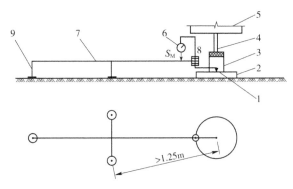

图3-21 垂直抽拉式测量臂

1-触点；2-承载板；3-千斤顶；4-加长杆件；5-反力装置；6-沉降测表；7-支撑架；8-垂直支架；9-支撑座

③承载板中心至测桥支撑座的距离应大于1.25m。杠杆式测量臂杠杆比$h_P:h_M$可在1:1至2:1范围内选择，选定后不得改变。

④沉降测表最大误差不应大于0.04mm，分辨力应达到0.01mm，量程不应小于10mm。

(6)其他:铁锹、钢板尺、毛刷、刮铲、水准仪、铅锤、褶尺、干燥中砂、石膏粉、油、遮阳挡风设施等。

2.试验条件

二次变形模量试验应采用直径300mm承载板;试验场地及环境条件等与地基系数试验要求相同。

3.试验步骤

1)场地平整

按地基系数试验要求进行场地平整。

2)仪器安置

按地基系数试验规定安置仪器,安置测桥时应将沉降测量装置的触点自由地放入承载板上测量孔的中心位置,沉降测表应与测试面垂直。承载板外缘与反力装置支撑点的距离不得小于0.75m,测桥支撑座与反力装置支撑点的距离不得小于1.25m。试验过程中测桥和反力装置不得晃动。沉降测量装置应有遮阳挡风设施。

3)预加荷载

预加0.01MPa荷载约30s后,卸除荷载,将沉降测表读数调零。

4)加载与卸载

①试验第一次加载应至少分6级,并以相等的荷载增量0.08MPa逐级加载,达到最大荷载为0.5MPa或沉降量达到5mm后再进行卸载。当沉降量达到5mm且该级荷载小于0.5MPa时,该级荷载视为最大荷载。

②卸载时,应按最大荷载的50%、25%和0三级进行。

③卸载后,按照第一次加载的操作步骤,并保持与第一次加载时各级相同的荷载进行第二次加载,直至第一次所加最大荷载的倒数第二级。

④每级加载或卸载过程应在1min内完成。

⑤加载或卸载时,每级荷载的保持时间应为2min,荷载应保持恒定。

⑥试验中施加了比预定荷载大的荷载时,应保持该荷载,并将其记录在试验记录表中,加以注明。

⑦试验过程中出现承载板严重倾斜,以至承载板水准泡上的气泡不能与圆圈标志重合或承载板过度下沉及测量数据出现异常等情况时,应查明原因,另选点进行试验,并在试验记录表中注明。

5)资料整理与计算

(1)承载板中心沉降量S应按下式计算:

$$S = S_M \frac{h_P}{h_M} \tag{3-28}$$

式中:S——承载板中心沉降量(mm);

S_M——沉降量测表读数(mm);

h_P/h_M——杠杆比。

(2)根据试验结果绘制应力-沉降量曲线(图3-22);应力-沉降量曲线上应用箭头标明受力方向。

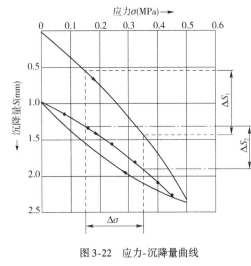

图 3-22 应力-沉降量曲线

(3) 试验结果计算:

①第一次加载和第二次加载所得到的应力-沉降量曲线方程的系数,是将测试值按最小二乘法计算得到的,过程较繁杂。现场常采用下式计算单循环静载方式下的变形模量:

$$E_v = 0.79(1-\mu^2)d\frac{P}{S} \quad (3-29)$$

式中:E_v——土基的变形模量(MPa);
μ——土的泊松比;
d——承载板直径(m);
P——承载板上的总荷载(kN);
S——与荷载 P 对应的承载板的下沉量(mm)。

②二次变形模量 E_{v2} 是通过应力-沉降量曲线在 $0.3\sigma_{max}$ 和 $0.7\sigma_{max}$ 之间割线的斜率确定的,可按下式计算:

$$E_{v2} = \frac{3}{4}d\frac{\Delta\sigma}{\Delta S_2} \quad (3-30)$$

式中:E_{v2}——二次变形模量(MPa);
d——承载板直径(mm);
$\Delta\sigma$——$0.4\sigma_{max}$(MPa);
ΔS_2——$\Delta\sigma$ 对应的沉降差。

6) 成果记录

试验成果记录,应按表 3-6 填写。

二次变形模量 E_{v2} 试验记录　　　　表 3-6

试验编号:＿＿＿＿＿＿＿　　　　工程名称:＿＿＿＿＿＿＿

检测里程:＿＿＿＿＿　　　　检测部位:＿＿＿＿＿
填层厚度:＿＿＿＿＿　　　　检测高程:＿＿＿＿＿
填料类型:＿＿＿＿＿　　　　填料最大粒径:＿＿＿＿＿
仪器型号:＿＿＿＿＿　　　　杠杆比 h_P/h_M:＿＿＿＿＿

加卸载顺序序号		荷载 F (kN)	应力 σ (MPa)	沉降量测表读数 S_M (mm)	承载板中心沉降量 S (mm)
预压					
复位					
第一次加载	1				
	2				
	3				
	4				
	5				
	6				
	7				

续上表

加卸载顺序序号		荷载 F（kN）	应力 σ（MPa）	沉降量测表读数 S_M（mm）	承载板中心沉降量 S（mm）
卸载	8				
	9				
	10				
第二次加载	11				
	12				
	13				
	14				
	15				
	16				
应力-沉降量曲线		指标		第一次加载	第二次加载
		σ_{max}（MPa）			
		E_{v1}（MPa）			
		E_{v2}/E_{v1}			

复核_____ ____年___月___日　　　试验_____ ____年___月___日

三、动态变形模量试验

动态变形模量 E_{vd} 是指土体在一定大小的竖向冲击力 F_s 和冲击时间 t_s 作用下抵抗变形能力的参数。它由平板压力公式 $E_{vd}=1.5r\sigma/s$ 计算得出。其中，E_{vd} 为动态变形模量（MPa）；r 为圆形刚性荷载板的半径（mm）；σ 为荷载板下的最大冲击动应力，它是通过在刚性基础上，由最大冲击力 $F_s=7.07$kN 且冲击时间 $t_s=18$ms 时标定得到的，即 $\sigma=0.1$MPa；s 为实测荷载板下沉幅值，即荷载板的沉陷值（mm）；1.5 为荷载板形状影响系数。实测结果采用公式 $E_{vd}=22.5/s$ 计算。

1. 试验条件

E_{vd} 动态变形模量试验（图 3-23）适用于粒径不大于荷载板直径 1/4 的各类土和土石混合填料；测试有效深度范围为 400～500mm。

试验场地及环境条件应符合下列要求：
(1) 测试面宜水平，其倾斜度不大于 5°。
(2) 测试面必须平整无坑洞。对于粗粒土或混合料造成的表面凹凸不平，可用少量细中砂来补平。
(3) 试验时测试点必须远离震源。

图 3-23　动态变形模量试验

2. 仪器设备

动态变形模量测试仪由加载装置、荷载板和沉陷测定仪 3 部分组成，见图 3-24。

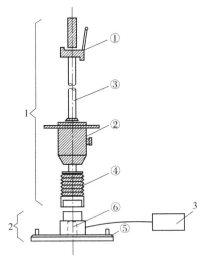

图 3-24 动态变形模量测试仪
1-加载装置(①挂、脱钩装置;②落锤;③导向杆;④阻尼装置);2-荷载板(⑤圆形钢板;⑥测振传感器);3-沉陷测定仪

(1)加载装置:主要由挂(脱)钩装置、落锤、导向杆、阻尼装置等部分构成。
(2)荷载板:由圆形钢板和传感器部分构成。
(3)沉陷测定仪:主要由信号处理、显示、打印机和电源等部分构成。
沉陷测试范围:(0.1~2.0)mm±0.04mm。
3.仪器的校验和标定要求
(1)仪器在每次试验前应按使用说明书进行校验。
(2)仪器每年必须重新标定一次。
4.试验操作步骤
1)测试前的准备工作
(1)测试面应整平。应使荷载板与地面良好接触,必要时可用少量的细中砂来补平。
(2)导向杆应保持垂直。
(3)检查仪器标明的落距。

2)测试步骤
(1)荷载板放置在平整好的测试面上,安装上导向杆并保持其垂直。
(2)将落锤提升至挂(脱)钩装置上挂住,然后使落锤脱钩并自由落下,当落锤弹回后将其抓住,并挂在挂(脱)钩装置上。按此操作进行三次预冲击。
(3)正式测试时,按上述第(2)项的方式进行三次冲击测试,作为正式测试记录。测试时应避免荷载板的移动和跳跃。
(4)测试时,应记录每个测点的工程名称、检测部位、试验时间、图的种类、含水率以及相关的参数。
5.试验结果计算
试验结果应按下列平板压力公式计算:

$$E_{vd} = 1.5r\frac{\sigma}{s} \qquad (3-31)$$

式中:E_{vd}——动态变形模量(MPa),计算至 0.1MPa;
r——圆形刚性荷载板的半径(mm),即 $r=150$mm;
σ——荷载板下的最大动应力,它是通过在刚性基础上,由最大冲击力 $F_s = 7.07$kN 且冲击时间 $t_s = 18$ms 时标定得到的,$\sigma = 0.1$MPa;
s——实测荷载板下沉幅值(mm);
1.5——荷载板形状影响系数。
实测结果可采用下列简化公式:

$$E_{vd} = \frac{22.5}{s} \qquad (3-32)$$

根据 E_{vd} 与 K_{30} 的相关关系,可以推算出 K_{30} 值。

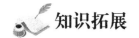
知识拓展

承载板法测定土基回弹模量试验

回弹模量是指路基、路面及筑路材料在荷载作用下产生的应力与其相应的回弹应变的比值,土基回弹模量表示土基在弹性变形阶段内,在垂直荷载作用下,抵抗竖向变形的能力。在道路路面设计中采用回弹模量作为土基抗压强度的指标,现场主要采用承载板法和贝克曼梁测定土基回弹模量。

承载板法测定土基回弹模量试验的原理是:在现场土基表面,通过采用刚性承载板,对土基逐级加载、卸载的方式,测出每级荷载下相应的土基回弹变形,再根据弹性半空间体理论计算求得土基的回弹模量。

1. 试验仪具

本试验需要的主要仪具包括加载设施、现场测试装置、刚性承载板、路面弯沉仪、液压千斤顶、秒表、水平尺。加载设施为载有铁块或集料等重物、后轴重不小于60kN的载重汽车,在汽车大梁的后轴之后附设加劲横梁一根作反力架。现场测试装置由千斤顶、测力计(测力环或压力表)及球座组成。刚性承载板直径为30cm,直径两端设有立柱和可以调整高度的支座,供安放弯沉仪测头用。路面弯沉仪两台,由贝克曼梁、百分表及其支架组成。液压千斤顶一台80~100kN,装有经过标定的压力表或测力环。

2. 方法与步骤

1) 准备工作

测点应选择在水平的土基表面,经平整后,安置承载板,并用水平尺进行校正,使承载板处于水平状态。将试验车置于测点上,在承载板上安放千斤顶,上面衬垫钢圆筒、钢板,并将球座置于顶部与加劲横梁接触,如用测力环时,应将测力环置于千斤顶与横梁中间,千斤顶及衬垫物必须保持垂直,以免加压时千斤顶倾倒发生事故并影响测试数据的准确性。安放弯沉仪,将两台弯沉仪的测头分别置于承载板立柱的支座上,百分表对零或其他合适的初始位置上。

2) 主要测试步骤

(1) 预压。用千斤顶开始加载,预压0.05MPa,稳压1min,使承载板与土基紧密接触,同时检查百分表的工作情况应正常,然后放松千斤顶油门卸载,稳压1min后,将指针对零,或记录初始读数。

(2) 逐级加载卸载测变形。用千斤顶加载,采用逐级加载卸载法,用压力表或测力环控制加载量,荷载小于0.1MPa时,每级增加0.02MPa,以后每级增加0.04MPa左右。为了使加载和计算方便,加载数值可适当调整为整数。每次加载至预定荷载 P 后,稳定1min,立即读记两台弯沉仪百分表数值;然后轻轻放开千斤顶油门卸载至0,待卸载稳定1min后,再次读数,每次卸载后百分表不再对零。当两台弯沉仪百分表读数之差不超过平均值的30%时,取平均值。如超过30%,则应重测。当回弹变形值超过1mm时,即可停止加载。

$$各级荷载的回弹变形 = (加载后读数平均值 - 卸载后读数平均值) \times 2 \quad (3-33)$$

(3) 测定总影响量 α。总影响量是指汽车自重对土基变形的影响大小。最后一次加载卸载循环结束后,取走千斤顶,重新读取百分表初读数,然后将汽车开出10m以外,读取终读数。两只百分表的初、终读数差之平均值即为总影响量 α。

3.计算

按照测试车悬架系统的几何结构,基于弹性力学理论的假设,根据总影响量 α 可以计算出各级压力下的影响量。各级压力的回弹变形值加上该级的影响量后,则为计算回弹变形值 L。

将各级计算回弹变形值点绘于标准计算纸上,并绘出顺滑的 $P-L$ 曲线;如曲线起始部分出现反弯,应进行原点修正。

根据弹性半无限体理论,按线性回归方法,土基回弹模量 E_0 值可按下式计算:

$$E_0 = \frac{\pi D}{4} \cdot \frac{\sum P_i}{\sum L_i}(1-\mu_0^2) \tag{3-34}$$

式中:E_0——土基回弹模量(MPa);

D——刚性承载板直径,$D=30$ cm;

P_i——对应于 L_i 的各级压力值;

L_i——结束试验前的各级实测回弹变形值;

μ_0——土的泊松比,根据设计规范规定选用,一般取 0.35。

复习思考题

1. 什么叫 CBR?简述 CBR 值测试的步骤和要点。
2. 简述化学改良土的无侧限抗压强度试件的养护要求。
3. 实验室需要制备 3000g 灰剂量为 6% 的灰土湿混合料,含水率为 17%。已知风干土的含水率为 3%,请计算风干土的用量,干石灰的用量;还需要再加多少水?
4. 简述静力触探现场试验过程。
5. 路基压实的作用是什么?现场压实质量用什么指标来衡量?
6. 简述灌砂法测路基压实度的要点。
7. 简述 K30 平板荷载试验现场测试加载过程。

第四章 桥梁工程试验检测

 教学目标

1. 能够运用检测仪器完成桥梁工程质量检测。
2. 掌握地基承载力检测方法、仪器设备操作、试验步骤及试验数据的处理与分析。
3. 掌握基桩完整性检测方法、测试仪器操作、试验数据的处理分析。
4. 掌握预应力混凝土构件质量检测方法、测试仪器操作、试验数据的处理分析。
5. 掌握桥梁荷载试验的方法、仪器操作、数据分析及处理。

桥梁是轨道结构的重要基础形式之一,轨道交通线路在城市中多采用桥梁与隧道的方式修建,而在通过江河、溪沟、谷地等天然障碍,或要跨越公路、铁路时,桥梁更是不可或缺的形式之一。但是,桥梁对施工技术质量要求较高,如若控制不严,在建成后可能出现基础沉降或不均匀沉降超标、梁体等结构开裂、桥梁支座伤损等病害,威胁行车安全;即使正常运营的桥梁,也应定期进行检查维护,以确保运营安全和桥梁使用寿命。

第一节 地基基底检测

桥涵地基基础应具有足够的强度、刚度、稳定性、耐久性并满足沉降限值的要求。桥涵明挖基坑挖至基底设计高程,或已按设计要求加固、处理完毕后,须经过基底检验才可以进行基础施工。基底检验必须及时,以避免基底暴露时间过久而改变原状土的结构或风化变质。

轨道交通桥涵基底检验应按照《客货共线铁路桥涵工程施工技术规程》(Q/CR 9652—2017)进行。其内容包括基底平面位置、尺寸、基底高程是否符合设计要求;基底地质情况和承载力是否与设计资料相符;基底处理和排水情况是否符合有关规定。本书仅介绍桥涵地基承载力检测,其他内容检测方法比较简单,此处不做介绍。

岩土地基承载力分为容许承载力$[\sigma]$、基本承载力σ_0和极限承载力P_u。岩土地基的基本承载力,可按行业标准《铁路工程地质勘察规范》(TB 10012—2007)附录 D 确定。当有经验或用原位测试方法确定时,可不受上述方法限制;对重要工程应采用荷载试验、理论公式计算及其他原位测试方法综合确定。本节主要介绍平板荷载试验和动力触探试验方法。

一、平板载荷试验

平板载荷试验应布置在基础底面高程处,测定在其影响深度范围内岩土体的承载能力和变形特性。它要求岩土体在原位置上,在保持土的天然结构、含水率及应力状态下测定岩土的性质。当基础底面设计高程未能事先确定时,承压板底面高程宜设在自然地面下 0.5m 处。

平板载荷试验应选择场地中有代表性的地点进行测试,每个场地同一持力层不宜少于3个点。试验时应注意岩土体的均匀性,当在承压板影响深度范围内(2倍承压板直径或宽度)地层有变化时,宜进行分层试验。

1. 试验设备

平板载荷试验(图4-1)设备包括刚性承压板、加卸荷装置、测量荷载及沉降的仪器等。

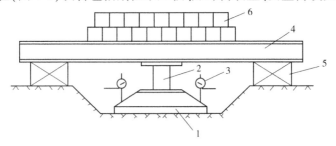

图 4-1 平板载荷试验
1-刚性承压板;2-千斤顶;3-百分表;4-反力架;5-枕木垛;6-荷重

(1)刚性承压板可为圆形或方形,其面积 A 应符合下列要求:

①在软弱地基中试验时,A 不得小于 5000cm^2;

②在坚实土地基中试验时,A 不得小于 1000cm^2;

③在碎石类土地基中试验时,承压板直径或边长应大于受压层中最大颗粒粒径的10倍;

④在复合地基中试验时,承压板面积宜根据桩土面积比选定。

(2)加卸荷装置应符合下列要求:

①加(卸)荷使用的千斤顶的额定量程不应小于预计极限荷载的1.4倍。当使用重物堆载时,重物应一次备齐并不应小于预计极限荷载的1.2倍;当使用千斤顶和重物联合加载时,其加载总能力不得低于极限荷载的1.4倍。

②使用地锚反力装置时,地锚反力总和应大于预计极限荷载的1.5倍且每个地锚反力应基本相等;反力架的刚度应与千斤顶量程相匹配。反力装置也可采用斜撑(板)结构,以利用坑壁土提供反力。

③压重平台的平面尺寸和刚度应满足试验和堆载的要求;当使用压重平台堆载时,应于平台下试坑角点部位,设置防止荷载偏心导致重物倾倒的支柱。

④无论采用何种加、卸荷方式,应至少设置一个监测荷载量值的测力装置。测力装置可采用力传感器、压力表或测力钢环,测力装置的检测精度应达到荷载增量的2%。

(3)观测沉降用的百分表或位移传感器,全量程不宜小于50mm,检测误差不得大于0.01mm。当百分表或位移传感器不能居中置于承压板形心时,所用百分表或位移传感器不得少于2只。

2. 现场测试

1)试坑开挖

(1)在基础底面设计高程处试验时,试坑底面宽度应不小于 $3b$(b 为承压板直径或宽度);在自然地面下 0.5m 处试验时,试坑底面宽度可取 $(1\sim1.2)b$。试验前应保持坑底土层的天然湿度和原状结构。

(2)试验点位于地下水位以下时,开挖试坑及安装设备前,应先将坑内地下水位降到试坑底面以下。安装设备,待水位恢复后再行试验。

(3)根据需要,试验前在坑边、试验后在承压板下$(0.5\sim1)b$处采取不扰动土样进行有关试验分析。

(4)试验过程中应避免试坑受冻、曝晒和雨淋。

2)试验设备安装

(1)安置承压板前,应整平板下的试坑面并用水平尺找平后铺厚度约为2~3cm的中粗砂垫层,轻轻拍实找平,使承压板与试坑面平整接触。

(2)依次安装传力柱、千斤顶、荷载台架及反力装置时,应逐一检查、调整对承压板中心的垂直度和同心度,并应避免对承压板施加冲击力和预应力。

(3)安装沉降观测装置应符合下列要求:

①用于观测承压板沉降的百分表或位移传感器,当不能居中安置时,必须对称设置于承压板的板面上,且应使伸缩杆垂直于板面。

②百分表应带有磁性表座,并应在保证百分表测头垂直承压板板面的前提下具有便利定位的能力;使用的位移传感器连同其托梁,也应具有相应的能力。

③表座托架的支点(固定点)与承压板中心的距离应大于$1.5b$,与地锚反力装置反力点的距离不得小于0.8m。

④根据需要,用于观测承压板周围地面垂直位移的百分表或位移传感器,宜在过承压板形心的两条相互垂直的直线上,且距压板边缘的距离为$(0.2\sim1)b$的范围内按等间距布置4~5只。

3)试验加载、卸载过程要点

(1)分级加载标准:试验荷载应分级施加。施加荷载时应保持静力条件及荷载对承压板中心的竖向传递。各级荷载增量可按下列方法确定。

①第一级荷载(含设备自重)宜接近坑底以上土的有效自重压力。

②后续各级荷载增量可取预估极限荷载的1/10~1/7;当极限荷载不易估计时,可按表4-1取值。

荷 载 增 量 取 值　　　　表4-1

试验土层及特性	荷载增量(kPa)
淤泥、流塑黏性土、松散砂土	<15
软塑黏性土、新近沉积黄土、稍密砂土、粉土	15~25
硬塑黏性土、新黄土(Q_4)、中密砂土	25~50
坚硬黏性土、密实砂土、老黄土、新黄土(Q_4)	50~100
碎石类土、软岩及风化岩	100~200

(2)试验方法选择:根据工程需要,试验方法可采用慢法(沉降相对稳定法)或快法(沉降非稳定法)。慢法主要用于饱和软黏性土及对变形有明确要求的建筑物;快法一般适用于可塑~坚硬状粉质黏土,粉土、砂类土和碎石类土及软质岩。

(3)稳定标准和试验终止条件:施加荷载P后,应按时观测相应沉降量S。每级荷载下的沉降观测时间t及其稳定标准和试验终止条件应符合下列规定:

①对于慢法,自加荷开始按1、2、2、5、5、15、15、15min间隔,以后每隔30min观测沉降一次,直至连续2h内1h的沉降量小于0.1mm时,可施加下一级荷载。

②对于快法,每施加一级荷载后,隔15min观测一次沉降,累计观测达2h时,再施加下

一级荷载。

③试验总加载重量不宜小于设计值的2倍。出现下列情况之一时,可终止试验:

a. 承压板周围土层明显地侧向挤出;

b. 荷载增加不大,沉降急骤增大,荷载-沉降曲线出现陡降段(如图4-2中曲线2UB段);

c. 在某级荷载下,24h沉降速率不能达到稳定标准(<0.1mm/h);

d. 相对沉降值$S/b>0.10$。

末级荷载的前一级荷载可定为极限荷载。

(4)记录:在试验过程中,应及时记录观测数据,绘制$P-S'$、$S'-t$或$S'-\lg t$曲线草图。

(5)卸荷:当需观测卸荷回弹时,每级卸荷量可取每级加荷量的2倍或3倍;每级卸荷后每隔15min观测一次回弹量,1h后再卸下一级荷载。荷载全部卸除后,宜继续观测2~3h。

4)试验数据处理

(1)根据试验数据绘制$P-S$曲线,必要时尚应绘制$\lg P-\lg S$、$S-\lg t$等曲线。

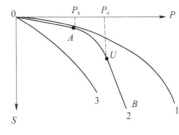

图4-2 P-S曲线

(2)地基的基本承载力σ_0确定:

①若$P-S$曲线存在拐点(如图4-2曲线2),则第一拐点A对应压力为比例界限压力P_a,第二拐点U对应压力为极限承载力P_u。当$P_u \leq 1.5 P_a$时,取$\sigma_0 = P_u/2$;当$P_u > 1.5 P_a$时,取$\sigma_0 = P_a$。

②若$P-S$曲线呈圆弧形(如图4-2曲线1及3),无明显拐点,则可按下述方法确定:

a. 在绘制的$\lg P-\lg S$曲线上,取第一转折点所对应的荷载强度为σ_0;

b. 取相对沉降S/b值所对应的荷载强度为σ_0。各类土的S/b值可按表4-2取用。

各类土的相对沉降值 表4-2

土名	黏性土				粉土			砂类土			
状态	流塑	软塑	硬塑	坚硬	稍密	中密	密实	松散	稍密	中密	密实
S/b	0.020	0.016	0.012	0.010	0.020	0.015	0.010	0.020	0.016	0.012	0.008

注:对于软~极软的软质岩、强风化~全风化的风化岩,应根据工程的重要性和地基的复杂程度取$S/b=0.001$~0.002所对应的压力为σ_0。

③同一土层参加统计的试验点数不应少于3个。当试验点σ_0或P_u值的极差不大于其平均值的30%时,取其平均值作为σ_0或P_u的设计使用值;当极差大于其平均值的30%时,应查找分析出现异常值的原因,并按粗差剔除准则补充试验和剔除异常值。

(3)地基土的变形模量E_0可按下式计算:

$$E_0 = \omega(1-\mu^2)b P_a / S_a \tag{4-1}$$

式中:ω——承载板形状系数,圆形取0.79,方形取0.89;

μ——地基土的泊松比,碎石类土取0.25,砂类土和粉土取0.3,粉质黏土取0.35,黏土取0.42;

b——承载板宽度或直径(m);

P_a——比例界限压力,即$P-S$曲线上第一拐点压力;当$P-S$曲线无直线段时,可按0.5P_u取值;

S_a——与P_a相对应的沉降(m)。

利用 P-S 曲线还可以估算地基土的不排水抗剪强度和地基土基床系数等。

二、动力触探试验

动力触探又称圆锥动力触探(DPT),适用于黏性土、砂类土和碎石类土。它是利用一定质量的重锤,以一定高度的自由落距将标准规格的锥形探头打入土层中,根据探头贯入的难易程度判定土层的物理力学性质。

动力触探可分轻型、重型和特重型。轻型动力触探可确定一般黏性土地基承载力;重型和特重型动力触探可确定中砂以上的砂类土和碎石类土地基承载力,测定圆砾土、卵石土的变形模量。动力触探还可用于查明地层在垂直和水平方向的均匀程度和确定桩基持力层。

确定地基承载力或变形模量时,动力触探孔数应根据场地大小、建筑物等级及土层均匀程度综合考虑,但同一场地应不少于3孔。

1. 动力触探设备

(1)动力触探设备类型和规格,应符合表4-3的规定。

动力触探设备类型和规格　　　　表4-3

类型及代号	重锤质量(kg)	重锤落距(cm)	探头截面面积(cm^2)	探杆外径(mm)	动力触探击数 符号	动力触探击数 单位
轻型 DPL	10 ± 0.2	50 ± 2	13	25	N_{10}	击/30cm
重型 DPH	63.5 ± 0.5	76 ± 2	43	42、50	$N_{63.5}$	击/10cm
特重型 DPSH	120 ± 1.0	100 ± 2	43	50	N_{120}	击/10cm

(2)动力触探设备主要参数应符合下列要求:

①轻型动力触探探头外形尺寸应符合图4-3规定。材料应采用45号碳素钢或采用优于45号碳素钢的钢材。表面淬火后硬度 HRC = 45 ~ 50。

②重型、特重型动力触探设备,应符合下列要求:

a. 探头:外形尺寸应符合图4-4规定,材质与轻型动力触探探头要求相同。

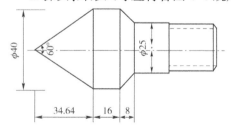
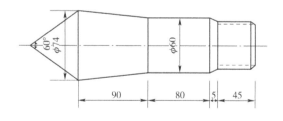

图 4-3　轻型动力触探探头外形尺寸(尺寸单位:mm)　　　图 4-4　重型、特重型动力触探探头外形尺寸(尺寸单位:mm)

b. 探杆:每米质量不宜大于7.5kg。探杆接头外径应与探杆外径相同,探杆和接头材料应采用耐疲劳高强度的钢材。

c. 锤座直径应小于锤径1/2,并大于100mm;导杆长度应满足重锤落距的要求,锤座和导杆总质量为20 ~ 25kg。

d. 重锤应采用圆柱形,高径比为1 ~ 2。重锤中心的通孔直径应比导杆外径大3 ~ 4mm。

2. 试验要点

(1)动力触探作业前必须对机具设备进行检查,确认正常后方可启动。部件磨损及变形超过下列规定者,应予更换或修复:

①探头允许磨损量:直径磨损不得大于2mm,锥尖高度磨损不得大于5mm;
②每节探杆非直线偏差不得大于0.6%;
③所有部件连接处丝扣应完好,连接紧固。

(2)动力触探机具安装必须稳固,在作业过程中支架不得偏移。

(3)动力触探时,应始终保持重锤沿导杆铅直下落,锤击频率应控制在15~30击/min。

(4)轻型动力触探作业时,应先用轻便钻具钻至所需测试土层的顶面,然后对该土层连续贯入。当贯入30cm的击数超过90击或贯入15cm超过45击时,可停止作业。如需对下卧层进行测试,可用钻探方法穿透该层后继续触探。

(5)根据地层强度的变化,重型和特重型动力触探可互换使用。重型动力触探实测击数大于50击/10cm时,宜改用特重型;当重型动力触探实测击数小于5击/10cm时,不得采用特重型动力触探。

(6)在预钻孔内进行重型或特重型动力触探作业,钻孔孔径大于90mm、孔深大于3m、实测击数大于8击/10cm时,可将直径小于或等于90mm的孔壁管下放至孔底或用松土回填钻孔,以减小探杆径向晃动。

(7)各种类型动力触探的锤座距孔口高度不宜超过1.5m,探杆应保持竖直。

(8)轻型动力触探应每贯入30cm记录其相应击数。

(9)重型、特重型动力触探应每贯入10cm记录其相应击数。地层松软时,可采用测量每阵击(一般为1~5击)的贯入度,并按下式换算成相当于同类型动力触探贯入10cm时的击数:

$$N_{63.5}、N_{120} = 10n/\Delta s \tag{4-2}$$

式中:$N_{63.5}$、N_{120}——重型、特重型动力触探实测击数(击/10cm);
n——每阵击的击数(击);
Δs——每阵击时相应的贯入度(cm)。

(10)现场记录应清晰完整,除按表4-4中项目填写外,并应在备注栏中记录下列事项:
①贯入间断原因及时间;
②落距超限量、落锤回弹情况;
③探杆及导杆偏斜及径向振动情况;
④接头紧固情况;
⑤其他异常情况。

动力触探记录表　　　　　　　　　　表4-4

　　　　　线　　　　　段　　　　　测　　　　　　　　　　　　　　　　第　页　共　页

工程名称:_____　　　　　　　　　　　类　　型:_____
里程位置:_____　　　　　　　　　　　孔口高程:_____
编　　号:_____　　　　　　　　　　　试验日期:_____

探杆总长 (m)	试验深度 (m)	贯入度 (cm)	锤击数 (击)	$N_{63.5} =$ $n \times 10/\Delta s$ (击/10cm)	校正后击数 $N'_{63.5} = \alpha N_{63.5}$ (击/10cm)	备注

记录:　　　　　　　复核:

3．资料整理与计算

1）击数和贯入尺寸校核和换算

动力触探记录应在现场进行初步整理，并对记录的击数和贯入尺寸进行校核和换算。

(1)轻型动力触探应以每层实测击数的算术平均值作为该层的触探击数平均值 $\bar{N}_{10}$。

(2)重型动力触探实测击数应按下式进行杆长击数修正：

$$N'_{63.5} = \alpha N_{63.5} \tag{4-3}$$

式中：$N'_{63.5}$——重型动力触探修正后击数(击/10cm)；

α——杆长击数修正系数，可按表4-5确定。

杆长击数修正系数 α 值 表4-5

杆长(m) \ $N_{63.5}$	5	10	15	20	25	30	35	40	≥50
≤2	1.00	1.00	1.00	1.00	1.00	1.00	1.00	1.00	—
4	0.96	0.95	0.93	0.92	0.90	0.89	0.87	0.86	0.84
6	0.93	0.90	0.88	0.85	0.83	0.79	0.79	0.78	0.75
8	0.90	0.86	0.83	0.80	0.77	0.73	0.73	0.71	0.67
10	0.88	0.83	0.79	0.75	0.72	0.67	0.67	0.64	0.61
12	0.85	0.79	0.75	0.70	0.67	0.61	0.61	0.59	0.55
14	0.82	0.76	0.71	0.66	0.62	0.56	0.56	0.53	0.50
16	0.79	0.73	0.67	0.62	0.57	0.51	0.51	0.48	0.45
18	0.77	0.70	0.63	0.57	0.53	0.46	0.46	0.43	0.40
20	0.75	0.67	0.59	0.53	0.48	0.41	0.41	0.39	0.36

(3)特重型动力触探的实测击数，应先按下式换算成相当于重型动力触探的实测击数后，再按式(4-4)进行修正。

$$N_{63.5} = 3 N_{120} - 0.5 \tag{4-4}$$

2）绘制动力触探击数与贯入深度曲线图

根据修正后的动力触探击数，应绘制动力触探击数与贯入深度曲线图。

3）基本承载力确定

(1)黏性土地基的基本承载力 σ_0，当贯入深度小于4m时，可根据场地土层的 $\bar{N}_{10}$ 按表4-6确定。

黏性土 σ_0 值 (kPa) 表4-6

$\bar{N}_{10}$ (击/30cm)	15	20	25	30
σ_0	100	140	180	220

注：表内数值可以线性内插。

(2)冲积、洪积成因的中砂～砾砂土地基和碎石类土地基的基本承载力 σ_0，当贯入深度小于20m时，可根据场地土层的 $\bar{N}_{63.5}$ 按表4-7确定。

中砂~砾砂土、碎石类土σ_0值(kPa)　　　表4-7

$\bar{N}_{63.5}$（击/10cm）	3	4	5	6	7	8	9	10	12	14
中砂~砾砂土	120	150	180	220	260	300	340	380	—	—
碎石类土	140	170	200	240	280	320	360	400	480	540
$\bar{N}_{63.5}$（击/10cm）	16	18	20	22	24	26	28	30	35	40
碎石类土	600	660	720	780	830	870	900	930	970	1000

(3)基本承载力用于设计时,应进行基础宽度及埋置深度的修正。

第二节 桩基检测

桩基是桥梁的一种重要基础形式,轨道交通工程中的桩基主要是灌注桩。其施工有钻孔、冲击成孔、冲抓成孔和人工挖孔等方法。灌注桩的质量检测控制,除了常规的原材料检验、配合比检验和施工机具检验外,还应重视施工过程的检测和桩基施工完成的基桩完整性检验。人工挖孔为干作业施工,施工中及成孔后孔壁的形状、孔深、垂直度、孔底沉渣厚度及钢筋笼的安放位置等可通过目测或人下到孔内进行检查,质量较容易控制。本节主要介绍钻孔灌注桩施工中泥浆性能指标检测、成孔质量检测和桩身完整性检测。

一、泥浆性能指标检测

钻孔、冲击成孔和冲抓成孔等地下湿作业施工的灌注桩,通常需用泥浆护壁。由于地下施工,加上复杂的地质条件或施工人员操作不当,若泥浆原料膨润土的性能差,泥浆外加剂纯碱、氢氧化钠或膨润土粉末等掺入量不合适,调制出的泥浆性能指标将不符合要求,从而导致钻孔过程中塌孔、扩径、缩径、夹泥、孔底沉渣过厚等质量问题,因此在钻孔施工中要进行泥浆各种性能指标测定,以确保钻孔的顺利进行。

1. 相对密度

相对密度用泥浆相对密度计测定。将要量测的泥浆装满泥浆杯,加盖,并洗净从小孔溢出的泥浆然后置于支架上,移动游码,使杠杆呈水平状态(水平泡位于中央),读出游码左侧所示刻度,即为泥浆的相对密度γ_x。

若工地无以上仪器,可用一口杯先称其质量m_1,再装满清水称其质量m_2,再倒去清水,装满泥浆并擦去杯周溢出的泥浆,称其质量设为m_3,则:

$$\gamma_x = \frac{m_3 - m_1}{m_2 - m_1} \qquad (4-5)$$

2. 黏度η

黏度η在工地用标准漏斗黏度计测定。黏度计如图4-5所示。测定时,先将滤去大砂粒后的泥浆注入漏斗,然后使泥浆从漏斗下口流出,流满500mL量杯所需时间(s),即为所测泥浆的黏度。

校正方法:漏斗中注入700mL清水,流出500mL,所需时间应是15s,其偏差如超过±1s,测量泥浆黏度时应校正。

3. 静切力θ

静切力θ在工地可用浮筒切力计(图4-6)测定。泥浆静切力可用下式计算:

$$\theta = \frac{G - \pi d \delta h \gamma}{2\pi dh - \pi d \delta} \tag{4-6}$$

式中：G——铝制浮筒质量(g)；
　　　d——浮筒平均直径(cm)；
　　　h——浮筒的沉没深度(cm)；
　　　γ——泥浆密度(g/cm³)；
　　　δ——浮筒壁厚(cm)。

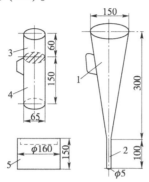

图 4-5　黏度计(尺寸单位：mm)
1-漏斗；2-管子；3-量杯 200mL；4-量杯 500mL 部分；5-筛网及泥浆筒

图 4-6　浮筒切力计
1-泥浆筒；2-切力筒

量测时，先将约 500mL 泥浆搅匀后，立即倒入泥浆筒中，将切力筒沿刻度尺垂直向下移至与泥浆接触时，轻轻放下；当它自由下降到静止不动时，即静切力与切力筒重力平衡时，读出切力筒上泥浆面所对应的刻度，即为泥浆的初切力。取出切力筒，擦净黏着的泥浆，用棒搅动筒内泥浆后，静置 10min，用上述方法再次量测，所得切力即为泥浆的终切力。它们的单位均为 Pa，切力计可自制。

4. 含砂率

含砂率在工地用含砂率计(图 4-7)测定。测量时，把调好的泥浆 50mL 倒进含砂率计；然后再倒 450mL 清水，将仪器口塞紧，摇动 1min，使泥浆与水混合均匀；再将仪器垂直静放 3min，仪器下端沉淀物的体积(由仪器刻度上读出)乘以 2 就是含砂率(%)。另有一种大型的含砂率计，容积为 1000mL，由刻度读出的数值，即为含砂率。

5. 胶体率(%)

胶体率也称稳定率，表示泥浆中土粒保持悬浮状态的性能。测定方法：可将 100mL 泥浆倒入干净量杯中，用玻璃片盖上，静置 24h 后，量杯上部泥浆可能澄清为透明的水，量杯底部可能有沉淀物，以 100—(水 + 沉淀物)体积(mL)即等于胶体率。

6. 失水率(mL/30min)和泥皮厚(mm)

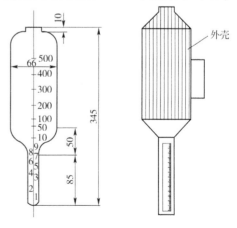

图 4-7　含砂率计(尺寸单位：mm)

用一张 120mm×120mm 的滤纸，置于水平玻璃板上，中央画一直径 3cm 的圆，将 2mL 的泥浆滴入圆圈中心，30min 后，量算湿润圆圈的平均半径减去泥浆摊平成为泥饼的平均半径(mm)，即为失水率，单位为 mL/30min。在滤纸上量出泥浆皮的厚度(mm)，即为泥皮厚。泥皮越平坦、越薄，则泥浆质量越高。

7.酸碱度

酸碱度,即酸和碱的强度简称,也有称酸碱值的。pH 值是常用的酸碱标度之一。pH 值等于溶液中氢离子浓度的负对数值,即 $pH = -\lg[H^+] = \lg(1/[H^+])$。pH 值等于 7 时为中性,大于 7 时为碱性,小于 7 时为酸性。工地测量 pH 值方法,可取一条 pH 试纸放在泥浆面上,0.5s 后将其拿起来与标准颜色对比,即可读出 pH 值。

二、成孔质量检测

成孔质量的好坏,直接影响钻孔灌注桩混凝土浇筑后的成桩质量:桩径是保证基桩承载力的关键因素,要保证桩径满足设计要求,其孔径不得小于设计要求;基桩垂直度的偏差程度是衡量基桩承载力能否有效发挥作用的关键因素;孔底沉淀厚度的大小,极大地影响桩端承载力的发挥;而这些指标在钻孔桩混凝土灌注前就已经确定。因此,钻孔灌注桩在钻到设计高程后灌注混凝土前应进行成孔质量检测。成孔检测有时比成桩检测还重要,因为成孔质量有问题,在成桩后是很难处理的,所以,我们应对成孔检测予以充分的重视。

1.桩位偏差测量

桩位偏差是指成桩后的位置与设计位置的差距。应在基桩施工前按设计桩位平面图放样桩的中心位置,但由于施工中测量放线不准、护筒埋设有偏差、钻机对位不正、钻孔偏斜、钢筋笼下孔偏差等因素,成桩后导致桩位与设计位置偏离。如桩位偏离超过设计允许范围,桩的受力状况发生变化,将导致桩的承载力和可靠性降低、工程造价增加、工期延误等。因此,成桩后要对实际桩位进行复测,用精密经纬仪或红外测距仪测量桩的中心位置,看其是否满足设计规定和相应规范、标准对桩位中心位置的偏差要求。

2.钻孔倾斜度检查

在灌注桩的施工过程中,能否确保基桩的倾斜度,是衡量基桩能否有效地发挥作用的一个关键因素。一般对于竖直桩,其倾斜度允许偏差范围在 50 ~ 200mm,或是桩长的 0.5% ~ 1%。

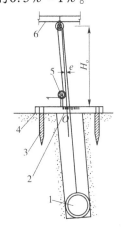

图 4-8 桩的倾斜度检查
1-钢筋圆球;2-标尺;3-固定桩;4-木板;5-导向滑轮;6-钻架横梁

钻孔倾斜度的检查,可采用图 4-8 所示的简易方法。在孔口沿钻孔直径方向设一标尺,标尺上 O 点与钻孔中心重合,并使滑轮、标尺点和钻孔中心在同一铅垂线上,其高度为 H_o。穿过滑轮的测绳一端连接于用钢筋弯制的圆球(圆球直径比钻孔直径略小些),另一端通过转向滑轮用手拉住。将圆球慢慢放入钻孔中,并测读测绳在标尺上的偏距 e,则倾斜角 $\alpha = \arctan(e/H_o)$。该方法工具简单,操作方便,但测读范围以 e 值小于钻孔的半径为最大限度,且读数较为粗糙。

当检查的桩孔深度较深且倾斜度较大时,可根据地质及施工情况选用陀螺斜测仪或井斜仪检查,也可采用声波孔壁测定仪绘出连续的孔壁形状和垂直度。

3.桩的孔径和垂直度检测

桩的孔径和垂直度检测是成孔质量检测中的两项重要内容。目前有钢筋笼检测、伞形孔径仪检测、声波法检测 3 种方法,它们大多可同时检测孔径和垂直度。

1)钢筋笼检测

钢筋笼检孔器是一种简便的检测工具,其制作简单、检测方便、应用广泛。钢筋笼检孔器检测孔径,如图4-9所示。钢筋笼检孔器测量孔的垂直度,见图4-10。

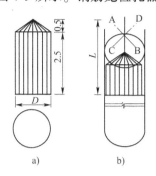
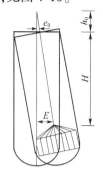

图4-9 钢筋笼检孔器测量孔径(尺寸单位:m)
a)检孔器;b)测量孔径

图4-10 钢筋笼检孔器检测孔的垂直度

检孔器的尺寸可根据设计桩径大小设计,检孔器的外径 D 不应小于设计桩孔直径,长度 L 为4~6倍的外径。检孔器用钢筋制作,应有一定的刚度,每次检测前十字交叉测量检孔器外径 D,二者之差宜不大于20mm,并防止使用过程中变形。检测前,待钻孔的孔深、清孔泥浆指标等检查合格后,再用三脚架将检孔器放入孔内。检孔器对中后,上吊点的位置应固定,并保持在整个检测过程中位置不变。检孔器靠自重下沉,如能在自重作用下顺利下沉到孔底,则表明孔径能满足设计要求;如不能下沉到孔底,则说明孔径小于设计孔径,应进行扩孔等处理。

2)伞形孔径仪检测

伞形孔径仪由测头、设调放大器和记录仪三部分组成。测头为机械式的构件,测头放入测孔之前,将四条腿合拢并用弹簧锁定,待测头放入孔底后,四条腿即自动张开。当测头缓缓上提时,在弹簧力作用下,四条腿端始终紧贴孔壁,随着孔壁凹凸不平状况相应张开和收拢,带动测头密封筒内的活塞上下移动,使四组串联滑动电阻来回滑动,将电阻变化转化为电压变化,经信号适调放大器放大,并由记录仪记录,即可绘出孔径大小随孔深的变化情况。伞形孔径仪,如图4-11所示。

用伞形孔径仪测量孔斜是在孔内不同深度连续多点测量其顶角和方位角,从而计算钻孔的倾斜度。顶角测量是利用铅垂原理,测量系统由顶角电阻(阻值已知)和一端装有重块并始终保持与水平面垂直的测量杆组成。当钻孔倾斜时,顶角电阻和测量杆间就有一角度,仪器内部机构便根据角度的大小短路一部分电阻,剩下的电阻值即为被测点的顶角。方位角由定位电阻、接触片等磁定向机构来测量,接触片始终保持指北状态,方位角变化时使接触片的电阻也随之变化,知道电阻值的大小,即可确定被测点的方位角。

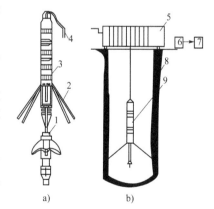

4. 桩底沉渣厚度检测

桩底沉渣厚度的大小极大地影响桩端承载力的发挥,因此在施工过程中必须严格控制桩底沉渣的厚度。对于摩擦桩清孔后,沉渣厚度应符合设计要求。

图4-11 伞形孔径仪
a)测头;b)测量原理
1-锁腿架;2-测腿;3-密封筒;4-电缆;5-电缆绞车;6-放大器;7-记录仪;8-桩孔;9-测头

当设计无要求时,对于直径小于或等于1.5m的桩,沉渣厚度小于或等于200mm;对于桩径大于1.5m或桩长大于40m或土质较差的桩,沉渣厚度小于或等于300mm;支承桩的沉渣厚度不大于设计规定值。

测定沉渣厚度的方法目前还不够成熟,下面介绍工程中常用的几种方法。

1) 垂球法

垂球法是一种惯用的简易测定沉渣厚度的方法。将质量不小于 1kg 的平底圆锥体垂球,端部连接专用测绳,把垂球慢慢沉入孔内;接触孔底时,轻轻拉起垂球并放下,判断孔底位置。其施工孔深和量测孔深之差值即为沉渣厚度。

2) 电阻率法

电阻率法沉渣厚度测定仪由测头、放大器和指示器组成。水、泥浆和沉渣颗粒具有不同的导电性能,由电阻阻值变化来判断沉渣厚度。测试时将测头慢慢沉入孔中,观察表头指针的变化,当出现突变时,记录深度 h_1;继续下沉测头,指针再次突变,记录深度 h_2,直到测头不能下沉为止,记录深度 h_3。设施工深度为 H,则各沉渣厚度为 (h_2-h_1)、(h_3-h_2) 和 $(H-h_3)$……

3) 电容法

电容法沉渣厚度测定原理是当金属两极间距和尺寸不变时,其电容量和介质的电解率成正比关系,水、泥浆和沉渣颗粒等介质的电解率有较明显差异,从而由电解率的变化测定沉渣厚度。

钻(探)孔在终孔和清孔后,应进行孔位、孔深检验。一般情况下,孔径、孔形和倾斜度宜采用上述专用仪器测定。当缺乏专用仪器时,可采用外径为钻孔桩钢筋笼直径加 100mm(不得大于钻头直径)、长度为 4~6 倍外径的钢筋笼检孔器吊入钻孔内检测。

5. 超声波法检测孔径和垂直度

下方简要介绍其测试原理及仪器设备:

把泥浆作为均匀介质,则超声波在泥浆介质中传播速度 c 是恒定的。若超声波的发射器至孔壁的距离为 L,实测声波发射至接收的时间差为 Δt,则 L 按下式计算。

$$L = c \cdot \frac{\Delta t}{2} \tag{4-7}$$

超声波孔壁测试仪,一般由主机(由超声记录仪、声波发射和接收探头组成)、绕线器和绞车三大部分组成。在现场检测中,通过绞车将探测器自动放入孔内,并靠探测器自重保持测试探头处于铅垂位置。测试时,超声振荡器产生一定频率的电脉冲,经放大后由发射换能器转换为声波,并通过孔内泥浆向孔壁方向传播,由于泥浆与孔壁地层的声阻抗差异很大,声波到达孔壁后绝大部分被反射回来,经接收换能器接收。声波从发送到接收的时间,由计时门打开至关闭的时间差,即为声波在孔内泥浆中的传播时间。超声波测试原理,如图 4-12 所示。

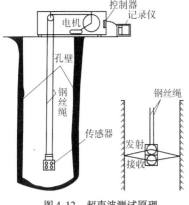

图 4-12 超声波测试原理

声波探头中的四组换能器(一发一收为一组)呈十字交叉布置,可以探测孔内某高程测点两个方向相反的换能器与孔壁之间的距离,进行连续测试,即可得到该钻孔两个方向孔壁的剖面变化图。如某测点声波探头的两方向相反探头测得的换能器至孔壁的距离分别为 L_1 和 L_2,则桩孔在该点的孔径为 $D = L_1 + L_2 + d$。其中,L_1 和 L_2 为两方向相反的换能器至孔壁的距离,d 为两个方向相反换能器发射面间的距离。用同样的方法可以计算与此呈正交方向的钻孔孔径。如此改变测点的高度,就可获得整个钻孔在该断面测点剖面孔径变化图。数据由记录仪做同步放大并产生高压脉冲电流,利用记录笔的高压放电在专用记录纸上同时记录两孔壁信号。声波探头提升的绞车在测试时始终保持吊点不变且电缆垂直,即可通过钻孔孔壁剖面图得到钻孔的垂直度。

三、桩身完整性检测

由于钻孔灌注桩施工中质量控制不严易导致塌孔、扩径、缩径、夹泥、孔底沉淀过厚等质量问题,因此在钻孔灌注桩施工完成后一般应进行桩身完整性检测。桩身完整性检测方法有低应变反射波法、超声波透射法和钻探取芯法3种(下文主要介绍前两种)。应变反射波法具有仪器轻便、操作简单、检测速度快、成本低等特点,可检测桩身缺陷及位置,判定桩身完整性类别,但检测深度有限,在桩基工程质量普查中应用较广。声波透射法需在基桩混凝土浇筑前预埋声测管,测试操作较复杂,可检测灌注桩桩身缺陷及其位置,较可靠地判定桩身完整性类别。经上述两种方法检测后,对桩身缺陷仍存在疑虑时,可用钻芯法进行验证。钻芯法使用设备笨重、操作复杂、成本高,但检验成果直观可靠。它可以检测桩长、桩身混凝土强度、桩底沉渣厚度,鉴别桩底岩土性状,准确地判定桩身完整性类别。如将上述三种方法有机结合,并考虑桩的设计条件、承载性状及施工等因素进行综合分析,不仅可对桩身完整性类别作出可靠的评价,还可对桩的承载力作出评估。

1. 低应变反射波法

1)基本原理

把桩视为一维弹性均质杆件,设桩的密度为 ρ、截面面积为 A、纵波波速为 c、弹性模量为 E,则桩的广义波阻抗为:

$$Z = \rho A c = EA/c \tag{4-8}$$

式中:Z——桩的广义波阻抗($\text{N} \cdot \text{s/m}$)。

由(4-8)式可知,在桩底、缩径、扩径、断桩或其他严重缺陷部位,桩的广义波阻抗均会发生变化。当波阻抗为 Z_1 的桩桩顶受到激振后,产生的压缩波 I 以波速 v_1 沿桩身向下传播,遇到桩身波阻抗 $Z_2(Z_1 > Z_2)$ 的界面时,将产生反射波 R(波速为 v_R)和透射波 T(波速为 v_T),如图4-13所示。经接收放大和滤波处理的反射波信号,可用于分析判断桩身的完整性。

桩身各种形状以及桩底不同的支承条件,均可归纳以下三种波阻抗变化类型:

(1)当 $Z_1 \approx Z_2$ 时,即桩身连续、无明显阻抗差异时,桩身无反射波信号,应力波全透射,表示桩身完整、均匀、无缺陷。

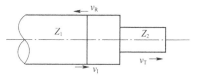

图4-13 在阻抗界面变化时的应力波

(2)当 $Z_1 > Z_2$ 时,即桩身有缩径、离析、空洞及摩擦桩桩底的情况,可用传感器在桩顶检测出的与入射波同相的反射波信号。同时,根据反射波波峰与入射波首峰的时间差及反射波波速 v_R,可推测出缺陷距桩顶的距离。

(3)当 $Z_1 < Z_2$ 时,即桩身有扩径、膨胀或端承桩的情况,可在桩顶检测出与入射波反相的反射波信号。

根据以上三种反射波与入射波相位的关系,可判别某一波阻抗界面的性质,这是低应变反射波法判别桩底情况及桩身缺陷的理论依据。

2)检测仪器设备

反射波法检测系统由基桩动测仪、传感器和激振设备组成。

(1)基桩动测仪

目前,国内外动测仪都把采集、放大、存储各部件与计算分析软件融为一体,集成为基桩动测仪。基桩动测仪按主要技术性能分为1、2、3三个等级。1级较低,3级较高,2级基桩动测仪的性能指标要求如下:

①A/D转换器分辨率大于或等于12bit,单通道采样频率大于或等于20kHz。

②加速度测量系统频率响应,幅频误差小于或等于±5%时,3~3000Hz,幅频误差小于或等于±10%时,2~5000Hz;幅值非线性振动小于或等于5%,冲击测量时,零漂小于或等于1%F.S;传感器安装谐振频率大于或等于10kHz。

③速度测量子系统频率响应,幅频误差小于或等于±10%时,10~1200Hz;幅值非线性振动小于或等于10%;传感器安装谐振频率大于或等于2kHz。

④单通道采样点数大于或等于1024;系统动态范围大于或等于66dB;输出噪声电平有效值小于或等于2mV;衰减挡(或程控放大)误差小于或等于1%;任意两道间的通道幅值一致性误差小于或等于±0.2%,相位一致性误差小于或等于0.05。

⑤环境条件:工作时相对湿度(温度40℃时)10%~90%。

从上述性能指标看,国内外基桩动测仪其性能指标均已达到或超过2级基桩动测仪的技术性能指标,完全可以满足反射波法桩基检测的需要。

动测仪器是在野外恶劣的环境条件下使用的,容易损坏。为了实现我国计量法规定的量值传递要求,保证有效使用范围,根据计量认证规定,要每年定期对基桩动测仪进行计量检定。有关动测仪器各部件的技术性能指标及检定条件,可参考现行《铁路工程基桩检测技术规程》(TB 10218—2019)中的有关规定。

对采集处理仪器做如下规定:

①数据采集装置的模数转换器不得低于12bit。

②采样间隔宜为10~500μs,可调。

③单通道采样点不少于1024点。

④放大器增益宜大于60dB,可调,线性度良好,其频响范围应满足5Hz~5kHz。

(2)传感器

①传感器宜选用压电式加速度传感器或磁电式速度传感器,频响曲线的有效范围应覆盖整个测试信号的频带范围。

②加速度传感器的电压灵敏度应大于100mV/g,电荷灵敏度应大于20PC/g,上限频率不应小于5kHz,安装谐振频率不应小于6kHz。

③速度传感器的固有谐振频率不应大于30Hz,灵敏度应大于200mV/(cm·s^{-1}),上限频率不应小于1.5kHz,安装谐振频率不应小于1.5kHz。

(3)激振设备

①激振锤的材质与性能

为了满足不同的桩型和检测目的,应选择符合材质和质量要求的力锤或力棒,以获得所需的激振频率和能量。反射波法基桩质量检验用的手锤和力棒,其锤头的材质有铜、铝、硬塑、橡皮等。改变锤的质量和锤头材质,即可获得检测所需的能量和激振频谱要求。激振锤的材质与性能,见表4-8。

激振锤的材质与性能参数表　　　　　　　　　表4-8

序　号	锤　型	材　质	质量(kg)	主频(kHz)	脉宽(ms)	力值(kN)
1	小钢管	钢	0.09	3.28	0.6	0.14
2	小钢杆	钢	0.27	2.02	0.9	0.41
3	铁锤	钢	1.23	2.50	0.8	1.89
4	木槌	杂木	0.39	1.92	1.0	0.59
5	橡胶锤	生胶	0.30	0.86	2.0	0.43
6	RS手锤	聚乙烯	0.94	0.96	2.0	1.30
7	RS力棒	尼龙	2.97	1.38	1.5	4.49
8	RS力棒	铁	2.95	1.55	1.2	4.46

由表4-8可见,在相同材质情况下,质量大的,力值也大,主频相对减小;在锤的质量相同时,主频随钢、铝、硬塑、橡皮、杂木硬度的降低而减小。

锤击桩头的目的是要在桩顶输入一个符合检测要求的初始应力波脉冲,其基本技术特性为:波形、峰值、脉冲宽度或频谱、输入能量。当波形一定时,我们关注的是峰值和脉宽两个主要问题。峰值决定激励桩身的应力大小,脉宽决定激励的有效频段范围,两者组合将决定输入能量大小及能量在整个有效频段内的分配。

②锤激振源对基桩检测信号的影响

a.锤激能量。其大小取决于锤的质量和下落速度。对大直径长桩,应选择质量大的锤或力棒,以产生主频率低、能量大的激励信号,获得较清晰的桩底反射信号,但这时桩身的微小缺陷会被掩盖。

b.锤头材料。锤头材料硬,产生的高频脉冲波有利于提高桩身缺陷的分辨率,但高频信号衰减快,不容易探测桩身深部缺陷;锤头材料软,产生的低频脉冲波,衰减慢,有利于获得桩底反射信号,但降低了桩身缺陷的分辨率。

c.脉冲宽度。小钢锤的脉冲宽度约为0.6ms,尼龙锤约为2.0ms,橡皮锤约为4.8ms。激振脉冲宽度大,有利于探测桩身的深部缺陷,但波长大于缺陷尺寸时,由于波的绕射作用,桩身内的小缺陷不容易识别,从而降低了分辨率;激振力脉冲宽度小,应力波频率高,波长短,有利于对桩身小缺陷的分辨率,但在桩浅部不能满足一维弹性杆件的平截面假定条件,会出现接收信号波形畸变。

3)现场检测技术

反射波法现场测试仪器设备,见图4-14。

(1)准备工作

①现场踏勘及资料收集。在接受检测任务后,检测人员应了解场地地质条件、建筑物的类型、桩型、桩设计参数、成桩工艺、施工记录及相关的资料,然后根据检测委托书,编制检测纲要。

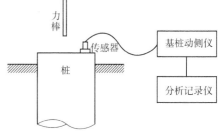

图4-14 反射波法现场测试仪器设备

②桩头处理。应根据相应的技术规范、标准的规定,并参考现场施工记录和基桩在工程中所起的作用来确定抽检数量及桩位。桥梁的钻孔灌注桩通常是每根桩都要进行检测,对受检桩,要求桩顶的混凝土质量、截面尺寸与桩身设计条件基本相同。桩头应凿去浮浆或松散、破损部分,并露出坚硬的混凝土,桩头外露主筋不宜太长。桩头表面应平整干净、无积水,并将传感器安装点与敲击点部位磨平。

③传感器安装。一般采用加速度传感器,因为它的频率响应范围比较宽、动态范围大、失真度小,能较好地反映桩身的反射信息。速度传感器灵敏度高,低频性能好,对检测桩体深部缺陷信息较好。传感器安装可采用石膏、黄油、橡皮泥等耦合剂,联结应牢固,并与桩顶面垂直。相关基桩动测技术规程对传感器安装做如下规定:

对于钢筋混凝土灌注桩,当激振点在桩顶中心时,传感器安装点与桩顶中心的距离宜为桩半径的2/3;当激振点不在桩顶中心时,传感器安装点与击振点的距离不宜小于桩半径的1/2。

对于预应力混凝土管桩,激振点和传感器安装位置宜为桩壁厚的1/2处;传感器安装点、锤击点与桩顶中心构成的平面夹角为90°。

激振点与传感器安装位置应避开钢筋笼的主筋影响,激振方向应沿桩轴线方向。

(2)仪器参数设置

①采样频率。每通道的采样点数不应小于1024点;采样频率应满足采样定理。

$$f_s \geq 2f_m \tag{4-9}$$

式中:f_s——采样频率;

f_m——信号频率上限,在基桩检测中,通常取$f_s = 3f_m$。

在基桩测试中,通常在0~2kHz范围已能满足要求。对不同的测试要求,可改变频率范围,如要测3~5m内的浅部缺陷,可将频率调到1~2kHz;要测桩底反射信号,则可降低频率范围0~0.6kHz。

②采样点数N。应满足下式要求:$N \geq \dfrac{3L}{C\Delta t}$。

采样时间T,又称采样长度,是一次采样N个点数据所需的时间,可表示为$T = N \cdot \Delta t$。采样间隔Δt是对信号离散采样时,每采一点所需的时间,可表示为$\Delta t = 1/f_s$。

这样频率间隔Δf频域里两相邻数据的频率间隔,可表示为:

$$\Delta f = \frac{1}{T} = \frac{1}{N \cdot \Delta t} \tag{4-10}$$

由上可见,采样频率越高,采样间隔越小,时域分辨率越高,而频域分辨率越低;反之亦然。这是因为Δt与Δf是互为倒数关系。

③适调放大器。放大增益要足够大,在屏幕上有足够大波形,以不限幅为原则。

(3)信号采集

①根据桩径大小,在与桩顶中心对称处布置2~4个测点。

②实测信号应能反映桩身完整性特征,有明显的桩底反射信号,每个测点记录的有效信号数不宜少于3个。

③不同测点及同一测点的多次实测时域信号应一致性好。否则,应分析原因,找出问题后进行重测。

④信号应幅值适度,波形光滑,无毛刺、振荡出现,信号曲线最终归零。在大直径桩的测试中,由仪器本身和外界产生的随机噪声所引起的干扰频段,大都在响应信号的有效频段范围内,干扰信号滤去了,有用信号也受到很大损害。桩的尺寸效应能使桩头径向干扰振型激发出来,即使这种干扰被滤去,还是背离应力波一维纵波传播理论,它所引起的误差仍无法消除。用控制激励脉冲宽度和传感器安装谐振频率及低频飘移,可减小干扰信号的产生。所以在现场检测时,通过改变锤头材料或锤垫厚度,用机械滤波手段,也是提高测试波形质

4)检测数据的分析与判定

(1)时域分析

①桩身波速平均值的确定。当桩长已知、桩底反射信号明确时,选用相同条件下(地质条件、设计桩型、成桩工艺相同)不少于5根Ⅰ类桩的桩身波速值,按下式计算其平均值。

$$c_m = \frac{1}{n}\sum_{i=1}^{n} c_i \tag{4-11}$$

$$c_i = \frac{2000L}{\Delta T} \tag{4-12}$$

$$c_i = 2L \cdot \Delta f \tag{4-13}$$

式中:c_m——桩身波速平均值(m/s);

c_i——第i根受检桩的桩身波速值(m/s);

L——测点下桩长(m);

ΔT——速度波第一峰与桩底反射波峰之间的时间差(ms);

Δf——幅频曲线上相邻谐振峰间的频差(Hz);

n——参加波速平均值计算的基桩数量,$n \geq 5$。

②桩身缺陷位置。当桩身有缺陷但测不到桩底信号时,可根据本地区、本工程同类桩型的波速测试值,按下式计算桩身缺陷至传感器安装点的距离x。

$$x = \frac{1}{2000} \cdot \Delta t_x \cdot c \text{ 或 } x = \frac{1}{2} \cdot \frac{c}{\Delta f} \tag{4-14}$$

式中:x——桩身缺陷至传感器安装点的距离(m);

Δt_x——速度波第一峰与缺陷反射波峰间的时间差(ms);

c——受检桩的桩身波速(m/s),无法确定时,用c_m值代替;

Δf——幅频曲线上缺陷相邻谐振峰间的频差(Hz)。

③桩身完整性判定(见表4-9)。在实际检测中,一般以时域分析为主、频域分析为辅。不同规范的判定依据侧重点不同。

桩身完整性判定表　　　　　　表4-9

判定	时域信号特征	幅频信号特征
Ⅰ类桩	$2L/c$时刻前无缺陷反射波,有桩底反射波	桩底谐振峰排列基本等距,其相邻频差$\Delta f \approx c/2L$
Ⅱ类桩	$2L/c$时刻前出现轻微缺陷反射波,有桩底反射波	桩底谐振峰排列基本等距,轻微缺陷产生的谐振峰之间的频差$\Delta f' > c/2L$
Ⅲ类桩	$2L/c$时刻前有明显缺陷反射波	缺陷谐振峰排列基本等距,相邻频差$\Delta f' > c/2L$
Ⅳ类桩	$2L/c$时刻前出现严重缺陷反射波,无桩底反射波; 或因桩身浅部严重缺陷使波形呈现低频大振幅衰减振动,无桩底反射波; 或按平均波速计算的桩长明显短于设计桩长	缺陷谐振峰排列基本等距,相邻频差$\Delta f' > c/2L$,无桩底谐振峰; 或因桩身浅部严重缺陷只出现单一谐振峰,无桩底谐振峰

2.超声波透射法

超声波透射法是在灌注桩中预埋两根或两根以上的声测管作为检测通道,管中注满水作为耦合剂,将超声发射换能器和接收换能器置于声测管中,由超声仪激励发射换能器产生超声脉冲,向桩身混凝土辐射传播。声波在混凝土传播过程中,当桩身混凝土介质存在阻抗差异时,将发生反射、绕射、折射和声波能量的吸收、衰减,并经另一声测管中的接收换能器接收,经超声仪放大、显示、处理、存储,可在显示器上观察接收超声波波形,判读出超声波穿越混凝土后的首波声时、波幅及接收波主频等声学参数,通过桩身缺陷引起声学参数或波形变化来检验桩身混凝土是否存在缺陷。

目前,我国的超声仪都采用专用处理软件进行波速、声幅、PSD 计算,并绘制这些参数随深度变化的曲线图,供检测人员分析、判断桩身存在的缺陷位置和范围,估算缺陷的尺寸等,按规范规定对基桩进行完整性分类。

1)数字式超声仪

数字式超声仪的作用是重复产生 100Hz(或 50Hz)频率的高压电脉冲去激励发射换能器。为了测量从发射到接收声波所经过的时间,声波仪从刚开始桩身混凝土发射声波脉冲的同时,就将同步计时门打开,计时器开始不断计时。当发射换能器发射的超声波经水耦合进入混凝土,在混凝土中传播后被接收换能器接收,经超声仪放大、A/D 转换为数字信号后加以存储,再经 D/A 转换为模拟量。在某一时刻出现接收波形时,声波仪即将波形采集下来,转变为数字信号存储。然后转化为模拟波形,显示在屏幕上。同时,启动计算机分析软件,比较前后各信号,找到波形刚刚变大且以后一直较大的那个采样点,即为接收波的起点,并立即关闭计时器,从而获得声时结果。这种数字信号便于存储、传输和各种处理分析,由计算软件自动进行声速和波幅判读后显示打印,可得到声速、波幅、PSD 随深度变化的曲线,供基桩桩身质量分析,判定桩身完整性类别。数字式超声仪的原理,如图4-15所示。

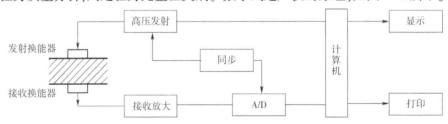

图 4-15 数字式超声仪的原理

(1)声波检测仪应符合下列规定:

①实时显示和记录接收信号时程曲线以及频率测量或频谱分析。

②最小采样时间间隔小于或等于 $0.5\mu s$,系统频带宽度为 $1k \sim 200kHz$,声波幅值测量相对误差小于 5%,系统最大动态范围不小于 100dB。

③声波发射脉冲为阶跃或矩形脉冲,电压幅值为 $200 \sim 1000V$。

④首波实时显示。

⑤自动记录声波发射与接收换能器位置。

(2)声测管埋设要求。声测管应选择透声性好、便于安装和费用较低的材料。考虑到混凝土的水化热作用及施工过程中受外力作用较大,容易使声测管变形、断裂,影响换能器上、下管道的畅通,以选用强度较高的金属管为宜。

①声测管内径不小于 40mm,壁厚不小于 3.0mm。

②声测管应下端封闭、上端加盖、管内无异物。声测管连接处应光滑过渡,管口应高出桩顶100mm以上,且各声测管管口高度应一致。

③应采取适宜方法固定声测管,使之成桩后相互平行。

④声测管埋设数量与桩径大小有关,桩径 D 不大于0.8m时,应埋设2根管;当桩径大于0.8m且不大于2.0m时,应埋设不少于3根管;桩径大于2.0m时,应埋设不少于4根管。

声测管应沿桩截面外侧呈对称形状布置,按图4-16所示以路线前进方向的顶点为起始点,顺时针旋转依次编号。

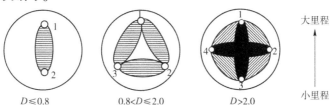

图4-16 声测管埋设要求(尺寸单位:m)

2)现场检测技术

(1)检测准备工作

检测对混凝土龄期的要求,成桩后不应小于14d或受检桩混凝土强度不应低于设计强度的70%,且不应低于15MPa。

检测前的准备工作:

①用大于换能器直径的圆钢疏通,以保证换能器在声测管全程范围内升降顺畅,然后用清水清洗声测管。

②准确测量声测管的内外径和声测管外壁间的净距离。

③采用标定法确定仪器系统延迟时间。

④计算声测管及耦合水层的声时修正值。

(2)检测方法

声波透射法检测混凝土灌注桩有桩内单孔透射法和跨孔透射法两种。单孔透射法是在桩身只有一个通道的情况下,如钻孔取芯后需要了解孔芯周围的混凝土质量情况,作为钻芯检测的补充手段使用。这时采用一发两收换能器放于一个钻芯孔中,声波从发送换能器经水耦合进入孔壁混凝土表层滑行,再经水耦合到达接收换能器,从而测出声波沿于孔壁混凝土传播的各项声学参数。单孔透射法的声传播途径比跨孔透射法复杂得多,信号分析难度大,且有效检测范围约一个波长,故此法不常采用。

下面介绍跨孔透射法。跨孔透射法是在桩内预埋两根或两根以上的声测管,把发射和接收换能器分别置于两根管中。跨孔透射法现场检测装置,如图4-17所示。

测试系统由超声仪、发射和接收换能器、位移量测系统(深度记录、三脚架、井口滑轮、传输电缆)等组成。其中,超声仪和径向换能器组成超声脉冲测量部分。

(3)检测过程

将发射和接收换能器放入桩内声测管中同一深度的测点处,超声仪通过发射换能器发射超声波经桩身混凝土传播,在另一声测管中

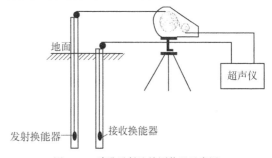

图4-17 跨孔透射法检测装置示意图

的接收换能器接收到超声波,经电缆传输给超声仪,实时高速记录显示接收波形,并判读声学参量。换能器在桩内移动过程的位置,位移测量系统也实时传输给超声仪。当换能器到达预定位置时,超声仪自动存储该测点的波形及声学参量,实现换能器在桩身测管内移动过程中自动记录存储各测点声学参量及波形的目的。全桩各个检测剖面检测出的桩身声学参量(声速、幅值和主频等),按照规范编制软件进行数据处理后,可绘制成基桩质量分析的成果图。

现场测试过程中应保持发射电压与仪器设置参数不变,使用两次测得的声参数具有可比性。

(4)测试方式

测试方式可分为3种,即对测、斜测(包括单向斜测和交叉斜测)和扇形扫描测,如图4-18所示。

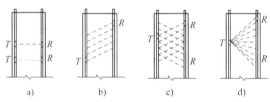

图 4-18 声波透射方法图
a)对测;b)斜测;c)交叉斜测;d)扇形扫描测

①对测(普查):发射和接收换能器分别置于两声测管的同一高度,自下而上,将发射和接收换能器以相同步长(不大于100mm)向上提升,进行水平检测。若平测后,存在桩身质量的可疑点,则进行加密平测,以确定异常部位的纵向范围。

②斜测:让发射、接收换能器保持一定的高程差,在声测管中以相同步长,同步升降进行测试。斜测分单向斜测和交叉斜测。斜测时,发射、接收换能器中心连线与水平夹角一般取30°~40°。斜测可探出局部缺陷、缩径或专测管附着泥团、层状缺陷等。

③扇形测:扇形测在桩顶、桩底斜测范围受限或为减小换能器升降次数时采用。一只换能器固定在某一高程不动,另一只逐步移动,测线呈扇形分布。此时换算的波速可以相互比较,但幅值无可比性,只能根据相邻测点幅值的突变来判断是否有异常。

通过上述3种方法检测,结合波形进行综合分析,可查明桩身存在缺陷性质和范围大小。当现场进行平测以后,发现其PDS、声速、波幅明显超过临界值,接收频率、波形(或频谱)等物理量异常时,为了找出缺陷所造成阴影的范围,确定缺陷位置、范围大小和性质,需要进行更详细的检测。

3)检测数据分析与判定

灌注桩声波透射法检测分析和处理的参数主要有声时t、声速v、波幅A,及主频f,同时要观测和记录实测波形。目前使用的数字式声波仪有很强的数据处理和分析功能,可以直接绘制出:声速-深度(v-z)曲线、波幅-深度(A-z)曲线和PSD判据图来分析桩身质量情况。下面简单地介绍数据整理的方法,将有助于我们对桩身缺陷的判定。

在分析中注意:测点总数不应少于20个,异常点不应参与统计。声速明显高于混凝土正常值时,分析原因后剔除。

当检测剖面n个测点的声速值普遍偏低且离散性很小时,宜采用声速低限值判据。

$$v_i > v_L \tag{4-15}$$

式中:v_i——第i个测点声速(km/s);

v_L——声速低限值(km/s),由预留同条件混凝土试件的抗压强度与声速对比试验结合地区经验确定。

当上式成立时,可直接判定为声速(低于低限值)异常。

声速低限值相对应的混凝土强度不宜低于 $0.9R$(R 为混凝土设计强度)。若试件为钻孔取芯样,则不宜低于 $0.85R$。当实际混凝土声速低于声速低限值时,应将其作为可疑缺陷区。混凝土强度与声速关系见表 4-10。

混凝土强度与声速关系参考表 表 4-10

声速(m/s)	>4500	4500~3500	3500~3000	3000~2000	<2000
强度定性评价	好	较好	可疑	差	非常差

从工程实践经验可知,声速指标比较稳定,重复性好,数据有可比性,但对桩身缺陷不够敏感。波幅虽对桩身缺陷反应很敏感,但它受传感器与桩身混凝土耦合状态的影响很大,可比性较差。斜率法(PSD)判据将桩内缺陷处与正常测点的声时差取平方,将其特别放大,但 K 值很大的地方,有可能是缺陷的边缘。因为 K 值的大小主要取决于相邻两点的声时差值,对于因声测管不平行造成测试误差的干扰有削弱作用。灌注桩所产生各种类型的缺陷,使声学参数变化的特征有所不同:如沉渣是松散介质,声速很低(2000m/s 以下),对声波衰减相当剧烈,其波幅、声速均剧烈下降。泥沙与水泥砂浆的混合物在桩身中存在,则是断桩;如在桩顶出现,则是混凝土强度不够。它们的特点是声速、波幅都明显下降,但前者是突变,后者为缓变。孔壁坍塌或泥团,其声速、波幅均较低,如果是局部泥团,并未包裹声测管时,下降程度不大。粗集料本身波速高,但声学界面多,对声波的反射、散射加剧,能量损耗,幅值下降。混凝土气泡密集时,虽不致形成空洞,但混凝土质量下降,波速不会明显下降,波幅却明显下降。

一般分析步骤是:首先,以波速值进行概率统计法统计判断,得到低于临界值的异常点位置和深度,再分析振幅大小的变化,将上述两者都偏低的测点定为异常部位;再进一步进行细测和斜测,确定缺陷的范围和大小;最后,根据施工情况综合判定缺陷的种类和性质,判定桩身完整性类别(见表 4-11)。

桩身完整性类别判定表 表 4-11

类 别	特 征
Ⅰ类桩	各检测剖面的声学均无异常,无声速低于低限值异常
Ⅱ类桩	某一检测剖面个别测点的声学参数出现异常,无声速低于低限值异常
Ⅲ类桩	某一检测剖面连续多个测点的声学参数出现异常;两个或两个以上检测剖面在同一深度测点的声学参数出现异常;局部混凝土声速出现低于低限值异常
Ⅳ类桩	某一检测剖面连续多个测点的声学参数出现明显异常;两个或两个以上检测剖面在同一深度测点的声学参数出现明显异常;桩身混凝土声速出现普遍低于低限值异常或无法检测首波或声波接收信号严重畸变

第三节 预应力混凝土结构试验检测

预应力混凝土结构目前已在工程建设中得到了广泛应用,而预应力混凝土施工工艺较复杂,对施工质量控制要求高,如不加以重视可能对工程运营安全带来灾难性后果,因此对预应力混凝土结构试验检测必须高度重视。预应力混凝土结构试验检测项目中,混凝土原材料及预应力钢丝、钢绞线的质量检测应列入《工程材料》。本节主要介绍预应力混凝土结构施工中与预应力施工相关的试验检测和孔道压浆密实度检测。

一、预应力锚具、夹具和连接器检测

(一) 基础知识

1. 常用术语及定义

锚具是在后张法预应力结构或构件中用于保持预应力筋的拉力并将其传递到结构上所用的永久性锚固装置。

夹具是预应力混凝土结构或构件施工时,建立或保持预应力筋的预应力的临时性锚固装置,也称为工具锚。

连接器是用于连接预应力筋的装置。

2. 产品分类与代号

锚具、夹具和连接器根据对预应力筋的锚固方式,可分为夹片式、支承式、握裹式和组合式4种基本类型。《预应力筋用锚具、夹具和连接器》(GB/T 14370—2015)中规定的锚具、夹具和连接器的代号,见表4-12。

锚具、夹具和连接器的代号　　　　表4-12

分类代号		锚具	夹具	连接器
夹片式	圆形	YJM	YJJ	YJL
	扁形	BJM	BJJ	BJL
支承式	镦头	DTM	DTJ	DTL
	螺母	1mm	LMJ	LML
握裹式	挤压	JYM	—	JYL
	压花	YHM	—	—
组合式	冷铸	LZM	—	—
	热铸	RZM	—	—

3. 产品标记

锚具、夹具和连接器的标记由产品代号、预应力筋类型、预应力筋直径和预应力筋根数4部分组成(生产企业的体系代号只在需要时加注),如图4-19所示。

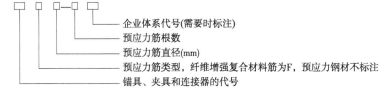

图4-19　锚具、夹具和连接器的标记

示例1:锚固12根直径为15.2mm钢绞线的圆形夹片式群锚锚具表示为:YJM15-12。

示例2:锚固12根直径为12.7mm钢绞线的挤压式锚具表示为:JYM13-12。

示例3:用挤压头方法连接12根直径为15.2mm钢绞线的连接器表示为:JYL5-12。

示例4:锚固1根直径为10mm碳纤维预应力筋的圆形夹片式群锚锚具表示为:YJMF10-1。

注:特殊的或有必要阐明特点的新产品,可增加文字或图样以准确表达。

(二) 检验项目及检验方法

锚具、夹具和连接器检验,分出厂检验、型式检验和进场检验。其中出厂检验、型式检验是在生产阶段进行的检验,此处不做赘述。下面主要介绍锚具、夹具和连接器进场验收时的检验项目和检验方法。

锚具、夹具和连接器进场验收时,应核对产品质量证明书中所列的型号、数量及适用于何种强度等级的预应力钢材;确认无误后应按下列3项规定进行检验。检验合格后方可在工程中应用。

1)外观检查

从每批中抽10%的锚具(夹具或连接器)且不应少于10套,检查其外观质量和外形尺寸;并按产品技术条件确定是否合格。

所抽全部样品均不得有裂纹出现,若有一套表面有裂纹时,则本批应逐套检查,合格者方可进入后续检验组批。

2)硬度检验

对硬度有严格要求的锚具零件,应进行硬度检验。应从每批中抽取5%的样品且不应少于5套,按产品设计规定的表面位置和硬度范围做硬度检验。若有一个零件不合格时,则应另取双倍数量的零件重做检验;若仍有一件不合格时,则应对本批产品逐个检验。合格者方可进入后续检验组批。

3)静载锚固性能试验

在预应力筋强度等级已确定的条件下,进行预应力筋-锚具(连接件)组装件的静载锚固性能试验。其具体试验方法如下。

(1)准备工作。在通过外观检查和硬度检验的锚具(连接件)中抽取6套样品,与符合试验要求的预应力筋组装成3个预应力筋-锚具(连接件)组装件。预应力筋-锚具组装件应按图4-20的装置进行静载试验;预应力筋-连接器组装件应按图4-21的装置进行静载试验。组装时锚固零件应擦拭干净,不得在锚固零件上添加影响锚固性能的介质,如金刚砂、石墨、润滑剂等(产品设计有规定者除外)。组装件中组成预应力筋的各根钢材应等长平行,其受力长度不宜小于3m。单根钢绞线的组装件试件,不包括夹持部位的受力长度不应小于0.8m。试验用的测力系统,其不确定度不得大于2%;测量总应变的量具,其标距的不确定度不得大于标距的0.2%;其指示应变的不确定度不得大于0.1%。

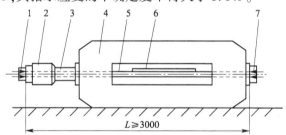

图4-20 预应力筋-锚具组装件静载试验装置

1-张拉端试验锚具;2-加荷载用千斤顶;3-荷载传感器;4-承力台座;5-预应力筋;6-测量总应变的装置;7-固定端试验锚具

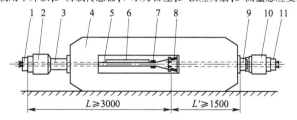

图4-21 预应力筋-连接器组装件静载试验装置

1-张拉端试验锚具;2-Ⅰ号加荷载用千斤顶;3-荷载传感器;4-承力台座;5-预应力筋;6-测量总应变的装置;7-转向钢环;8-连接器;9-固定端试验锚具;10-Ⅱ号千斤顶(预紧锚固后卸去);11-工具锚

(2)仪表调试与初应力施加。加载之前应先将各种仪表安装调试正确,各根预应力钢材的初应力调匀,初应力可取钢材抗拉强度标准值 f_{ptk} 的 5% ~ 10%。测量总应变 ε_{apu} 的量具标距不宜小于 1m。

(3)正式加载。按预应力钢材抗拉强度标准值的 20%、40%、60%、80%,分 4 级等速加载,加载速度每分钟宜为 100MPa;达到 80% 后,持荷 1h;随后逐渐加载至完全破坏,使荷载达到最大值 F_{apu}。用试验机进行单根预应力筋-锚具组装件静载试验时,在应力达到 $0.8 f_{ptk}$ 时,持荷时间可以缩短,但不应少于 10min。

(4)位移测量和观察。

①选取有代表性的若干根预应力钢材,按施加荷载的前 4 级逐级测量其与锚具(或连接器、夹具)之间的相对位移(Δa)[图 4-22a)]。

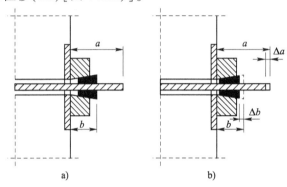

图 4-22 组装件受拉时锚具夹片的位移
a)锚固之前;b)锚固之后

②选取锚具(或连接器、夹具)若干有代表性的零件,按施加荷载的前 4 级逐级测量其间的相对位移(Δb)[图 4-22b)]。

③测量记录试件的极限拉力 F_{apu}。

④测量记录试件极限拉力时预应力筋的总应变 ε_{apu}。

⑤预应力筋达到 $0.8 f_{ptk}$ 时,在持荷的 1h 期间,每 20 ~ 30min 测量一次相对位移 Δa 和 Δb。持荷期间 Δa 和 Δb 均应无明显变化,保持稳定。

⑥对试件的破坏部位与形式,应做出文字描述。必要时可做出图像记录。

(5)试验数据分析与评定。静载试验应连续进行 3 个组装件的试验,全部试验结果均应做出记录,并对试验数据进行计算分析和评定。

①按公式(4-16)计算锚具(或连接器)的锚具效率系数 η_a:

$$\eta_a = \frac{F_{apu}}{\eta_p \cdot F_{pm}} \quad (4-16)$$

式中:F_{apu}——预应力筋-锚具组装件的实测极限拉力;

F_{pm}——应力筋的实际平均极限抗拉力。由预应力钢材试件实测破断荷载平均值计算得出;

η_p——预应力筋的效率系数。η_p 应按下列规定取用:预应力筋-锚具组装件中预应力钢材为 1 至 5 根时,$\eta_p = 1$;6 至 12 根时,$\eta_p = 0.99$;13 至 19 根时,$\eta_p = 0.98$;20 根以上时,$\eta_p = 0.97$。

②当预应力筋-锚具(或连接器)组装件达到实测极限拉力时,应由预应力筋的断裂,而

不应由锚具(或连接器)的破坏导致试验的终结。预应力筋拉应力未超过 $0.8f_{ptk}$ 时,锚具主要受力零件应在弹性阶段工作,脆性零件不得断裂。

③预应力筋-锚具组装件的静载锚固性能试验结果,应同时满足锚具效率系数 η_a 等于或大于 0.95 和预应力筋总应变 ε_{apu} 等于或大于 2.0% 两项要求。

④计算夹具效率系数 η_g

夹具的静载性能,应由预应力筋-夹具组装件静载试验测定的夹具效率系数 η_g 确定。

$$\eta_g = \frac{F_{gpu}}{F_{pm}} \tag{4-17}$$

式中：F_{gpu}——预应力筋-夹具组装件的实测极限拉力。

⑤预应力筋-锚具组装件的静载锚固性能试验结果,应满足夹具效率系数 η_g 等于或大于 0.92 的要求。

⑥3 个组装件试件试验结果应单独评定,每个组装试件试验结果都必须同时满足上述要求,不得进行平均。有一个试件不符合要求时,则应取双倍数量的锚具(连接件)重做试验;仍有一个试件不符合要求时,则该批锚具(连接件)应视为不合格品。

二、张拉设备校验标定

桥梁工程中常采用液压拉伸机,由油压千斤顶和配套的高压油泵、压力表及外接油管等组成。液压拉伸机的千斤顶按其构造可分为台座式(普通油压千斤顶)、空心式、锥锚式和拉杆式。预应力张拉机具应与锚具配套使用,并在进场前进行检查和校验。

油压千斤顶的作用力一般用油压表测定和控制。油压表上的指示读数为油缸内的单位油压,在理论上将其乘以活塞面积即应为千斤顶的作用力。但由于油缸与活塞之间有一定的摩阻力,此项摩阻力抵消一部分作用力,因此实际作用力要比理论值小。为正确控制张拉力,一般均用校验标定的方法测定油压千斤顶的实际作用力与配套油压表读数的关系。校验仪器可采用长柱压力试验机、标准测力计或传感器等。

1. 长柱压力试验机校验

压力试验机的精度不得低于 ±2%。校验时,应采取被动校验法,即在校验时用千斤顶顶试验机,这样活塞运行方向、摩阻力的方向与实际工作时相同,校验比较准确。

在进行被动校验时,压力试验机本身也有摩阻力,且与正常使用时相反,故试验机表盘读数反映的也不是千斤顶的实际作用力。因此,用被动法校验千斤顶时,必须事先用具有足够吨位的标准测力计对试验机进行被动标定,以确定试验机的度盘读数值。标定后再校验千斤顶时就可以从试验机度盘上直接读出千斤顶的实际作用力以及相应的油压表的准确读数。

用压力试验机校验的步骤如下：

(1)千斤顶就位。当校验穿心式千斤顶时,如图 4-23a)所示,将千斤顶放在试验机台面上,千斤顶活塞面或撑套与试验机压板紧密接触,并使千斤顶与试验机的受力中心线重合。

当校验拉杆式千斤顶时,如图 4-23b)所示,先把千斤顶的活塞杆推出,取下封尾板,在缸体内放入一根厚壁无缝钢管,然后将千斤顶两脚向下立于试验机的中心线部位。放好后,调整试验机,使钢管的上端与试验机上压板接紧,下端与缸体内活塞面接紧,并对准缸体中心线。

(2)校验千斤顶。开动油泵,千斤顶进油,使活塞杆上升,顶试验机上压板。在千斤顶顶试验机的平缓增加荷载的过程中(此时不得用试验机压千斤顶),自零位到最大吨位,将试验机被动标定的结果逐点标定到千斤顶的油压表上。标定点应均匀地分布在整个测量范围内,且不少于5点。当采用最小二乘法回归分析千斤顶的标定经验公式时需10~20点。各标定点应重复标定3次,取平均值,并且只测读进程,不得读回程。

(3)根据千斤顶校验结果绘千斤顶校验曲线,供预应力钢材张拉时使用,亦可采用最小二乘法求出千斤顶校验的经验方式,供预应力筋张拉时使用。

2. 用标准测力计校验

用水银压力计、测力环、弹簧拉力计标准测力计校验千斤顶,是一种简单可靠的方法。校验穿心式千斤顶时的装置,如图4-24(校验拉杆式千斤顶的附加装置与压力试验机校验相同)所示。校验时,开动油泵,千斤顶进油,活塞杆推出,顶测力计。当测力计达到一定吨位T_1时,立即读出千斤顶油压表相应读数P_1,同样方法可得T_2、P_2,T_3、P_3;此时T_1、T_2、T_3……即为相应于油压表读数P_1、P_2、P_3……的实际作用力。将测得的各值绘成曲线,实际使用时,即可由此曲线找出要求的T值和相应的P值。

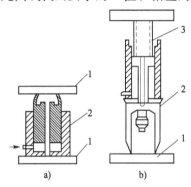
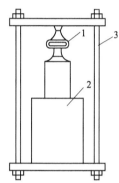

图4-23 用压力试验机校验千斤顶
a)校验穿心式千斤顶;b)校验拉杆式千斤顶
1-试验机上下压板;2-拉伸机;3-无缝钢管

图4-24 标准测力计校验千斤顶装置
1-标准测力计;2-千斤顶;3-框架

3. 用电测传感器校验

校验仪器也可以用电测传感器校验。传感器是在金属弹性元件表面贴上电阻应变片所组成的一个测力装置。当金属元件受外力作用变形后,电阻片也相应变形而改变其电阻值。改变的电阻通过电阻应变仪测定出来,即可从预先标定的数据中查出外力的大小。将此数据再标定到千斤顶油压表上,即可用以进行张拉设备作用力的控制。

三、预应力孔道压浆密实度检测

后张有黏结预应力混凝土结构,张拉力筋结束后要进行孔道压浆。如果压浆不密实,水和空气的进入使得处于高度张拉状态的钢绞线材料易发生腐蚀,造成有效预应力降低。严重时,钢绞线会发生断裂,从而极大地影响桥梁的耐久性、安全性。此外,压浆质量缺陷还会导致混凝土应力集中,进而改变梁体的设计受力状态,从而影响桥梁的承载力和使用寿命。因此,在对预应力混凝土结构质量提供保障时,应结合各种无损检测手段,综合判断压浆的效果。

1. 压浆密实度检测方法

长期以来,研究人员针对预应力孔道压浆密实度检测开发了多种方法。按测试所采用的媒介来分,大致可以分为雷达法、超声波法、X光法和冲击弹性波法等。

1)雷达法

雷达法有许多学者进行了研究。目前,一致的观点是:

①由于受金属屏蔽,因此不适合于铁皮波纹管;

②即使是塑料波纹管或者无管状况,也不适合于钢筋密集状况。

因此,电磁雷达受钢筋影响大,适用范围窄、对缺陷不敏感、测试精度低。

2)超声波法

从理论上,利用压浆缺陷对波速的影响,采用对测的方法可以检测压浆缺陷,国内也有学者从事这方面的研究和实践。但需要从板的两侧面对测,而且需要耦合,因此,作业性差,效率很低,难以实用。

3)X光法

X光法的检测精度较高,直观性好,在欧洲应用较多。但测试设备复杂,具有放射性和需要底片等费用,检测成本高,目前在国内应用很少。

4)冲击弹性波法

冲击弹性波法被认为是最有前途的方法,可分为两类:

①基于孔道两端穿透的方法,即定性检测方法;

②基于反射的冲击回波法(IE),即定位检测方法。

冲击弹性波法不仅可以快速定性测试,也能够对有问题的孔道进行缺陷定位,从而达到测试效率和精度的最优化。

2. 定性检测

定性检测是基于冲击弹性波的检测方法(图4-25),主要利用张拉钢绞线两端外露部分进行测试,测试效率较高。由于空洞等缺陷通常发生在孔道的上方,因此,通常只需测试最上方的钢绞线即可。在一次测试过程中,可同时完成3种方法(FLEA、FLPV、PFTF)的综合评定。

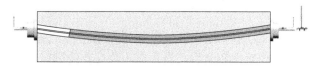

图4-25 冲击弹性波定性检测示意图

1)全长衰减法(FLEA)

在钢绞线束一端激振的信号传递到另一端时,会产生能量的衰减。如果孔道压浆密实度较高,能量在传播过程中逸散较多,衰减大,振幅比小。反之,若孔道压浆密实度较低,则能量在传播过程逸散较少,衰减小、振幅比大。

2)全长波速法(FLPV)

通过测试弹性波在锚索中的波速来判断预应力孔道压浆密实度情况。一般来说,当压浆密实度为零时,锚索的P波波速接近钢索的理论波速5.01km/s,随着压浆密实度增加,波速逐渐减小,当压浆密实度达到100%时,测试的钢索的P波波速接近混凝土中的P波波速。

3)传递函数法(PFTF)

在预应力梁的一端激振,如果接收端存在不密实情况,会在接收端产生高频振荡。因此,通过对比接收信号与激发信号相关部分的频率变化,可以判定锚头两端附近的缺陷情况。

上述3种定性测试评定方法各有优缺点(表4-13)。尽管测试评定原理不同,但测试方法完全一样。因此,可以根据一次的测试数据同时得到3种评定方法的测试结果。

压浆密实度定性测试评定方法比较　　　表4-13

评定方法	优　点	缺　点
全长衰减法(FLEA)	测试原理明确、对压浆缺陷较为敏感	测试结果逸散性较大,影响因素多
全长波速法(FLPV)	测试结果较为稳定,适合测试大范围缺陷	测试原理不严密,对缺陷较为钝感
传递函数法(PFTF)	能够测试锚头附近的压浆缺陷,解析方便	测试范围较小

为了将定性测试的结果定量化,引入综合压浆指数I进行压浆效果的定性评价。当压浆饱满时,$I_f=1$;而完全未压浆时,$I_f=0$。根据上述3种不同评定方法可得到对应每种方法的压浆指数I_{EA}、I_{PV}和I_{TF}。同时,综合压浆指数可以定义为:

$$I_f = (I_{EA} \cdot I_{PV} \cdot I_{TF})^{1/3} \quad (4\text{-}18)$$

这样,只要某一项的压浆指数较低,综合压浆指数就会有较明显的反应。通常压浆指数大于0.95一般意味着压浆质量较好,而压浆指数低于0.80则表明压浆质量较差。

此外,压浆指数是根据基准值而自动计算的,因此,基准值的选定是非常重要的。不同形式的锚具、梁的形式以及孔道的位置都会对基准值产生影响,为提高测试精准性,在条件许可时,进行相应的标定或通过大量的测试,并结合数理统计的方法确定基准值是非常必要的。

3. 定位检测

定位测试基于冲击回波法(IE法),通过侧壁或者顶(底)面激振、接受的方式,对压浆缺陷的位置、规模等进行定位测试。然而,通常的冲击回波法在检测压浆密实度时存在严重的不足,因此,通过下列3种方法,可大幅度地改进和扩展。

①改进IE法:通过改进频谱分析方法,提高分辨率;

②冲击回波等效波速法(简称IEEV法);

③冲击回波共振偏移法(简称IERS法)。

1) 测试原理

改良冲击回波法(图4-26)可根据在波纹管位置反射信号的有无以及梁底端的反射时间的长短,来判定压浆缺陷的有无和类型。当孔道压浆存在缺陷时,会出现下列情况:

①激振的弹性波在缺陷处会产生反射(E法的理论基础)。

②激振的弹性波从梁对面反射回来所用的时间比压浆密实的地方长。因此,等效波速(2倍梁厚/梁对面反射来回的时间)就显得更慢(IEEV法的理论基础)。

③当激振信号产生的结构自由振动的半波长与缺陷的埋深接近时,缺陷反射与自由振动可能产生共振的现象,使得自由振动的半波长趋近于缺陷埋深(即共振偏移,IERS法的理论基础)。

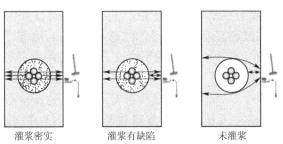

图4-26　改良冲击回波法IEEV测试原理

2)定位测试特点

上述 3 种方法均采用同一数据和同一频谱分析,仅在云图判读上有所不同。一般而言,E 法是基础,各种状况均适用。IEEV 法适合于壁厚较小、底部反射明显的情形。而 IERS 法则相反,适合于壁厚较大、底部反射不明显的情形。

定位测试具有如下特点:

①IEEV 法测试精度高,但相对速度较慢;

②测试精度与壁厚/孔径比(D/ϕ)有关,D/ϕ 越小,测试精度越高;

③当边界条件复杂(拐角处)或测试面有斜角(如底部有马蹄时),测试精度会受到较大的影响,应调整测试方向。

4.检测步骤与方法

后张有黏结预应力混凝土梁预应力筋已张拉、锚固,锚头外露,孔道压浆时间完成 >7d,可使用基于冲击弹性波技术的预应力混凝土梁多功能检测仪,先以定性检测法对预应力钢束端头击振拾振,利用专用软件对振动信号进行分析、处理、计算压浆密实度指数 I_f,对 $I_f < 0.95$ 的梁体,再采用定位检测法,按 20cm 间距,沿波纹管走向在梁体腹板侧面布置测点,进一步确定压浆缺陷的大小及范围。对探明的压浆空洞缺陷以钻孔方式进行验证:用冲击钻对空洞区钻直径约 52mm 的孔,深度达波纹管外壁时应谨慎钻进;在钻穿管壁感觉到有空洞时应停止钻进,改用细铁丝探入孔内,确认压浆不密实即应按规范要求进行处理。

第四节　桥梁支座检测

桥梁支座是连接桥梁上部结构和下部结构的重要结构部件,位于桥梁和垫石之间,它能将桥梁上部结构承受的荷载和变形可靠地传递给桥梁下部结构,是桥梁的重要传力装置。本节针对桥梁不同类型支座的检测方法进行叙述。

一、桥梁支座的试验方法

1.桥梁支座试验前的准备工作

1)试样准备

桥梁支座成品力学性能试验应采用实体支座,当试验设备能力受到限制时,经与用户协商可选用小型支座或特制试样进行试验。

2)试样停放与试验条件

试样在标准温度为 23℃ ±5℃ 的实验室内停放 24h,并在该标准温度内进行试验。

3)试验用设备、仪器

(1)压力试验机的示值相对误差最大允许值为 ±1.0%,并应具有正确的加载中心。加载时应平稳无震动。压力机的使用负荷可在其满负荷的 0.4% ~90% 内。

(2)试验中使用的测量仪表应定期检定。

(3)试验中使用的带有测力装置的千斤顶,其千斤顶和测力计的使用负荷可在其满量程的 1% ~90% 范围内。

2.板式橡胶支座试验方法

板式橡胶支座试验检测项目为抗压弹性模量、抗剪弹性模量、抗剪黏结性能、抗剪老化、摩擦系数、转角、极限抗压强度试验以及外观质量及尺寸检测。

1）抗压弹性模量试验

抗压弹性模量试验计算承载力 R 时，按支座有效承压面积（钢板面积）A_0 计算。

（1）试样放置

将试样置于压力机的承载板上，如图 4-27 所示，对准中心，偏差应小于试样短边尺寸或直径的 1%。缓慢加载至压应力为 1.0MPa 且稳压后，在承载板四角对称安置 4 只位移传感器（百分表）。

（2）预压

将压应力以 0.03~0.04MPa/s 速率连续地增至 $\sigma = 10$MPa，持荷 2min；然后连续均匀地卸载至压应力为 1.0MPa，持荷 5min，记录百分表初始值。预压 3 次。

（3）正式加载

①每一加载循环自 1.0MPa 开始，将压应力以 0.03~0.04MPa/s 速率均匀加载至 4MPa，持荷 2min；然后以同样速率每 2MPa 为一级逐级加载，每级持荷 2min 至 $\sigma = 10$MPa 为止。

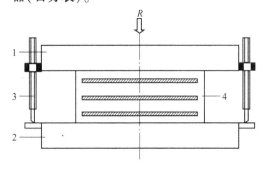

图 4-27 抗压弹性模量试验装置示意图
1-上承载板；2-下承载板；3-位移传感器；4-支座试样

②将压应力由 $\sigma = 10$MPa 连续均匀地卸载至压应力为 1.0MPa，持荷 10min。

③正式加载连续进行 3 次。

（4）数据采集与整理

以承载板四角位移传感器所测得的变化值的平均值，作为各级荷载下试样的累计竖向压缩变形 Δc，按试样橡胶层的总厚度 t_e 求出在各级试验荷载作用下试样的累计压缩应变。

（5）试验结果的计算

①抗压弹性模量按下式计算：

$$E_1 = \frac{\sigma_{10} - \sigma_4}{\varepsilon_{10} - \varepsilon_4} \tag{4-19}$$

式中：σ_4、ε_4——第 4MPa 级试验荷载作用下的压应力和累积压缩应变值；

σ_{10}、ε_{10}——第 10MPa 级试验荷载作用下的压应力和累积压缩应变值；

E_1——试样实测的抗压弹性模量计算值，精确至 1MPa。

②每一块试样的抗压弹性模量 E，为 3 次加载过程所得的 3 个实测结果的算术平均值。但单项结果和算术平均值之间的偏差不应大于算术平均值的 3%，否则该试样应重新复核试验一次。

2）抗剪弹性模量试验

抗剪弹性模量试验计算承载力 R 时，按支座有效承压面积（钢板面积）A_0 计算；计算水平拉力时，按支座平面毛面积（公称面积）A 计算。

（1）试样放置

将试样置于压力机的承载板与中间钢拉板上按双剪组合配置好，对准中心，偏差应小于试样短边尺寸或直径的 1%。当试样为矩形支座时，应使支座顺其短边方向受剪，如图 4-28 所示。

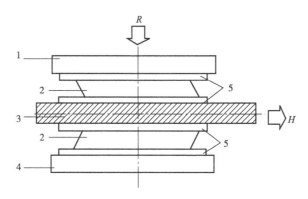

图 4-28 抗剪弹性模量试验示意图

1-上承载板;2-板式支座试件;3-中间钢拉板;4-下承载板;5-防滑摩擦板

(2)施加竖向荷载

将压应力以 0.03~0.04MPa/s 的速率连续增至平均压应力 $\sigma=10$MPa,并在整个抗剪试验过程中保持不变。

(3)调整试验机的剪切试验机构

使水平油缸、负荷传感器的轴线和中间钢拉板的对称轴重合。

(4)预加水平荷载

以 0.002~0.003MPa/s 的速率连续施加水平荷载至剪应力 $\tau=1.0$MPa,持荷 5min;然后连续均匀地卸载至剪应力为 0.1MPa,持荷 5min,记录初始值。预载 3 次。

(5)正式加载

①每一加载循环自 $\tau=0.1$MPa 开始,分级加载至 $\tau=1.0$MPa 为止;每级加载剪应力增加 0.1MPa,持荷 1min。

②连续均匀地将剪应力 $\tau=1.0$MPa 卸载至剪应力为 0.1MPa,持荷 10min。

③正式加载连读进行 3 次。

(6)试验数据采集与整理

将各级水平荷载下位移传感器所测出的试样累积水平剪切变形 Δs,按试样橡胶层的总厚度 t_e,求出在各级试验荷载作用下,试样的累积剪切应变。

(7)试验结果的计算

①抗剪弹性模量按下式计算:

$$G_1 = \frac{\tau_{1.0} - \tau_{0.3}}{\gamma_{1.0} - \gamma_{0.3}} \tag{4-20}$$

式中:$\tau_{1.0}$、$\gamma_{1.0}$——第 1.0MPa 级试验荷载作用下的剪应力和累积剪切应变值;

$\tau_{0.3}$、$\gamma_{0.3}$——第 0.3MPa 级试验荷载作用下的剪应力和累积剪切应变值;

G_1——试样的实测抗剪弹性模量计算值(MPa),精确至 1%。

②每对检验支座所组成试样的综合抗剪弹性模量 G_1,为该对试样 3 次加载所得到的 3 个结果的算术平均值。但各单项结果与算术平均值之间的偏差应不大于算术平均值的 3%,否则该试样应重新复核试验一次。

3)抗剪老化试验

抗剪老化试验计算承载力 R 时,按支座有效承压面积(钢板面积)A_0 计算;计算水平拉力时,按支座平面毛面积(公称面积)A 计算。

①将试样置于老化箱内,在 70℃±2℃ 温度下经 72h 后取出。

②将试样在标准温度23℃±5℃下停放48h后,再在标准实验室温度下进行剪切试验(抗剪老化试验与标准抗剪弹性模量试验方法步骤相同)。

③试样放置。将试样置于压力机的承载板与中间钢拉板上按双剪组合配置好,对准中心,偏差应小于试样短边尺寸或直径的1%。当试样为矩形支座时,应使支座顺其短边方向受剪,如图4-20所示。

④施加竖向荷载。将压应力以0.03~0.04MPa/s的速率连续增至平均压应力σ=10MPa,并在整个抗剪试验过程中保持不变。

⑤使水平油缸、负荷传感器的轴线和中间钢拉板的对称轴重合。

⑥预加水平荷载。以0.002~0.003MPa/s的速率连续施加水平力至剪应力τ=1.0MPa,持荷5min;然后连续均匀地卸载至剪应力为0.1MPa,持荷5min,记录初始值。预载3次。

⑦正式加载。

a. 每一加载循环自τ=0.1MPa开始,分级加载至τ=1.0MPa为止,每级加载剪应力增加0.1MPa,持荷1min。

b. 连续均匀地将剪应力τ=1.0MPa卸载至剪应力为0.1MPa,持荷10min。

c. 正式加载连读进行3次。

⑧试验数据采集与整理。将各级水平荷载下位移传感器所测出的试样累积水平剪切变形Δs,按试样橡胶层的总厚度t_e,求出在各级试验荷载作用下试样的累积剪切应变。

⑨试验结果的计算。

a. 老化后抗剪弹性模量计算方法与标准抗剪弹性模量计算方法相同。

b. 每对检验支座所组成试样的综合抗剪弹性模量G_2,为该对试样3次加载所得到的3个结果的算术平均值。但各单项结果与算术平均值之间的偏差应不大于算术平均值的3%,否则该试样应重新复核试验一次。

4)抗剪黏结试验

抗剪黏结性能试验计算承载力R时,按支座有效承压面积(钢板面积)A_0计算;计算水平拉力时,按支座平面毛面积(公称面积)A计算。

(1)试样放置

将试样置于压力机的承载板与中间钢拉板上按双剪组合配置好,对准中心,偏差应小于试样短边尺寸或直径的1%。当试样为矩形支座时,应使支座顺其短边方向受剪,如图4-20所示。

(2)施加竖向荷载

将压应力以0.03~0.04MPa/s的速率连续增至平均压应力σ=10MPa,并在整个抗剪试验过程中保持不变。

(3)调整试验机的剪切试验机构

使水平油缸、负荷传感器的轴线和中间钢拉板的对称轴重合。

(4)施加水平荷载

①以0.002~0.003MPa/s的加载速率施加水平荷载,当剪应力达到2MPa时,持荷5min。

②水平力以连续均匀地速度卸载。

③试验过程中随时观察试样受力状态及变化情况。

④水平力卸载后检查试样是否完好无损。

5)摩擦系数试验

摩擦系数试验计算承载力R时,按支座有效承压面积(钢板面积)A_0计算;计算水平拉力时,按支座平面毛面积(公称面积)A计算。

(1)试样放置

将试样置于压力机的承载板与中间钢拉板上配置好,对准中心,偏差应小于试样短边尺寸或直径的1%,如图4-29所示。试验时应将四氟滑板试样的储油槽内注满5201-2硅脂油。

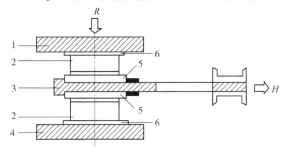

图4-29 摩擦系数试验示意图

1-试验机上承载板;2-四氟滑板式橡胶支座试样;3-中间钢拉板;4-试验机下承载板;5-不锈钢板试件;6-防滑摩擦板

(2)施加竖向荷载

将压应力以0.03~0.04MPa/s的速率连续增至平均压应力$\sigma=10$MPa,并在整个抗剪试验过程中保持不变。其预压时间为1h。

(3)调整试验机的剪切试验机构

使水平油缸、负荷传感器的轴线和中间钢拉板的对称轴重合。

(4)施加水平力

以0.002~0.003MPa/s的速率连续地施加水平力,直至不锈钢板与四氟滑板试样接触面间发生滑动为止,记录此时的水平力作为初始值。试验过程应连续进行3次。

(5)摩擦系数

摩擦系数应按下列公式计算:

$$\mu_f = \frac{H}{2R} \tag{4-21}$$

式中:μ_f——四氟滑板与不锈钢板表面的摩擦系数,精确至0.01;

H——每对四氟滑板式橡胶支座承受的最大水平力(kN);

R——支座最大承压力(kN)。

(6)试验结果

每对试样的摩擦系数为3次试验结果的算术平均值。

6)转角试验

转角试验计算承载力R时,按支座有效承压面积(钢板面积)A_0计算。

转角试验所采用的试验装置一般由加载横梁、千斤顶加载系统、测量转角变化的位移传感器等组成。

(1)试样放置

将试样置于压力机的承载板与加载横梁上配置好,对准中心,偏差应小于试样短边尺寸或直径的1%,如图4-30所示。

在距试样中心(试验机加载承压板中心)L处,安装使梁产生转动用的千斤顶和测力计,并在承载板四角对称安置4只位移传感器。

(2)预压

①将压应力以0.03~0.04MPa/s的速率连续地增至平均压应力$\sigma=10$MPa,持荷5min;

然后以连续均匀的速度卸载至压应力 $\sigma = 1.0$MPa。如此反复 3 遍。

②检查传感器是否灵敏准确。

（3）加载

①将压应力按照抗压弹性模量试验要求增至 $\sigma = 10$MPa，采集支座变形数据，并在整个试验过程中维持 $\sigma = 10$MPa 不变。

②用千斤顶对加载横梁施加一个向上的力 P，使其达到预期转角的正切值（偏差不大于 5%），持荷 5min 后，记录千斤顶力 P 及传感器的数值。

（4）试验结果的计算（图 4-31）

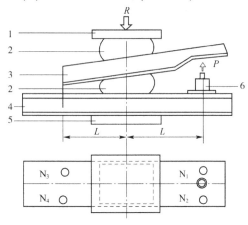

图 4-30 转角试验示意图
1-试验机上承载板；2-试样；3-加载横梁；4-承载梁；
5-试验机下承载板；6-千斤顶加载系统

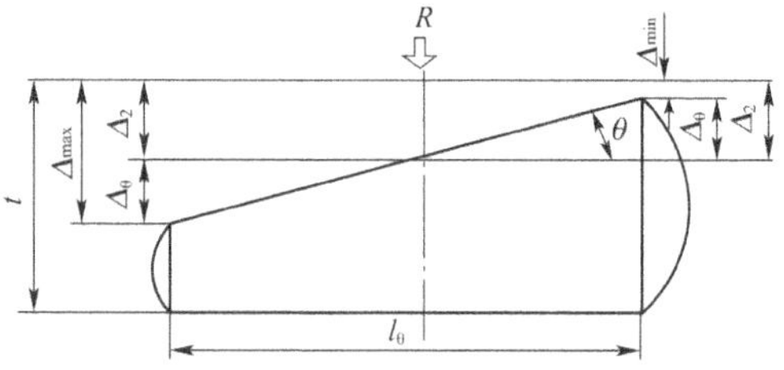

图 4-31 转角计算图

①实测转角的正切值应按下列公式计算：

$$\tan\theta = \frac{\Delta_1^2 + \Delta_3^4}{2L} \quad (4-22)$$

式中：$\tan\theta$——试样实测转角的正切值；

Δ_1^2——传感器 N_1、N_2 处的变形平均值（mm）；

Δ_3^4——传感器 N_3、N_4 处的变形平均值（mm）；

L——转动力臂（mm）。

②各种转角下，由于垂直承压力和转动共同影响产生的压缩变形值应按下式计算：

$$\Delta_2 = \Delta_c - \Delta_1 \quad (4-23)$$

$$\Delta_1 = \frac{\Delta_1^2 + \Delta_3^4}{2} \quad (4-24)$$

式中：Δ_c——支座最大承压力 R 时试样累积压缩变形值（mm）；

Δ_1——转动试验时，试样中心平均回弹变形值（mm）；

Δ_2——垂直承压力和转动共同影响下试样中心处产生的压缩变形值（mm）。

③各种转角下，试样边缘换算变形值应按下式计算：

$$\Delta\theta = \frac{\tan\theta \cdot l_a}{2} \quad (4-25)$$

式中：$\Delta\theta$——实测转角产生的变形值（mm）；

l_a——矩形支座试样的短边尺寸（mm），圆形支座采用直径 d（mm）。

④各种转角下，支座边缘最大、最小变形值应按下列公式计算：

$$\Delta_{\max} = \Delta_2 + \Delta_\theta \tag{4-26}$$
$$\Delta_{\min} = \Delta_2 - \Delta_\theta \tag{4-27}$$

⑤试验结果。

根据所测各种转角下支座边缘最大、最小变形值来判定实测转角正切值是否符合标准要求。当 $\Delta_{\min} \geqslant 0$ 时,支座不脱空;当 $\Delta_{\min} < 0$ 时,支座脱空。

(5)注意事项

①计算实测转角正切值时需要注意公式中"L"的取值,"L"在这里被定义为"转动力臂"。也就是说"转动力臂"为被检测试样中心(或者说试验机加载承压板中心)至转动加载千斤顶中心的距离。

②当被检测试样中心至位移传感器探头中心的距离与"转动力臂"相等时,"L"的取值为"转动力臂"。"转动力臂"大小取决于试验机结构,一般为定值。

③当被检测试样中心至位移传感器探头中心的距离与"转动力臂"不相等时,"L"的取值应为被检测试样中心至位移传感器探头中心的距离而非"转动力臂"。这时"转动力臂"只与计算预期转角的正切值有关。

7)极限抗压强度试验

极限抗压强度试验计算承载力 R 时,按支座有效承压面积(钢板面积)A_0 计算。

(1)将试样放置在压力机的承载板上,并对准中心位置。

(2)以 0.1MPa/s 的速率连续地加载,至试样极限抗压强度 R 不小于 70MPa 为止。

(3)试验过程中随时观察试样受力状态及变化情况,试样是否完好无损。

3. 盆式支座试验方法

盆式支座成品试验检测项目为竖向承载力、摩擦系数以及转动试验。

1)成品支座竖向承载力试验

盆式支座竖向承载力试验应测定在垂直荷载作用下,盆式支座竖向压缩变形和盆环径向变形。

(1)试样放置

将待测试支座安置于试验机承载板上,并对准中心位置。

(2)预压

正式加载前对支座预压3次,预压荷载为支座设计承载力;预压初始荷载为该试验支座竖向设计承载力的 1.0%,每次加载至预压荷载宜稳压 2min 后卸载至初始荷载。

(3)安装位移传感器

在初始荷载稳压状态,在支座顶、底板间均匀安装 4 个竖向位移传感器(百分表),测试支座竖向压缩变形;在盆环上口相互垂直的直径方向安装 4 只径向位移传感器(千分表),测试盆环径向变形。

(4)正式加载

正式加载分 3 次进行,检验荷载为支座竖向设计承载力的 1.5 倍。

①每次检测时预加设计承载力的 1.0% 作为初始压力,分 10 级加载到检验荷载。

②每级加载后稳压 2min,然后记录每一级的位移量;加载至检验荷载稳压 3min 后卸载至初始压力,测定残余变形。

(5)试验结果计算

①每次、每级竖向变形取该次、该级加载时 4 个竖向位移传感器(百分表)读数的算术平

均值。

②每次、每级径向变形取该次、该级加载时4个径向位移传感器(千分表)读数绝对值之和的一半。

③3次测试结果的平均值为该支座试样的测试结果。

2)成品支座摩擦系数试验

摩擦系数试验所采用的水平加载装置,应由千斤顶加载系统、测力传感器等组成。

(1)试样放置

摩擦系数试验选取两个相同规格的单向或双向盆式支座试样,将一个试样放置在压力机的承载板上,另一个试样放置在水平加载装置的拉板上,并对准中心位置,如图4-32所示。

(2)预压

试验前应对支座进行预压,预压荷载为该试验支座竖向设计承载力,预压3次。预压初始荷载为该试验支座竖向设计承载力的1.0%,每次加载稳压3min后卸载至初始荷载。

(3)正式加载

试验机对试验支座加载到竖向设计承载力时,用千斤顶施加水平力。

①盆式支座试样一发生滑动(水平拉力下降)时,即停止施加水平力,并由专用的测力传感器记录水平力值。

②依照以上相同的方法再连续重复进行3次。

(4)试验结果计算

第一次滑动记录初始值,然后试验过程应连续进行3次,实测摩擦系数取后3次(第2次至第4次)试验结果的算术平均值。

3)成品支座转动试验

转动试验所采用的试验装置应由加载横梁、千斤顶加载系统、测量转角变化的位移传感器等组成。

(1)试样放置

试验选取两个相同规格的固定支座,也可以选用两个相同规格的双向盆式支座试样,将一个试样放置在压力机的下承载板上,另一个试样放置在加载横梁上,并对准中心位置,如图4-33所示。

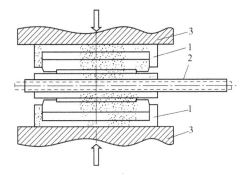

图4-32 盆式支座摩擦系数试验示意图
1-试件;2-水平加载装置;3-试验机

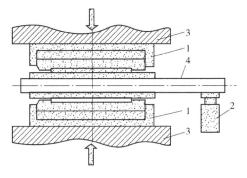

图4-33 盆式支座转动试验示意图
1-试件;2-千斤顶;3-试验机;4-加载横梁

(2)预压

试验前应对支座进行预压,预压荷载为该试验支座竖向设计承载力,预压3次。预压初始荷载为该试验支座竖向设计承载力的1.0%,每次加载稳压3min后卸载至初始荷载。

(3)正式加载

①试验机对试验支座加载到竖向设计承载力时,用千斤顶顶起加载横梁。

②使支座分别产生0.010rad、0.015rad、0.020rad设计转角值,每次达到预期的转角后,稳压30min。

③当加到最大转角后应保持荷载30min后卸载。

④在整个转动试验过程中都应随时观测试验支座的工作状态。

⑤转动试验结束(支座卸载)后,应对试验支座试样进行拆解,检查中间钢衬板、聚四氟乙烯板、黄铜紧箍圈、橡胶承压板等零部件是否完好无损。

(4)试验结果

支座转动试验后,要求聚四氟乙烯板和钢件无损伤,橡胶承压板没有被挤出,黄铜密封圈也没有明显损伤。

4.球形支座试验方法

球形支座试验检测项目为竖向承载力、摩擦系数、转动试验、水平承载力。

1)竖向承载力试验

球形支座竖向承载力试验应测定在垂直荷载作用下,球形支座竖向压缩变形和底盆径向变形。

(1)试样放置

将待测试支座安置于试验机承载板上,并对准中心位置,如图4-34所示。

(2)预压

正式加载前对支座预压3次,预压荷载为支座设计承载力;预压初始荷载为该试验支座竖向设计承载力的0.5%,每次加载至预压荷载宜稳压2min后卸载至初始荷载。

(3)安装位移传感器

在初始荷载稳压状态,在支座顶、底板间均匀安装4个竖向位移传感器(百分表),测试支座竖向压缩变形;在盆环上口相互垂直的直径方向安装4只径向位移传感器(千分表),测试盆环径向变形。

(4)正式加载

正式加载分3次进行,检验荷载为支座竖向设计承载力的1.5倍。

①每次检测时预加设计承载力的0.5%作为初始荷载,分10级加载到检验荷载。

②每级加载稳压2min后记录每一级的位移量,加载至检验荷载稳压3min后卸载至初始荷载。

(5)试验结果计算

①每次、每级竖向变形取该次、该级加载时4个竖向位移传感器(百分表)读数的算术平均值。

②每次、每级径向变形取该次、该级加载时4个径向位移传感器(千分表)读数的算术平均值。

③3次测试结果的平均值为该支座试样的测试结果。

2)摩擦系数试验

摩擦系数试验所采用的水平加载装置,应由千斤顶加载系统、测力传感器等组成。

(1)试样放置

摩擦系数试验选取两个相同规格的单向或双向球形支座试样,将一个试样放置在压力机的下承载板上,另一个试样放置在水平加载装置的拉板上,并对准中心位置,如图4-35所示。

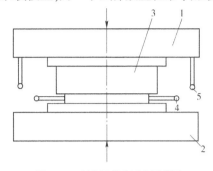 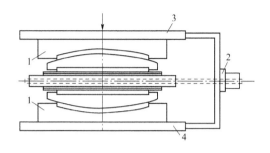

图4-34 竖向承载力试验示意图
1-上承载板;2-下承载板;3-试样;4-位移传感器(千分表);5-位移传感器(百分表)

图4-35 摩擦系数试验示意图
1-试样;2-水平力加载装置;3-上承载板;4-下承载板

(2)预压

试验前应对支座进行预压,预压荷载为该试验支座的竖向设计承载力。将支座以连续均匀的速度加载到预压荷载,在整个摩擦系数试验过程中保持不变。其预压时间为1h。

(3)正式加载用水平力加载装置连续均匀地施加水平力

①球形支座试样一发生滑动(水平拉力下降)时,即停止施加水平力,并由专用的测力传感器记录水平力值。

②依照以上相同的方法再连续重复进行4次。

(4)试验结果计算

第一次滑动记录初始值,实测摩擦系数取后4次(第2次至第5次)试验结果的算术平均值。

3)转动性能试验

转动性能试验所采用的试验装置,应由加载横梁、千斤顶加载系统、力传感器等组成。

(1)试样放置

试验选取两个相同规格型号的球形支座试样,将一个试样放置在压力机的下承载板上,另一个试样放置在加载横梁上,并对准中心位置,如图4-36所示。

(2)预压

试验前应对支座进行预压,预压荷载为该试验支座的竖向设计承载力。将支座以连续均匀的速度加载到预压荷载,并在整个转动试验过程中保持不变。

(3)正式加载

①用千斤顶以5kN/min的速率施加转动力矩,直至支座发生转动后千斤顶卸载。

②记录支座发生转动瞬间的千斤顶最大荷载。

(4)试验过程连续进行3次

(5)试验结果

①支座实测转动力矩按下列公式计算:

$$M_1 = \frac{P \cdot L}{2} \quad (4\text{-}28)$$

式中:M_1——支座实测转动力矩(N·m);
    P——千斤顶最大荷载(kN);
    L——转动力臂(mm)。

②试验结果取其3次试验的平均值。
4)水平承载力试验
(1)试样放置

将试样置于试验机的承载板上,将自平衡反力架及水平力试验装置组合配置好,如图4-37所示。

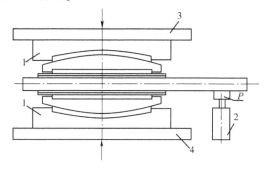

图4-36 转动性能试验示意图
1-试样;2-加载装置;3-上承载板;4-下承载板

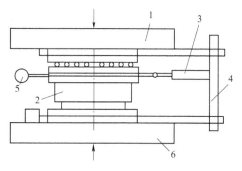

图4-37 水平承载力试验示意图
1-上承载板;2-试样;3-水平力试验装置;4-自平衡反力架;5-位移传感器;6-下承载板

(2)安装位移传感器

水平承载力试验荷载为支座水平承载力的1.2倍,将支座竖向承载力加至设计承载力的50%,将水平力加载至设计水平承载力的0.5%后,核对水平方向位移传感器(百分表)及水平千斤顶数据。确认无误后,进行预推。

(3)预推

支座竖向承载力加至设计承载力的50%持荷后,用水平承载力的20%进行预推,反复进行3次。

(4)正式加载

①将试验荷载由零至试验荷载均匀分为10级。
②试验时先将竖向承载力加至50%。
③以支座设计水平力的0.5%作为初始推力,逐级加载,每级荷载稳压2min后记录百分表数据。
④待水平承载力达到设计水平力的90%后,再将竖向承载力加至设计承载力。然后,将水平承载力加至试验荷载稳压3min后卸载至初始推力。正式加载过程连续进行3次。

(5)试验结果

①水平力作用下变形分别取2个百分表的平均值,绘制荷载水平变形曲线。
②支座水平承载力试验,在拆除装置后,检查支座变形是否恢复。

第五节 桥梁荷载试验

铁路桥梁是铁路基础设备的重要组成部分,具有技术性强、结构构造复杂、投资大、修建修复困难等特点。铁路桥梁在长期的运营中,除承受设计运营荷载外,还需经受列车提速、重载、超重货物列车的作用,遭受地震、洪水、泥石流等自然灾害的侵袭和风雨、冰冻、有害物质的侵蚀,以及车或船的意外撞击等。因此,做好铁路桥梁检定评估工作,对保证铁路运输安全畅通有着重要的意义。

铁路桥梁的检定方法,主要包括检查、检算和试验。

(1)检查是测定桥梁结构各部位和杆件截面的既有尺寸,检查各部位的病害和缺陷情况。

(2)检算是根据结构的既有尺寸、实际截面的大小和材料的容许应力,推算结构的承载能力;对于桥梁孔径和冲刷的检算是根据桥梁的既有高程、孔径大小、基础埋置深度以及水文、河床地质资料,求算其抗洪能力(桥梁的检定抗洪能力,以洪水频率衡量,应满足桥梁孔径检定洪水频率标准,在通过检定流量时,桥下净空高度、基础埋深均应满足有关规定)。

(3)检定试验可以直接了解结构在荷载作用下的实际工作状态,由专门组织的试验列车进行测试,根据桥梁的跨度及试验目的,决定单机或双机牵引以及车辆类型与辆数。试验分为静载试验和动载试验。

一、静载试验项目与方法

桥梁静载试验是按照预定的试验目的和试验方案,将静止的荷载作用在桥梁上的指定位置上,观测桥梁结构的静力位移、静力应变、裂缝、沉降等参量的试验项目;然后根据有关规范和规程的指标,判断桥梁结构的承载能力以及在荷载作用下的工作性能。

1. 静载试验项目

1)静载试验的测试内容

桥梁的静载试验,一般需进行以下测试:

(1)结构的竖向挠度、侧向挠度和扭转变形。每个跨度内至少有3个测点,并取得最大的挠度及变形值,同时观测支座下沉值。

(2)记录控制截面的应力分布,并取得最大值和偏载特性。沿截面高度不少于5个测点,包括上、下缘和截面突变处。有些结构需测试支点及其附近、横隔板附近的剪应力和主拉应力,此时需将应变计布成应变花。

(3)支座的伸缩、转角、沉降;墩顶位移及转角。

(4)仔细观察是否已出现裂缝及出现初始裂缝时所加的荷载,标明裂缝出现的位置、方向、长度、宽度及卸载后闭合的情况。如果结构的控制截面变形,应力或裂缝扩展,在尚未加到预计最大试验荷载前,已提前达到或超过设计标准的允许值,应立即停止加载,同时注意观察裂缝扩展情况,撤离仪器和人员。

(5)卸载后的残余变形。对于特殊结构而言,如悬索桥和斜拉桥,尚需观察索力和塔的变位并进行支座的测定。

2)加载试验项目的确定

为了满足鉴定桥梁承载力的要求,荷载工况选择应反映桥梁设计的最不利受力状态,简单结构可选1~2个工况,复杂结构可适当多选几个工况,但不宜过多。进行各荷载工况布置时可参照截面内力(或变形)影响线进行。

此外,对桥梁施工中的薄弱截面或缺陷修补后的截面可以专门进行荷载工况设计,以检验该部位或截面对结构整体性能的影响。

使用车辆加载而又未安排动载试验项目时,可在静载试验项目结束后,将加载车辆(多辆车则相应地进行排列)沿桥长慢速行驶一趟,以全面了解荷载作用于桥面不同部位时结构承载状况。

2.静载试验的前期工作

1)试验荷载的确定

桥梁试验可根据不同的试验目的、结构形式及桥梁跨度,采用下列荷载作为试验荷载:

(1)铁路荷载:单机、双机联挂、三机联挂、重车或空重混编列车、特种大型车辆等;

(2)公路荷载:载重汽车、履带式车辆、半挂车、全挂车、特种大型车辆等;

(3)其他荷载:千斤顶、激振器、弹性聚能力锤、环境微振动等。

试验要求各种荷载装载正确。公铁两用桥可选择公路荷载与铁路荷载同时或分别加载。重要的结构试验应组织专门的试验列车封锁线路进行。

桥梁环境微振动测量,应选择场地环境最安静时刻进行。

2)静载试验效率

根据《铁路桥梁检定规范》,试验荷载要求其荷载效率 η 达到 $0.80 \leq \eta \leq 1.00$;在有困难时可稍予降低,但不得小于现行最大运行荷载。病害桥梁的试验荷载应慎重选择。

$$\eta = \frac{S_{\text{star}}}{S(1+\mu)} \quad (4\text{-}29)$$

式中:S_{star}——试验荷载作用下,检测部位的变位或力的计算值;

S——标准荷载作用下,检测部位的变位或力的计算值;

$1+\mu$——检定取用的动力系数。

公铁两用桥试验荷载效率的 η 值:对仅承受铁路荷载的杆件为铁路标准荷载,对仅承受公路荷载的杆件为公路标准荷载,对同时承受公铁荷载的杆件为铁路标准活载加75%公路标准荷载。

荷载试验宜选择温度稳定的季节和天气进行。当温度变化对桥梁结构内力影响较大时,应选择温度内力较不利的季节进行荷载试验,否则应考虑用适当增大静载试验效率 η_q,来弥补温度影响对结构控制截面产生的不利内力。

3)静载加载方法

根据《铁路桥梁检定规范》,静荷载轮位应加载在影响线最不利位置处,轮位允许偏差为 ±10cm,动载试验车速测试允许偏差为 ±2%。

静荷载的加载持续时间:不同材质桥梁的结构变形的稳定时间不同,当结构最后5min内的变形值小于仪器的最小分辨值时,可认为结构已相对稳定,这时可进行仪器读数。试验要按预定的"试验程序表"进行,但在执行过程中遇有不测事件时,应立即作出调整甚至终止试验。在做超出线路规定速度的试验时,应会同有关线路人员随时检查桥上及两端线路的技术状态。试验结束后,应对结构进行一次全面的检查,并做好记录。

4)测点布设

(1)主要测点的布设

测点的布设不宜过多,但要保证观测质量。有条件时,同一测点可用不同的测试方法进行校对,一般情况下,对主要测点的布设应能控制结构的最大应力(应变)和最大挠度(或位移)。几种常用桥梁体系的主要测点布设如下:

①简支梁桥:跨中挠度,支点沉降,跨中截面应变。

②连续梁桥:跨中挠度,支点沉降,跨中和支点截面应变。

③悬臂梁桥:悬臂端部挠度,支点沉降,支点截面应变。

④拱桥:跨中,$L/4$ 处挠度,拱顶、$L/4$ 和拱脚截面应变。

挠度观测测点一般布置在桥中轴线位置。截面抗弯应变测点应设置在截面横桥向应力可能分布较大的部位,沿截面上、下缘布设,横桥向测点设置一般不少于3处,以控制最大应力的分布。

当采用测点混凝土表面应变的方法来确定钢筋混凝土结构中钢筋承受的拉力时,考虑到混凝土表面已经和可能产生的裂缝对观测的影响,测点的位置应合理进行选择。如凿开混凝土保护层直接在钢筋上设置拉应力测点,则在试验完后必须修复保护层。

(2)其他测点的布设

根据桥梁调查和检算工作的深度,综合考虑结构特点和桥梁目前状况等,可适当加设以下测点:

①挠度沿桥长或沿控制截面桥宽方向分布;
②应变沿控制截面桥宽方向分布;
③应变沿截面高分布;
④组合构件的接合面上、下缘应变;
⑤墩台的沉降、水平位移与转角,连拱桥多个墩台的水平位移;
⑥剪切应变;
⑦其他结构薄弱部位的应变;
⑧裂缝的监测测点。

一般应实测控制断面的横向应力增大系数,当结构横向联系构件质量较差,联结较弱时则必须测定控制截面的横向应力增大系数。简支梁跨中截面横向应力增大系数的测定,既可采用观测跨中沿桥宽方向应变变化的方法,也可采用观测跨中沿桥宽方向挠度变化的方法进行计算或用两种方法互校。

对于剪切应变测点一般采取设置应变花的方法进行观测。为了方便,对于梁桥的剪应力也可在截面中性轴处主应力方向设置单一应变测点来进行观测。梁桥的实际最大剪应力截面应设置在支座附近而不是支座上。

(3)温度测点的布设

选择与大多数测点较接近的部位设置1~2处气温观测点,此外可根据需要在桥梁主要测点部位设置一些构件表面温度观测点。

5)试验仪器设备

桥梁静载试验时需测结构的反力、应变、位移、倾角、裂缝等物理量,应选择适当的仪器进行量测。常用的仪器有百分表、千分表、位移计、应变仪、应变计(应变片)、精密水准仪、经纬仪、倾角仪、刻度放大镜等。这些测试仪器按其工作原理可分为机械测试仪器、电测仪器、光测仪器等。机械式仪器具有安装与使用方便、迅速、读数可靠的优点,但需要搭设脚手架,而且使用试验人员较多,观测读数费时,不便于自动记录;电测仪表安装调试比较麻烦,影响测试的精度的因素也较多,但测试记录仪较方便,便于数据自动采集记录,操作安全。荷载试验应根据测试内容和量测值的大小选择仪器,试验前应对测试值进行理论分析估计,选择仪器的精度和量测范围。

3.静载试验过程

静载试验应在现场统一指挥下按计划有秩序进行。首先检查不同分工的测试人员是否各司其职;交通管理、加载(或驾驶员)和联络人员是否到位;加载设备、通信设备和电源(包括备用电源)是否准备妥当;加载位置测点放样和测试仪器安装是否正确。然后调试仪器

(自动记录时对测试仪表数据采集和记录设备进行联结),利用过往车辆(或初试荷载)检查各测点的观测值的规律性,使整个测试系统进入正常工作状态。随后记录气候天气情况和试验开始时间,进行正式试验。试验按预定的"试验程序表"进行,但在执行过程中遇有不测事件时,应立即作出调整甚至终止试验。

1)试验观测与记录

(1)温度稳定观测

仪表安装完毕后,一般在加载试验之前应对各测点进行一段时间的温度稳定观测,中间可每隔10min读数一次。观测时间应尽量选择在加载试验时,外界气候条件对观测造成误差小的时间段,如凌晨时段,温度变化小等。

(2)仪表的测读与记录

人工读表时,仪表的测读应准确、迅速,并记录在专门的表格上,以便于资料的整理和计算。记录者应对所有测点量测值变化情况进行检查,看其变化是否符合规律,尤其应着重检查第一次加载时量测值变化情况。对工作反常的测点应检查仪表安装是否正确,并分析其他可能影响其正常工作的原因,及时排除故障。对于控制测点应在故障排除后重复一次加载测试项目。

当采用仪器自动采集数据记录时,应对控制点的应变和位移进行监控;测试结果规律异常时,应查明原因采取补救措施。

(3)裂缝观测

加载试验中裂缝观测的重点是结构承受拉力较大部位及旧桥原有裂缝较长、较宽的部位。这些部位应测量裂缝长度、宽度,并在混凝土表面沿裂缝走向进行描绘。加载过程中观测裂缝长度及宽度的变化情况,可直接在混凝土表面进行描绘记录,也可采用专门表格记录。加载至最不利荷载及卸载后应对结构裂缝进行全面检查,尤其应仔细检查是否产生新的裂缝,并将最后检查情况填入裂缝观测记录表,必要时可将裂缝发展情况绘制在裂缝展开图上。

2)加载实施与控制

(1)加载程序

加载应在指挥人员指挥下严格按计划程序进行。采用重物加载时按荷载分级逐级施加,每级荷载堆放位置准确、整齐稳定。荷载施加完毕后,逐级卸载。采用车辆加载时,先由零载加至第一级荷载,卸载至零载;再由零载加至第二级荷载,卸至零载,直至所有荷载施加完毕(有时为了确保试验结果准确无误,每一级荷载重复施加1~2次),每一级荷载施加次序为纵向先施加重车,后施加两侧标准车;横向先施加桥中心的车辆,后施加外侧的车辆。

(2)加载稳定时间控制

为控制加卸载稳定时间,应选择一个控制观测点(如简支梁的跨中挠度或应变测点),在每级加载(或卸载)后立即测读一次,计算其与加载前(或卸载前)测读值之差值S_g,然后每隔2min测读一次,计算2min前后读数的差值Δ_s,并按下式计算相对读数差值m:

$$m = \frac{\Delta_s}{S_g} \tag{4-30}$$

当m值小于1%或小于量测仪器的最小分辨值时即认为结构基本稳定,可进行各观测点读数。但当进行主要控制截面最大内力荷载工况加载程序时,荷载在桥上稳定时间应不少于5min,对尚未投入营运的新桥应适当延长加载稳定时间。某些桥梁,如拱桥,有时当拱上建筑或桥面系参与主要承重构件的受力,因连接较弱或变形缓慢,造成测点观测值稳定时间较长,如结构的实测变位(或应变)值远小于计算值,可将加载稳定时间定为 20~30min。

(3)加载过程的观察

加载试验过程应对结构控制点位移(或应变)、结构整体行为和薄弱部位破损实行监控,并将结果随时汇报给指挥人员作为控制加载的依据。随时将控制点位移与计算结果比较,如实测值超过计算值较多,则应暂停加载,待查明原因再决定是否继续加载。试验人员如发现其他测点的测值有较大的反常变化也应查找原因,并及时向试验指挥人员报告。加载过程中应指定人员随时观察结构各部位可能产生的新裂缝,注意观察:构件薄弱部位是否有开裂、破损,组合构件的接合面是否有开裂错位、支座附近混凝土是否开裂、横隔板的接头是否拉裂、结构是否产生不正常的响声、加载时墩台是否发生摇晃现象等等。如发生这些情况应报告试验指挥人员,以便采取相应的措施。

(4)终止加载控制条件

发生下列情况应中途终止加载:

①控制测点应力值已达到或超过用弹性理论按规范安全条件反算的控制应力值时;
②控制测点变位(或挠度)超过规范允许值时;
③由于加载,使结构裂缝的长度、缝宽急剧增加,新裂缝大量出现,缝宽超过允许值的裂缝大量增多,对结构使用寿命造成较大的影响时;
④拱桥加载时沿跨长方向的实测挠度曲线分布规律与计算相差过大或实测挠度超过计算值过多时;
⑤发生其他损坏,影响桥梁承载能力或正常使用时。

3)试验数据分析

(1)对静载试验资料应得到的结果

①根据截面上实测的纤维应力,用数解法或图解法计算出构件的轴向应力 σ_0、竖向弯曲应力 σ_x、侧向弯曲应力 σ_y 及约束扭转应力 σ_t,并求出构件或截面的结构校验系数 ξ_σ 和截面次应力系数 m。

$$\xi_\sigma = \frac{\text{截面实测竖向弯曲应力}}{\text{截面理论竖向弯曲应力}}$$

$$m = \frac{\text{杆件实测最大纤维应力}}{\text{杆件实测轴向应力}}$$

②根据实测的结构整体位移值(跨中挠度与支座位移等)与理论计算值比较,求出挠度(或支座位移)的结构校验系数:

$$\xi_\delta = \frac{\text{实测跨中挠度}}{\text{理论跨中挠度}}$$

$$\xi_\Delta = \frac{\text{实测支座位移}}{\text{理论支座位移}}$$

(2)试验资料的修正

①测值修正。根据各类仪表的标定结构进行测试数据的修正,如考虑机械式仪表校正系数、电测仪表率定系数、灵敏系数、电阻应变观测的导线电阻影响等。当这类因素对测值的影响小于1%时可不予修正。

②温度影响修正。温度对测试的影响比较复杂。结构构件的各部位不同的温度变化、结构的受力特性、测试仪表或元件的温度变化、电测元件的温度敏感性、自补性等均对测试

精度造成一定的影响,逐项分析这些影响是困难的。一般可采用综合分析的方法来进行温度影响修正,即利用加载试验前进行的温度稳定观测数据,建立温度变化(测点处构件表面温度或空气温度)和测点测值(应变和挠度)变化的线性关系,然后按下式进行温度修正计算:

$$S = S' - \Delta t K_t \tag{4-31}$$

式中:S——温度修正后的测点加载测值变化;

S'——温度修正前的测点加载测值变化;

Δt——相应于 S' 观测时间段内的温度变化(℃);

K_t——空载时温度上升 1℃,测点测值变化量。

温度变化量的观测对应变宜采用构件表面温度,对挠度宜采用气温。温度修正系数 K_t 应采用多次观测的平均值,如测值变化与温度变化关系不明显时则不能采用。由于温度影响修正比较困难,一般不进行这项工作,而采取缩短加载时间、选择温度稳定性较好的时间进行试验等办法尽量减小温度对测试精度的影响。

③支点沉降影响的修正。当支点沉降量较大时,应修正其对挠度值的影响,修正量 C 可按下式计算:

$$C = \frac{l-x}{l}a + \frac{x}{l}b \tag{4-32}$$

式中:C——测点的支点沉降影响修正量;

l——A 支点到 B 支点的距离;

x——挠度测点至 A 支点的距离;

a——A 支点沉降量;

b——B 支点沉降量。

(3)各测点变化(挠度、位移、沉降)与应变的计算

根据量测数据进行下列计算:

总位移(或应变):$S_t = S_l - S_i$

弹性位移(或应变):$S_e = S_l - S_u$ \hfill (4-33)

残余位移(或应变):$S_p = S - S_e = S_u - S_i$

式中:S_i——加载前测值;

S_l——加载达到稳定时测值;

S_u——卸载后达到稳定时测值。

用相对残余位移(或应变)来表示:

$$\Delta S_p = \frac{S_p}{S_t} \times 100\% \tag{4-34}$$

式中:ΔS_p——相对残余位移(或应变)。

实际加载试验中产生的相对残余变形(或应变),对预应力混凝土与组合结构一般不允许大于 20%;对钢筋混凝土和圬工结构一般不允许大于 25%。

4)校验系数 λ

校验系数 λ 应包括应变(或应力)校验系数及挠度校验系数。其值应按下式计算。

$$\lambda = \frac{S_e}{S_s} \tag{4-35}$$

式中：λ——校验系数；

S_e——控制荷载产生的同一加载控制截面内力或位移的最不利效应计算值；

S_s——某一加载试验项目对应的加载控制截面内力或位移的最大计算效应值。

常见桥梁结构试验的应变(或应力)、挠度校验系数应符合表4-14的常值范围。

常见桥梁结构校验系数常值表　　　表4-14

桥 梁 类 型	应变(或应力)检验系数	挠度校验系数
钢筋混凝土板桥	0.20~0.40	0.20~0.50
钢筋混凝土梁桥	0.40~0.80	0.50~0.90
预应力混凝土桥	0.60~0.90	0.70~1.00
圬工拱桥	0.70~1.00	0.80~1.00
钢筋混凝土拱桥	0.50~0.90	0.50~1.00
钢桥	0.75~1.00	0.75~1.00

5）裂缝

裂缝图应按试验过程中裂缝的实际开裂情况进行测绘。当裂缝数量较少时，可根据试验前后观测情况及裂缝观测表对裂缝状况进行描述；当裂缝发展较多时，应选择结构有代表性部位描绘裂缝展开图，图上应注明各加载程序裂缝长度和宽度的发展。

图4-38是一段T形梁的裂缝图示意。对于T形或矩形截面的梁，可以先画出梁底面和两侧面的展开图，然后在图上画出裂缝的走向，标清楚裂缝的宽度及相应的荷载大小。

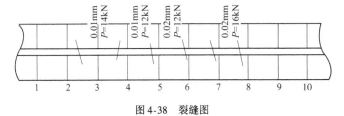

图4-38　裂缝图

二、桥梁动载试验

在工程结构所受的荷载中，除了静荷载外，往往还会受到动荷载的作用。所谓动荷载，通俗地讲，即是随时间而变化的荷载。桥梁结构在车辆、人群、风力和地震等动力荷载作用下产生振动，桥梁在动力荷载作用下的受力分析是桥梁结构分析的又一重要任务。桥梁的振动问题影响因素复杂，仅靠理论分析还不能满足工程应用的需要，需要理论分析与试验测试相结合的方法解决，桥梁动载试验就成为解决该问题必不可少的手段。动载试验是试验荷载以不同速度通过试验桥梁进行动应变、动位移、竖向与横向振动的测定，以了解结构的动力系数、振动特性(振幅、频率、模态振型和阻尼比)等，据以判断结构在动载作用下的工作状态。

结构振动问题涉及振源(输入)、结构(系统)和响应(输出)。它们的关系，见图4-39。

图4-39　振源、结构和响应三者间的关系

在结构振动问题中输入、系统和输出中知其中两者，可以求第三者，所以桥梁的动载试验可以划分为如下3类基本问题：

（1）测定桥梁荷载的动力特性(数值、方向、频率等)。

(2)测定桥梁结构的动力特性(自振频率、阻尼、振型等)。

(3)测定桥梁在动荷载作用下的响应(动位移、动应力等)。

桥梁的振动试验涉及很宽的范畴,如模拟地震试验、抗风试验、疲劳试验等。本节着重介绍桥梁结构动力特性和动载响应的试验与分析。

1. 动载试验的常用仪器设备

结构振动的测试仪器包括:测振传感器、信号放大器、光线示波器和数字信号处理机。近年振动信号分析处理技术发展很快,已开发出多种以 A/D 转换和微机结合的数据采集和分析一体化的智能仪器,可以进行实时数据采集分析,并能实现数据储存。

1)测振传感器

振动参数有位移、速度和加速度。测量这些振动参数的传感器有许多种类。但由于振动测量的特殊性,如测量时难以在振动体附近找到一个静止点作为测量的基准点,所以就需要使用惯性式测振传感器。通常所指的测振传感器即为惯性式测振传感器(以下简称为测振传感器)。测振传感器的基本原理为:由惯性质量、阻尼和弹簧组成一个动力系统,这个动力系统固定在振动体上(即传感器的外壳固定在振动体上),与振动体一起振动通过测量惯性质量相对于传感器外壳的运动,就可以得到振动体的振动,如图 4-40 所示。由于这是一种非直接的测量方法,所以,这个传感器动力系统的动力特性对测量结构具有很重要的影响。

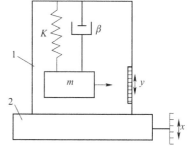

图 4-40 测振传感器力学原理
1-传感器;2-振动体

拾振器的选用原则有以下几点:

(1)灵敏度。传感器灵敏度当然越高越好,但是当灵敏度很高时,与测量无关的噪声也容易混入,并且也同样被放大,这就要求拾振器的信噪比越大越好。与灵敏度密切相关的量程范围要注意,当输入量超出拾振器标定的线性范围时,除非有专门的非线性校正措施,否则拾振器不应进入非线性区域,更不能进入饱和区。

当被测量的是一个向量,并且是一维向量时,要求拾振器单向灵敏度越高越好,而横向灵敏度越小越好;如被测量的是二维或三维向量,则要求拾振器的交叉灵敏度越小越好。

(2)线性度。任何拾振器都有一定的线性范围,线性范围宽,工作量程则大。

(3)稳定性。这里说的稳定性包括两方面:一是拾振器受现场环境影响后的使用性能的稳定;二是拾振器使用一段时间后,其性能指标会受各种因素的影响,一般须重新标定。

(4)精度。拾振器能否真实地反映被测量值大小对整个测试有直接影响,但是也并非要求拾振器的精度越高越好,还应考虑经济性。

(5)工作方式。拾振器的工作方式首先是要看它的安装方式,是惯性式还是非惯性式,是接触式还是非接触式等;其次要结合拾振器与被测物的传感关系,选择能使拾振器恰当工作的方式安装测量。

2)信号放大器

信号放大器的种类很多,它们之间的输入和输出特性、频响特性等往往都是根据所配拾振器而定,如磁电式位移计通常要求匹配带有微积分电路的电压放大器,以便求得速度、加速度等力学量;压电式加速度计因为它的输出阻抗相当高,一般配电荷放大器,主要是从电学原理出发,使拾振器传来的信号真实地放大,输出又能适应各种二次仪表的要求。

3）滤波器

在测试系统中，拾振器接放大器送出的信号有时包含许多与测量无关的信号（噪声）成分；去掉这些噪声信号而获得有用信号的方法之一就是采用滤波器，滤波器是实现电信号滤波的装置。

滤波器是一种选择装置，可以使信号中有用的成分通过，滤去不需要的成分。根据它的选频特点，滤波器有低通（通带 $0 \sim f_c$）、高通（通带 $f_c \sim \infty$）、带通（通带 $f_{c1} \sim f_{c2}$）、带阻（通带 $0 \sim f_c, f_c \sim \infty$）四种。桥梁测振中最常用的是低通滤波器，有时也用带通滤波器。

滤波器根据处理信号的不同，分成模拟和数字式两类，测试仪器中使用较多的是模拟滤波，目前数字滤波技术的发展相当快，一些数据处理设备往往带有数字滤波功能。

4）显示记录仪器

各种显示记录仪器是测振系统人机联系的纽带，一套由拾振器测量到放大器放大的振动信号，必须通过显示记录，才能供人们直接观察和分析，才能进一步处理。

2. 测试系统的选配

根据常用的一些测振仪器的性能，一般可构成电磁式测试系统、压电式测试系统和电阻应变式测试系统3种测试系统。

1）电磁式测试系统

电磁式测试系统在桥梁的动力测试中应用较为普遍，这类系统通过仪器的组合变换可测位移、速度和加速度。电磁式测试系统的特点是输出信号强、灵敏度高、稳定性好、传感器输出阻抗低、长导线的影响较小，因此抗干扰性能好。系统的组成见图4-41。

图4-41 电磁式测试系统的组成

2）压电式测试系统

压电式测试系统一般用于量测加速度。由于压电式传感器具有高输出阻抗的特性，要求与输入阻抗很高的放大器相连，因此放大器输入阻抗的大小将对测试系统的特性产生重大影响。由于压电式传感器自振频率较高，因此可测频响较宽，但系统抗干扰性差。长导线对阻抗影响较大，易受电磁场干扰。配套的前置放大器有两种基本形式：一种是电压放大器，它的输出电压正比于输入电压；另一种是电荷放大器，它的输出电压正比于压电传感器输出电荷。这两种前置放大器各具特点，电压放大器的输出电压受输出电缆长度的影响，低频特性也受其他输出电阻的影响，由这种放大器组配的系统适用于一般频率范围的动力测试；电荷放大器不受传输电缆分布电容的影响，低频特性也很少受输入电阻的影响，使用频率可达到零，它适用于低频或超低频长距离的动力测试。系统的组成见图4-42。

图4-42 压电式测试系统的组成

3）电阻应变式测试系统

电阻应变式测试系统中传感器的种类较多，例如应变计、位移计、加速度计等，需配套使用的放大器是各类动态电阻应变仪，记录装置为常用的光线振子示波器。这类测试系统的低频响应好，可从零赫兹开始。动态电阻应变仪可作为各类电阻应变式传感器的放大器。但这类测试系统易受温度的影响，抗干扰性能较差，长导线对灵敏度也有影响。电阻应变式测试系统中各部分仪器具有通用性强、应用方便等特点，在桥梁动力试验中应用普遍。系统的组成见图4-43。

图 4-43 电阻应变式测试系统的组成

3. 动力特性的测试方法

1) 自由振动法

自由振动法的特点是使桥梁产生有阻尼的自由衰减振动,记录到的振动图形是桥梁的衰减振动曲线。为使桥梁产生自由振动,一般常用突加荷载和突卸荷载两种方法。

(1) 突加荷载法

在被测桥梁结构或构件上急速地施加一个冲击作用力,由于施加冲击作用的时间短促,因此施加于结构的作用实际上是一个冲击脉冲作用。由振动理论可知,冲击脉冲的功能传递到结构振动系统的时间,要小于振动系统的自振周期,并且冲击脉冲一般都包含了从零到无限大的所有频率的能量,它的频谱是连续谱,只有被测结构固有频率与之相同或很接近时,冲击脉冲的频率分量才对结构起作用,从而激起结构以其固有频率作自由振动。

突加荷载分垂直加载和水平加载两类,见图 4-44 与图 4-45。

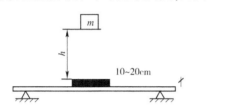
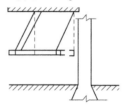

图 4-44 垂直自由落体突加荷载法　　图 4-45 水平撞击式突加荷载法

(2) 突卸荷载法

采用突然卸载法时,在结构上预先施加一个荷载作用,使结构产生一个初位移,然后突然卸去荷载,利用结构的弹性使其产生自由振动。图 4-46 所示为卸载法的简单激振装置。

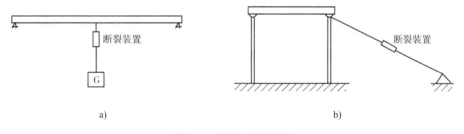

a)　　　　　　　　　　　　　　b)

图 4-46 卸载法激振装置

2) 共振法

共振法是利用专门的激振器对结构施加简谐动荷载,使结构产生稳态的强迫简谐振动借助对结构受迫振动的测定,求得结构动力特性的基本参数。

该方法由激振器产生稳态简谐振动,使被测建筑物发生周期性强迫振动,当激振器的频率由低到高(扫频)时,即可得到一组振幅(A)←频率(f)的关系曲线,如图 4-47 所示。

强迫振动频率可由激振设备的信号发生器上调节并读取,或由专门的测速、测频仪上读取。振幅 A 由安装在被测结构上的拾振器传感,由测

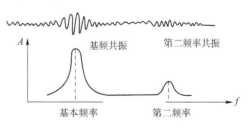

图 4-47 共振时的振动图形和振动曲线

振仪器系统记录。当强迫振动频率与结构自振频率相同时即共振。若结构为多自由度体系,则会对应每一阶振型出现多个峰值(见图4-47),即第一频率、第二频率、第三频率,由此可得出此建筑物的各次自振频率,并可从共振曲线 A-f 上得出其他自振参数。

3)脉动法

对于大跨度悬吊结构,如悬索桥、斜拉索桥跨结构、塔墩以及具有分离式拱肋的大跨度下承式或中承式拱桥,可利用结构由于外界各种因素所引起的微小而不规则的振动来确定结构动力特性。这种微振动通常称为"脉动",它是由附近的车辆、机器等振动或附近地壳的微小破裂和远处的地震传来的脉动所产生。

结构的脉动有一重要特性,就是它能明显地反映出结构的固有频率。由于结构的脉动是因外界不规则的干扰所引起的,因此它具有各种频率成分,而结构的固有频率的谐量是脉动的主要成分,在脉动图上可直接量出。如图4-48 所示结构脉动记录曲线,振幅呈现有规律的增减现象,凡振幅大波形光滑之处的频率都相同,而且多次重复出现,此频率即为结构的基频。如果在结构不同部位同时进行检测,记录在同一记录纸上,读出同一瞬时各测点的振幅值,并注意它们之间的相位关系,则可分析得到某一固有频率的振型。

图4-48 结构脉动曲线

在桥梁结构的正常运营条件下,经常作用于结构上的动力荷载是各类车辆荷载,在进行桥梁的动载试验中,首先应考虑采用车辆荷载作为试验荷载,以便确定桥梁在使用荷载作用下的动力特性及响应。对需要考虑风动荷载或地震荷载的桥梁,应结合桥梁的结构形式做进一步的研究。

4. 桥梁结构自振特性的测定与分析

桥梁结构的动力特性(例如结构的固有频率、阻尼系数和振型等)只与结构本身的固有性质有关(如结构的组成形式、刚度、质量分布和材料的性质等),而与荷载等其他条件无关。结构的动力特性是结构振动系统的基本特性,是进行结构动力分析所必需的参数。

对于比较简单的结构,一般只需结构的一阶频率,对于较复杂的结构动力分析,还应考虑第二、第三甚至更高阶的固有频率及相应的振型。至于系统的阻尼特性只能通过试验的方法确定。

桥梁在实际的动荷载作用下,结构各控制部位的动力响应,如振幅、频率、速度和加速度以及反映结构整体动力作用的冲击系数等,除了可用来分析结构在动荷载作用下的受力状态外还可验证或修改理论计算值,并作为结构设计的依据。

1)结构动力系数的测定

在动力荷载作用下,桥梁结构某些部位的振动参数如振幅、频率、位移、应力等的测定,可根据试验的具体要求和结构的形式布置测点,采用适当的仪表进行测试。动力荷载作用于结构上产生的动挠度,一般较同样的静荷载所产生的相应静挠度要大。动挠度与静挠度的比值称为活荷载的冲击系数。由于挠度反映了桥跨结构的整体变形,是衡量结构刚度的主要指标,因此活载冲击系数综合反映了荷载对桥梁的动力作用。它与结构的形式、车辆运行速度和桥面的平整度等有关。

桥梁动载试验可以从动挠度、竖向振动、动应力等项的实测波形获得相应的动力系数。

(1) 从动挠度波形获得(图4-49)

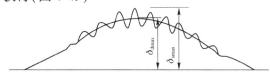

图4-49 移动荷载作用下结构变形曲线

$$1 + \mu = \frac{\delta_{\text{dmax}}}{\delta_{\text{smax}}} \quad (4-36)$$

式中：δ_{dmax}——实测最大动挠度值；

δ_{smax}——本次波形的振幅中小轨迹线的顶点值，或低速(准静态)最大挠度值。

(2) 从竖向振动波形获得(图4-50)

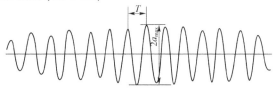

图4-50 竖向振动波形

$$1 + \mu = 1 + \frac{a_{\text{max}}/\beta}{\delta_{\text{smax}}} \quad (4-37)$$

式中：β——相应于T(振动周期)的动态放大倍数；

a_{max}——实测最大竖向振幅；

δ_{smax}——静载挠度实测值。

(3) 从应力波形获得(图4-51)

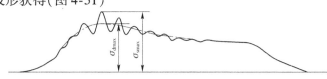

图4-51 动应力波形

$$1 + \mu = \frac{\sigma_{\text{dmax}}}{\sigma_{\text{smax}}} \quad (4-38)$$

式中：σ_{dmax}——实测最大动应力值；

σ_{smax}——本次波形的振幅中心轨迹线的顶点值，或低速(准静态)最大应力值。

2) 桥梁振动时域波形的判读

对预检后的桥梁时域波形样本进行判读，目视检查或进行合成频谱分析，确认结构的各种特征频率。

3) 桥梁振动的实际振幅A

(1) 基线两侧基本对称的振动波形(图4-52)，振幅可由峰值$2a$得出：

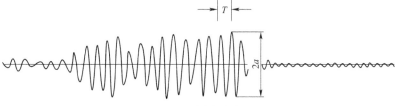

图4-52 对称振动波形

$$A = \frac{1}{2}\left(\frac{2a}{\beta}\right) \tag{4-39}$$

（2）基线两侧很不对称的振动波形（图4-53），振幅应由单峰值得出：

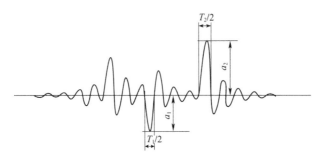

图4-53 基线两侧不对称振动波

$$A_1 = \frac{a_1}{\beta_1} ; A_2 = \frac{a_2}{\beta_2} \tag{4-40}$$

式中：β、β_1、β_2——对应于 T、T_1、T_2（T、T_1、T_2 为振动对应的不同周期）的动态放大倍数。

4）最大振幅推断值

根据同一速度级（货列级差为10km/h，客列级差为20km/h），共振区段均为5km/h的多次同模式列车编组样本，分别读取的机车和车辆（或客车）最大振幅值 $A_{i\max}$，按超越概率5%的计算最大振幅推断值（A_{I}），即

$$A_{\mathrm{I}} = \overline{A_{\max}} + 1.645\sigma \tag{4-41}$$

式中：$\overline{A_{\max}}$——每一样本中所选择的最大振幅 $A_{i\max}$ 的均值；
　　　σ——方差。

$$\overline{A_{\max}} = \frac{1}{N}\sum_{i=1}^{n} A_{i\max} \tag{4-42}$$

5）结构各阶振动的固有频率和阻尼比特性

（1）由实测时域余振波形的自由振动衰减曲线（图4-54）确定

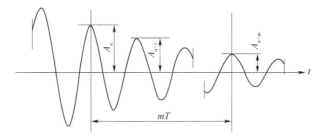

图4-54 自由衰减振动波形

固有频率 $$f_{\mathrm{o}} = \frac{m}{mT} \tag{4-43}$$

阻尼比 $$D = \frac{1}{2\pi} \cdot \frac{1}{m} \ln \frac{A_n}{A_{n+m}} \tag{4-44}$$

式中：m——自由振动衰减波形图上取振幅的整周期波数。

（2）由环境微振动频谱分析确定

固有频率 $$f_o = \frac{\omega_o}{2\pi} \tag{4-45}$$

阻尼比 $$D = \frac{\Delta\omega}{2\omega_o} \tag{4-46}$$

6）结构强迫振动频率

结构强迫振动频率截取振动时域波形样本中机车和车辆（或客车）的最大振幅时段的波形段，分别作最大熵法频谱分析，求取机车和车辆（或客车）对结构产生的强迫振动频率。当该时域波形呈现共振形态时，最大熵法频谱分析得出的强迫振动频率即为结构在该荷载下的有载自振频率。

7）列车在桥上的脱轨系数和减载率

列车在桥上的脱轨系数和减载率按如下方式分析：

（1）最大车辆脱轨系数 Q/P：机车、车辆轮对左右股钢轨同一瞬间产生的最大 Q/P 值（列出 Q 与 P 值）。Q 为车轮作用于钢轨上的横向力；P 为车轮作用于钢轨上的垂直力。

（2）最大车辆轮重减振率 $\Delta P/\overline{P}$ 值：机车、车辆轮对左右车轮，同一瞬间在左右股钢轨上发生的最大 $\Delta P/\overline{P}$ 值。

$$\overline{P} = \frac{P_1 + P_2}{2} \tag{4-47}$$

$$\Delta P = \left|\frac{P_1 - P_2}{2}\right| \tag{4-48}$$

式中：P_1、P_2——实测左右轮重；

$\overline{P}$——减载和增载侧车轮的平均轮重；

ΔP——轮重减载量。

复习思考题

1. 简述平板载荷试验沉降观测装置安装要求。
2. 简述桩底沉淀厚度检测的方法及沉淀厚度的设计要求。
3. 简述低应变反射波法现场检测技术。
4. 简述声波透射法检测过程。
5. 预应力锚具、夹具和连接器进场验收包括哪些检测项目？应如何进行检测？
6. 板式橡胶支座试验检测项目有哪些？并简述抗压弹性模量试验的加载过程。
7. 简述桥梁静载试验测点布设的要求。
8. 简述桥梁静载试验终止加载条件。
9. 简述桥梁动载试验动力特性的测试方法有哪些？

第五章 隧道工程试验检测

教学目标

1. 熟悉基坑支护结构质量检测项目与检测方法。
2. 熟悉地层超前支护及加固质量检查方法。
3. 会进行隧道开挖质量检测。
4. 掌握隧道初期支护施工质量检测方法。
5. 熟悉隧道防水施工质量检测方法。
6. 掌握隧道衬砌施工质量检测方法。

城市轨道交通工程按轨道相对于地面的位置可分为地下轨道、地面轨道和高架轨道3类。其中,采用隧道方案的地下轨道虽然成本高,但从减少对城市的干扰,节约用地和环境保护的角度出发,大部分城市除市郊外,更多地采用了隧道方案。据统计,我国城市轨道交通中地下隧道部分占比高达70%。由于隧道自身的特点及其他方面的原因,隧道易出现质量问题,其中最常见的有隧道渗漏、衬砌开裂、限界受侵等。为保证地下轨道交通工程的质量,对隧道施工质量的检测工作便显得尤为重要。

第一节 基坑围护结构质量检测

城市轨道交通中基坑及竖井围护结构主要有基坑支护桩和地下连续墙等形式。由于基坑规模和开挖深度大,围护结构变形和稳定成为人们普遍关注的问题。如不严格控制质量,极有可能出现基底垫层或底板隆起翘裂、支护结构倾斜、偏位,甚至出现结构失稳,造成难以挽回的经济损失和社会影响。

一、基坑支护桩质量检测

基坑支护桩主要有工字钢桩沉桩、钢板桩沉桩和钻孔灌注桩等形式,现场应根据不同桩型特点针对不同项目进行检测控制。

(一)沉桩

沉桩根据施工方法可采用冲击或振动沉桩、静力压桩等形式。沉桩时,锚(桩)头就位应正确、垂直;沉桩过程中应随时检测。沉桩以线路中线为准,允许偏差为:纵向 ±100mm;横向 $^{+50}_{0}$ mm;垂直度 3‰。

工字钢桩应单根沉没,钢板桩应采用围檩法沉没。钢板桩围檩支架的围檩桩必须垂直、围檩水平,位置正确、牢固可靠。围檩支架应高出地面 1/3 桩长;最下层围檩距地面不宜大于 500mm;围檩间净距应比 2 根钢板桩组合宽度大 8~15mm。沉桩过程中,应随时检测校正桩的垂直度。

(二)钻孔灌注桩

基坑采用钻孔灌注桩时一般布置为排桩,可采用螺旋钻机成孔、泥浆护壁成孔等工艺。

1. 成孔

(1)采用泥浆护壁成孔时,排渣施工应符合下列规定:

①黏性土中成孔,可注入清水,以原土泥浆护壁,泥浆相对密度应控制在 1.1~1.2。

②砂土和较厚夹砂层中成孔,泥浆相对密度应控制在 1.1~1.3;在穿越砂夹卵石层或容易坍孔土层中成孔时,泥浆相对密度控制在 1.3~1.5。

③泥浆选用塑性指数 $I_p \geqslant 17$ 的黏土配制。

④施工中应经常测定泥浆相对密度,并定期测定黏度、含砂率和胶体率。其指标控制:黏度为 18~22s,含砂率为 4%~8%,胶体率不小于 90%。

(2)清孔施工应符合下列规定:

①孔壁土质不易坍塌时,可用空气吸泥机清孔。

②用原土造浆时,清孔后泥浆相对密度应控制在 1.1 左右。

③孔壁土质较差时,宜用泥浆循环清孔;清孔后泥浆相对密度应控制在 1.15~1.25。

④清孔过程中必须补足泥浆,并保持浆面稳定。

⑤清孔后立即吊放钢筋笼,并灌注水下混凝土。

2. 钢筋笼加工

(1)钢筋笼绑扎应牢固,其加工除满足设计要求外,尚应符合下列规定:

①导管灌注水下混凝土桩的钢筋笼内径应大于导管连接处外径 10cm 以上。

②钢筋笼应按吊装条件确定分段加工长度,并设置钢筋保护层定位装置和焊接吊装耳环。

③钢筋笼下端 0.5~0.8m 范围内主筋应稍向内侧弯曲呈倾斜状。

④箍筋间距不得大于 300mm,并宜采用螺旋筋。

⑤钢筋笼刚度较差时应补强,吊运中不得变形。

(2)钢筋笼制作允许偏差为:主筋间距 ±10mm;箍筋间距 ±20mm;钢筋笼直径 ±10mm,长度 ±50mm。

3. 混凝土灌注

混凝土必须具有良好的和易性,配合比应经试验确定。细集料宜采用中、粗砂,粗集料宜采用粒径不大于 40mm 卵石或碎石。坍落度:干作业成孔宜为 100~210mm,水下灌注宜为 160~210mm。

4. 成桩检验

(1)排桩施工偏差应符合下列规定:

①桩顶的允许偏差应为 50mm。

②桩垂直度的允许偏差应为 0.5%。

③预埋件位置的允许偏差应为 20mm。

④桩的其他施工允许偏差应符合现行行业标准《建筑桩基技术规范》(JGJ 94—2008)的规定。

(2)桩身完整性检测应符合下列规定:

①应采用低应变动测法检测桩身完整性,检测桩数不宜少于总桩数的 20%,且不得少于 5 根。

②当根据低应变动测法判定的桩身完整性为Ⅲ类或Ⅳ类时,应采用钻芯法进行验证,并应扩大低应变动测法检测的数量。

二、地下连续墙质量检测

地下连续墙是采用挖槽机械在泥浆护壁的条件下,在待施工地下结构物周边开挖出一条狭长的深槽,清槽后,在槽内吊放钢筋笼,并采用水下灌注混凝土的方式筑成一个单元槽段;如此逐段施工,在地下构成一道连续的钢筋混凝土墙壁,作为截水、防渗、承重、挡水结构。地下连续墙因为其刚度大、整体性强、位移控制效果好等突出的优点在地铁明挖基坑施工中得到了广泛应用。

地下连续墙主要施工工序包括:导墙施工、泥浆制备、挖槽施工、钢筋笼的制作及安装、水下混凝土灌注、连续墙墙底注浆等。为确保建设安全,必须对各工序进行严格控制、检查。

1. 导墙施工

槽段开挖前,应沿地下连续墙墙面两侧构筑导墙,其净距应大于地下连续墙设计尺寸 $40\sim60$ mm。导墙可采用现浇或预制钢筋混凝土结构,高度宜为 $1.5\sim2$ m,顶部高出地面不应小于 100mm,外侧墙土应夯实。导墙不得移位和变形,其施工允许偏差应符合下列规定:

(1) 内墙面与地下连续墙纵轴线平行度为 ±10mm。
(2) 内外导墙间距为 ±10mm。
(3) 导墙内墙面垂直度为 5‰。
(4) 导墙内墙面平整度为 3mm。
(5) 导墙顶面平整度为 5mm。

2. 泥浆制备与管理

泥浆拌制材料宜优先选用膨润土,如采用黏土,应进行物理、化学分析和矿物鉴定。其黏粒含量应大于 50%,塑性指数应大于 20,含砂量应小于 5%,二氧化硅与氧化铝含量比值宜为 $3\sim4$。

泥浆应根据地质和地面沉降控制要求经试配确定,并应按表 5-1 控制其性能指标。

泥浆配制、管理性能指标 表 5-1

泥浆性能	新配制		循环泥浆		废弃泥浆		检验方法
	黏性土	砂性土	黏性土	砂性土	黏性土	砂性土	
密度(g/cm³)	1.04~1.05	1.06~1.08	<1.10	<1.15	>1.25	>1.35	比重计
黏度(s)	20~24	25~30	<25	<35	>50	>60	漏斗计
含砂率(%)	<3	<4	<4	<7	>8	>11	洗砂瓶
pH 值	8~9	8~9	>8	>8	>14	>14	试纸

3. 挖槽施工

挖槽过程中应观测槽壁变形、垂直度、泥浆液面高度,并应控制抓斗上下运行速度。如发现较严重坍塌时,应及时将机械设备提出,分析原因,妥善处理。

槽段挖至设计高程后,应及时检查槽位、槽深、槽宽和垂直度,并做好记录,合格后方可进行清底。清底后的槽底泥浆相对密度不应大于 1.15,沉淀物淤积厚度不应大于 100mm。

4. 钢筋笼制作和安装

钢筋笼应在平台上制作成型,其吊点焊接应牢固,并应保证钢筋笼起吊刚度。钢筋笼应设定位垫块,其深度方向间距为 $3\sim5$ m,每层设 $2\sim3$ 块;预埋件应与主筋连接牢固,外露面包扎严密。钢筋笼制作精度,应符合表5-2规定。

钢筋笼制作允许偏差值(mm)　　　　表5-2

项　　目	偏　差	检　查　方　法
钢筋笼长度	±50	钢尺量,每片钢筋网检查上、中、下3处
钢筋笼宽度	±20	
钢筋笼厚度	0 -10	
主筋间距	±10	任取一断面,连续量取间距,取平均值作为一点
分布筋间距	±20	每片钢筋网上测4点
预埋件中心位置	±10	钢尺量测,每件检测1点

钢筋笼应在槽段接头清刷、清槽、换浆合格后及时吊放入槽,并应对准槽段中心线缓慢沉入,不得强行入槽。

钢筋笼分段沉放入槽时,下节钢筋笼平面位置应正确并临时固定于导墙上,上下节主筋对正连接牢固,并经检查合格后,方可继续下沉。

5. 水下混凝土灌注

地下连续墙应采用掺外加剂的防水混凝土。其水泥用量:采用卵石时不应小于370kg/m³;采用碎石时不应小于400kg/m³。坍落度应采用200±20mm。

混凝土应采用导管法灌注。导管直径200~250mm,管节连接应严密、牢固,施工前应试拼并进行隔水栓通过试验。导管水平布置距离不应大于3m,距槽段端部不应大于1.5m。导管下端距槽底应为300~500mm,灌注混凝土前应在导管内临近泥浆面位置吊挂隔水栓。

混凝土灌注过程应按下列规定检查控制:

(1)钢筋笼沉放就位后应及时灌注混凝土,并不应超过4h。

(2)各导管储料斗内混凝土储量应保证开始灌注混凝土时埋管深度不小于500mm。

(3)各导管剪断隔水栓吊挂线后应同时均匀连续灌注混凝土,因故中断灌注时间不得超过30min。

(4)导管随混凝土灌注应逐步提升,其埋入混凝土深度应为1.5~3.0m;相邻两导管内混凝土高差不应大于0.5m。

(5)混凝土不得溢出导管落入槽内。

(6)混凝土灌注速度不应低于2m/h。

(7)置换出的泥浆应及时处理,不得溢出地面。

(8)混凝土灌注宜高出设计高程300~500mm。

每一单元槽段混凝土应制作抗压强度试件一组;每5个槽段应制作抗掺压力试件一组。

6. 墙体接头处理

墙体接头处应预埋锁口管,锁口管应紧贴槽端对准位置垂直、缓慢沉放,不得碰撞槽壁和强行入槽。锁口管应沉入槽底300~500mm,并在混凝土灌注2~3h后应进行第一次起拔;以后每30min提升一次,每次50~100mm,直至终凝后全部拔出并及时清洗干净。

7. 检查验收

(1)地下连续墙每一单元槽段施工,应对下列项目进行中间检验,并符合前述有关规定:

①钢筋笼制作的长、宽、高和钢筋间距、焊接、预埋件位置及钢筋笼吊装、入槽深度及

位置。

②泥浆配制及循环泥浆和废弃泥浆的处理。
③槽段成槽后的宽、深和垂直度及清底和接头壁清刷。
④锁口管吊装时的插入深度、垂直度及起拔方法和时间。
⑤混凝土配合比、坍落度、导管布置及混凝土灌注。
（2）基坑开挖后应进行地下连续墙验收，并符合下列规定：
①混凝土抗压强度和抗渗压力应符合设计要求，墙面无露筋、露石和夹泥现象。
②作为永久结构的地下连续墙垂直度允许偏差应为1/300，临时结构允许偏差应为1/150。地下连续墙墙体结构允许偏差、检验数量和检验方法，应符合表5-3的要求。

地下连续墙墙体结构允许偏差、检验数量和检验方法　　　表5-3

项　目		允许偏差（mm）	检测数量		检验方法
			范围	点数	
地下连续墙表面平整度		≤100	每段墙体	5	此为均匀黏土层，松散及易坍土层由设计单位确定
墙体预埋件位置	水平向	≤10	每件	1	钢尺量测
	垂直向	≤20			水准仪测量

第二节　地层超前支护及加固质量检测

暗挖隧道在经过不良地质地段时，可采用超前小导管与管棚等地层超前支护及加固辅助措施确保施工安全和隧道结构的稳定性。由于不良地质地段的隧道施工常常有水文地质情况复杂多变、施工场地狭小、环境差等特点，给施工带来了很大难度，而这些辅助施工措施的技术要求高，对施工质量提出了更高的要求。因此，做好辅助施工质量的检测工作至关重要。

一、超前小导管与管棚检测

超前小导管与管棚所用钢管的品种、级别、规格和数量必须符合设计要求，并按要求做好原材料进场检验。超前小导管或管棚的纵向搭接长度均应符合设计要求，超前小导管应由施工单位、监理单位全数检查；管棚由施工单位全数检查，监理单位每排抽查不得少于3根。注浆浆液宜采用水泥或水泥砂浆，其水泥浆的水灰比为0.5～1，水泥砂浆配合比为1:0.5～3；注浆应保证浆液充满钢管及周围的空隙，施工单位应全数检查，监理单位按施工单位检查数的30%做见证检验或10%做平行检验。检验可通过观察检查和检查施工记录的注浆量与注浆压力。

超前小导管施工允许偏差和检验方法，应符合表5-4的规定。

超前小导管施工允许偏差和检验方法　　　表5-4

项　目	外插角	孔距(mm)	孔深(mm)	检验数量	检验方法
小导管	1°	±15	+25 0	施工单位每环抽查5根	仪器测量、尺量

注：监理单位按施工单位检查数的30%做见证检验或10%做平行检验。

管棚的施工允许偏差和检验方法，应符合表5-5的规定。

管棚施工允许偏差和检验方法 表5-5

项 目	外插角	孔位(mm)	孔深(mm)	孔径(mm)	检验数量	检验方法
管棚	1°	±50	±30	比钢管直径大30~40	施工单位全数检查	仪器测量、尺量

注:监理单位按施工单位检查数的30%做见证检验或10%做平行检验。

二、地层注浆加固检测

注浆是指将按一定配合比制成的浆液压入隧道周边的地层中,经凝结硬化后起到防水和加固作用的一种辅助施工方法。在砂卵石地层中宜采用渗入注浆法,在砂层中宜采用劈裂注浆法,在黏土层中宜采用劈裂或电动硅化注浆法,在淤泥质软土层中,宜采用高压喷射注浆法。

隧道注浆,如条件允许宜在地面进行,否则,可在洞内沿周边超前预注浆,或导洞后对隧道周边进行径向注浆。

1. 注浆材料的要求
(1)具有良好的可注性。
(2)固结后收缩小,具有良好的黏结力和一定强度、抗渗、耐久和稳定性;当地下水有侵蚀作用时,应采用耐侵蚀性的材料。
(3)无毒并对环境污染小。
(4)注浆工艺简单,操作方便、安全。
施工单位、监理单位应全数检查注浆材料产品出厂合格证及性能检测报告。

2. 浆液的配合比检查
浆液配合比应符合设计要求,由施工单位、监理单位全数检查。由施工单位进行配合比选定试验;监理单位检查试验报告、见证试验。

3. 注浆孔检查
注浆孔的数量、布置、间距、孔深应符合设计要求,并由施工单位全数检查,监理单位按施工单位检查数的30%做见证检验或平行检验。

4. 注浆效果检查
注浆效果应符合设计要求,在注浆浆液达到一定强度后由施工单位、监理单位进行开挖检查、观察检查。

第三节 隧道开挖质量检测

开挖是控制隧道施工工期和造价的关键工序之一。超挖过多,不仅因出渣量和衬砌量增多而提高工程造价,而且由于局部超挖会产生应力集中问题,影响围岩稳定性;而欠挖则直接影响到衬砌厚度,对工程质量和安全产生隐患,处理起来费时、费力、费物。所以,必须严格控制开挖质量,为围岩的稳定和安全支护创造良好条件。

地铁隧道开挖质量检测主要包含两项内容:一是开挖断面的中线与高程;二是超欠挖情况。开挖断面的中线、高程必须符合设计要求,采用激光断面仪、全站仪、水准仪测量,每开挖一循环检查一次;超欠挖可采用激光断面仪、全站仪、水准仪测量周边轮廓断面,绘断面图与设计断面纳入同一坐标体系中比较,从而直观地获悉超挖和欠挖的大小和部位。

一、开挖质量标准

隧道在稳定岩体中可先开挖后支护,在土层和不稳定岩体中,初期支护的挖、支、喷3环节必须紧跟。隧道应按设计尺寸严格控制开挖断面,不得欠挖。其允许超挖值,应符合表5-6的规定。

隧道允许超挖值(mm) 表5-6

隧道开挖部位	岩层分类							
	爆破岩层						土质和不需爆破岩层	
	硬岩		中硬岩		软岩		平均	最大
	平均	最大	平均	最大	平均	最大		
拱部	100	200	150	250	150	250	100	150
边墙及仰拱	100	150	100	150	100	150	100	150

注:超挖或小规模坍方处理时,必须采用耐腐蚀材料回填,并做好回填注浆。

二、隧道超欠挖测定方法

隧道超欠挖测定方法主要有直接测量法和非接触观测法两大类若干种方法,施工中应根据现场条件采用切实可行的测定方法,也可按照表5-7选用。

隧道超欠挖测定方法 表5-7

方法类型	测定方法	测定法概要
直接测量法	开挖模架法	以开挖模架为参照物,用直尺直接测量超欠挖量
	激光束法	利用激光射线在开挖面上投射出基点或开挖段轮廓线,直接测出超欠挖量
	投影机法	利用投影机将开挖段轮廓线直接投影在开挖面上,然后据此实测超欠挖量
非接触观测法	直角坐标法	利用激光仪照准开挖面上的各变化点,用经纬仪测出各点的水平角和竖直角,利用立体几何的原理,计算出各测点距坐标原点的纵横坐标,按比例画出实际开挖断面线,并与设计断面线比较得出超欠挖量
	极坐标法（激光断面仪法）	以某物理方向(如水平方向)为起算方向,按一定间距(角度或距离)逐一测定仪器旋转中心与实际开挖轮廓线的交点之间的矢径(距离)及该矢径与水平方向的夹角,将这些矢径端点依次相连即可获得实际开挖的轮廓线

激光断面仪法测量时,可全自动扫描断面并记录数据,省时、省力、高效、精确地完成断面检测工作,是目前隧道中使用较多的断面检测方法。检测时,激光断面仪可以任意安置在隧道中适合于测量的位置,通过施工控制导线获取断面仪定点定向数据,自动完成设定检测断面的扫描、记录存储测量数据的工作,经计算软件处理后,可自动完成实际开挖轮廓线与设计开挖轮廓线的空间三维匹配并输出检测断面成果图,可直观显示各测点的超欠挖量和超限情况。

第四节　初期支护施工质量检测

初期支护是指隧道开挖后,用于控制围岩变形及防止坍塌及时施作的支护。其类型有锚杆支护、喷射混凝土支护、网喷支护、锚网喷支护及上述类型辅以架设钢筋格栅形成的联合支护。因此,必须针对初期支护的锚杆、喷射混凝土、钢筋网及钢筋格栅的施工质量进行检测,以确保隧道施工质量与安全。

一、钢筋格栅、钢筋网加工及架设

钢筋格栅和钢筋网采用的钢筋种类、型号、规格应符合设计要求,其施焊应符合设计及钢筋焊接标准的规定。钢筋网加工允许偏差为:钢筋间距±10mm;钢筋搭接长±15mm;钢筋网铺设应符合下列规定:

(1)铺设应平整,并与格栅或锚杆连接牢固。
(2)钢筋格栅采用双层钢筋网时,应在第一层铺设好后再铺第二层。
(3)每层钢筋网之间应搭接牢固,且搭接长度不应小于200mm。

钢筋格栅安装的基面应坚实并清理干净,必要时应.进行预加固;安装时应垂直线路中线,并与壁面楔紧,每片钢筋格栅节点及相邻格栅纵向必须分别连接牢固。钢筋格栅加工、安装检验标准,应符合表5-8、表5-9规定。

钢筋格栅加工检验标准　　表5-8

项次	检查项目		规定值与允许偏差（mm）	检查频率		检查方法
				范围	点数	
1	加工尺寸	拱架矢高及弧长	+20 0	每榀	1	逐榀检查用钢尺量
		墙架长度	±20		1	
		横断面(高、宽)	+10 0		2	
2	组装偏差	高度	±30		3	
		宽度	±20			
		扭曲度	20			

钢筋格栅安装检验标准　　表5-9

项次	检查项目	规定值与允许偏差	检查频率		检查方法
			范围	点数	
1	横向偏差	±30mm	每榀	3	逐榀检查用钢尺量
2	纵向偏差	±50mm			
3	高程偏差	±3mm		2	
4	垂直度偏差	5‰		3	

二、锚杆施工质量检测

(一)锚杆质量检验项目标准

锚杆用钢筋应平直、无损伤,表面无裂纹、油污、颗粒状或老锈,半成品、成品锚杆的类型、规格、性能等应符合设计要求和国家、行业有关技术标准的规定。锚杆前应将锚杆孔内清理干净,水泥砂浆锚杆杆体应除锈、除油,安装时孔内砂浆应灌注饱满,锚杆外露长度不应大于100mm;楔缝式和胀壳式锚杆应将杆体与部件事先组装好,安装时应先楔紧锚杆后再安托板并拧紧螺栓。锚杆一般情况下应保持与隧道衬砌切线方向垂直,当隧道内岩层结构面出露明显时,锚杆孔宜与岩层主要结构垂直,锚杆垫板应与基面密贴。锚杆实测项目的要求,见表 5-10。

锚杆实测项目的要求 表 5-10

项次	检查项目	规定值与允许偏差			检查方法与频率
		水泥砂浆锚杆	楔缝式锚杆	胀壳式锚杆	
1	锚杆数量(根)	不小于设计			现场逐根清点
2	锚杆拔力(kN)	同一批试件抗拔力的平均值不得小于设计锚固力,且最低值不应小于设计锚固力的90%			同一批锚杆每100根应取一组试件,每组3根(不足100根也取3根)做拉拔试验
3	孔位(mm)	±150			按5%的比例随机抽样检查现场用钢尺量
4	孔深(mm)	±50	+30 0	+50 0	
5	孔径(mm)	大于杆体直径15mm	符合设计要求	小于杆体直径1~3mm	

(二) 锚杆抗拔力试验

锚杆抗拔力是指锚杆能承受的最大拉力,是锚杆质量检测的一项重要指标。

1. 抗拔试验设备

锚杆抗拔试验(图5-1)的主要设备有中空千斤顶、手动油压泵、油压表、千分表等。

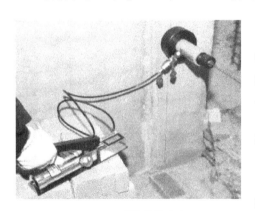

图5-1 锚杆抗拔试验

2. 检测方法

(1)根据试验目的,在隧道围岩指定部位钻锚杆孔。孔深在正常深度的基础上稍做调整,使锚杆外露长度大些,或采用正常孔深,将待测锚杆加长,以保证千斤顶的安装。

(2)按照正常的安装工艺安装待测锚杆。用砂浆将锚杆口部抹平,以便支放承压垫板。

(3)根据锚杆的种类和试验目的确定拉拔时间。

(4)在锚杆尾部加上垫板,套上中空千斤顶,将锚杆外端与千斤顶内缸固定在一起,并装设位移测量仪器设备,如图5-1所示。

(5)通过手动油压泵加压,从油压表读取油压,根据活塞面积换算锚杆承受的抗拔力,根据需要可从千分表读数锚杆尾部的位移,绘制锚杆拉力-位移曲线,供分析研究。

3. 注意事项

(1)安装拉拔设备时,应使千斤顶和锚杆同心,避免偏心受拉。

(2)加载应匀速,一般以10kN/min的速率增加。

(3)如果无特殊需要,可不做破坏性试验,拉拔到设计拉力即可停止加载。

(4)千斤顶应固定牢固,试验时操作人员应避开锚杆的轴线方向,以确保试验安全。

三、喷射混凝土质量检测

(一)喷射混凝土质量检验标准

喷射混凝土的材料必须满足设计和规范要求。喷射混凝土拌制前应测定砂、石含水率,并根据测试结果和理论配合比调整材料用量,提出施工配合比。喷射混凝土前应检查开挖尺寸、清理现场、清除浮渣及堆积物、清扫受喷面并埋设控制喷射混凝土厚度的标志;对基面有滴水、淌水、集中出水点的情况,应采用凿槽、埋管等方法进行引导疏干。

喷射混凝土应密实、平整,无裂缝、脱落、漏喷、漏筋、空鼓、渗漏水等现象,喷层与围岩以及喷层之间黏结应用锤击法检查。其具体实测项目的要求,见表5-11。

喷射混凝土实测项目的要求   表5-11

项次	检查项目	规定值与允许偏差	检查方法与频率
1	喷射混凝土强度(MPa)	符合设计要求	每喷射不超过100m³混凝土,制作强度检查试件不少于1次,不足100m³时也应制作1次试件
2	喷层厚度(mm)	每个断面的检查点数60%以上喷射厚度不小于设计厚度,最小值不小于设计厚度的1/3,厚度总平均值不小于设计厚度	每10m(区间为20m)检查一个断面,从拱顶中线起,每2m凿孔检查一个点
3	平整度	允许偏差30mm,且矢弦比不应大于1/6	现场观察,用钢尺量

(二)喷射混凝土强度检测

喷射混凝土强度包括抗压强度、抗剪强度、疲劳强度、黏结强度等。其中,抗压强度是反映喷射混凝土物理力学性能及耐久性的一个综合指标。因此,工程实践中常用它作为检测喷射混凝土质量的重要指标。地铁隧道用于检查喷射混凝土强度的试件,可采用喷大板切割制取;当对强度有怀疑时,可在混凝土喷射地点采用钻芯取样法随机抽取制作试件做抗压试验。

1. 喷大板切割法

在施工的同时,将混凝土喷射在45cm×35cm×12cm(可制成6块)或45cm×20cm×12cm(可制成3块)的模型内,在混凝土达到一定强度后,加工成10cm×10cm×10cm的立方体试块,在标准条件下养护至28d进行抗压强度试验(精确到0.1MPa)。

2. 钻芯取样法

钻芯取样法主要设备包括钻芯机(钻芯直径70~100mm)、锯切机、补平装置(研磨机)。钻芯取样每组3个芯样,现场钻芯取样的具体操作方法如下:

(1)调查喷射混凝土内钢筋(钢筋网、钢筋格栅、连接钢筋、锚杆等)布置情况,尽量选择无钢筋处作为取芯点。

(2)在预定的取芯点上将钻芯机就位、校正、固定。

(3)安装钻头、调正、逐步进钻,并调好冷却水。

(4)钻到预定深度(1~2倍钻芯直径)提出钻头,然后用扁钢或螺丝刀插入钻孔缝隙中,用小锤敲击扁钢或螺丝刀,然后将敲断的芯样从孔中取出。

(5)将取出的芯样随即做好标记(编号),做好记录(钻取位置、长度及外观质量);若长度及外观质量不能满足要求时,应重新钻取。

取得的芯样加工的抗压试件的高度和直径之比应在 1~2 的范围内。其具体方法如下:

(1)采用锯切机加工芯样试件时,应将芯样固定,并使锯切平面垂直于芯样轴线。锯切过程中,应冷却人造金刚石圆锯片和芯样。

(2)芯样试件内不应含有钢筋,如不能满足此项要求,每个试件内最多只允许含有两根直径小于 10mm 的钢筋,且钢筋应与芯样轴线基本垂直并不得露出端面。

(3)锯切后的芯样,当端面不能满足平整度及垂直度要求时,宜在磨平机上磨平或用水泥砂浆、硫黄胶泥等材料在专用补平装置上补平。

芯样在试验前应对其几何尺寸进行下列测量:

(1)平均直径:用游标卡尺测量芯样中部,在相互垂直的两个位置上,取其两次测量的算术平均值,精确至 0.5cm。

(2)芯样高度:用钢卷尺或钢板尺进行测量,精确至 1mm。

(3)垂直度:用游标量角器测量两个端面与母线的夹角,精确至 0.1°。

(4)平整度:用钢板尺或角尺紧靠在芯样端面上,一面转动钢板尺,一面用塞尺测量与芯样端面之间的缝隙。

芯样尺寸偏差及外观质量超过下列数值时,不得用作抗压强度试验:

(1)经端面补平后的芯样高度小于 $0.95d$(d 为芯样试件平均直径),或大于 $2.05d$。

(2)沿芯样高度任一直径与平均直径相差达 2mm 以上。

(3)芯样端面的不平整度在 100mm 长度内超过 0.1mm。

(4)芯样端面与轴线的垂直度不超过 2°。

(5)芯样有裂缝或有其他较大缺陷。

合格的芯样试件可按规定进行抗压强度试验(精确到 0.1MPa)。

第五节 隧道防水施工质量检测

渗漏水是隧道常见的病害之一。隧道渗漏水的长期作用将极大地降低隧道内各种设施的使用寿命和功能,恶化隧道的运营环境。因此,为了防止隧道渗漏必须合理选择防水材料,并加强防排水施工过程中的质量控制与检查。

一、防水层施工质量检测

防水材料的质量、规格、性能等必须符合设计和规范要求。铺贴防水层的基面应坚实、平整、圆顺、无漏水现象,基面不平整度为 50mm;基层面阴、阳角处应做成 100mm 圆弧或 50mm × 50mm 钝角。防水层的衬层应沿隧道环向由拱顶向两侧依次铺贴平顺,并与基面固定牢固,其长、短边搭接长度均不应小于 50mm。防水层表面应平顺,无折皱、无气泡、无破损等现象,与洞壁密贴,松弛适度,无紧绷现象。塑料卷材防水层铺贴实测项目的要求,见表 5-12。

塑料卷材防水层实测项目的要求　　表 5-12

项次	检查项目	规定值或允许偏差	检查方法和频次
1	搭接宽度(mm)	不小于 100	尺量,全部,每个搭接检查 3 处
2	搭接双焊缝宽(mm)	单条缝宽不小于 10	尺量,每个搭接检查 5 处
3	接缝错开位置距结构转角(mm)	不小于 600	

高聚物改性沥青和合成高分子防水卷材防水层搭接宽度,应符合表 5-13 规定。

卷材搭接允许宽度值(mm)　　　　　　表 5-13

卷材种类	铺贴方法	短边搭接宽度		长边搭接宽度	
		满粘法	空铺法 点粘法 条粘法	满粘法	空铺法 点粘法 条粘法
高聚物改性沥青防水卷材		80	100	80	100
合成高分子防水卷材	粘接法	80	100	80	100
	焊接法	50			

此外,防水板施工完成应重点检查损伤和不良地点。其检查方法,主要有以下几种:

(1)目视检查

根据目视,判定防水板表面有无损伤和焊接不良地点,发现异常时,应进行补修。

(2)充气检查

防水板焊接接头充气检查(图5-2)时,首先封闭待检测接头的两端,把检查针插入检查沟,充气到适当的压力(可根据防水板厚度参照图5-3选用),并保持压力稳定2min,压力降低不超过20%为合格。插入检查针位置应进行补修。检查频率最好在整个焊接地段进行,至少每灌注长度中,检查一次以上。

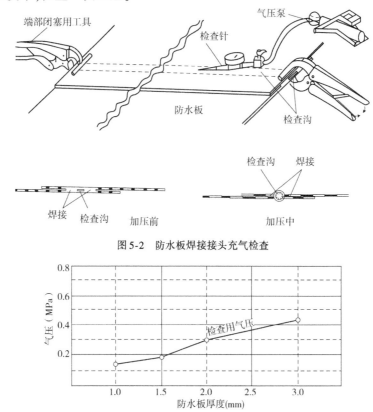

图 5-2　防水板焊接接头充气检查

图 5-3　防水板充气检查气压推荐值

(3)负压检查

防水板负压检查时,可在检查处涂上能够发泡的检查液,并安装真空半圆盖,用真空泵形成一定的负压(可根据防水板厚度参照图5-4选用),如果不产生气泡就说明没有漏气。检查频率,原则上对所有防水板补修处均应进行检查。

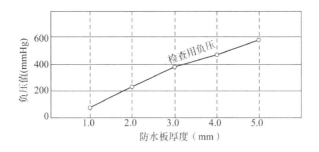

图5-4 防水板负压检查负压推荐值

二、变形缝处防水施工质量检测

变形缝处应设置嵌入式止水带,止水带的宽度和材质的物理性能均应符合设计要求,且无裂纹和气泡。嵌入式止水带中心线应和变形缝中心线重合,并用模板固定牢固。止水带不得穿孔或用铁钉固定,接头应热接,不得叠接,接缝平整牢固、不得有裂口和脱胶现象。止水带实测项目要求,见表5-14。

嵌入式止水带实测项目　　　　　　表5-14

项次	检查项目	规定值或允许偏差	检查方法和频次
1	纵向偏离(mm)	±50	尺量,每环至少3处
2	偏离衬砌中心线(mm)	≤30	

第六节　隧道衬砌施工质量检测

明挖法隧道开挖完成后,暗挖法隧道初期支护完成后,在围岩变形趋于稳定时,应及时进行明洞衬砌或暗洞二次衬砌,以增强整个支护承载能力,提高结构安全度。为确保衬砌质量,须对施工中的各个环节如钢筋加工、模板支立、混凝土浇筑等进行严格的质量检测和控制。

盾构法隧道施工更应加强施工质量检测,严格控制管片制作、拼装质量。

一、隧道现浇混凝土质量检测

(一)衬砌钢筋质量检测

1.钢筋加工

进场用于衬砌的每批钢筋,均应附出厂合格证和试验报告单,并按规定进行机械性能试验。如未附文件证明或对钢筋有怀疑时,尚应进行化学成分分析。

钢筋接头在工厂加工时宜采用闪光接触对焊,现场可采用搭接、绑条电弧焊或采用机械连接和其他焊接方法,其工艺和要求应按相应的规定执行。

衬砌钢筋加工完成,应按表5-15进行检测。

钢筋加工允许偏差值(mm) 表 5-15

项 目		允许偏差
调直后局部弯曲		$d/4$
受力钢筋顺长度方向全长尺寸		±10
弯起成型钢筋	弯起点位置	±10
	弯起高度	0 −10
	弯起角度	2°
	钢筋宽度	±10
箍筋宽和高		+5 −10

注：d 为钢筋直径。

结构采用钢筋焊接片形骨架时，应按设计要求施焊。其尺寸允许偏差，应符合表 5-16 规定。

钢筋焊接片形骨架允许偏差值(mm) 表 5-16

项 目	允许偏差	项 目	允许偏差
钢筋骨架高度	±5	主筋间距	±10
钢筋骨架宽度	±10	钢筋网片长和宽	±10
主筋间距	±10	钢筋网眼尺寸	±10

2. 钢筋绑扎

钢筋绑扎必须牢固稳定，不得变形松脱和开焊。变形缝处主筋和分布筋均不得触及止水带和填缝板；混凝土保护层、钢筋级别、直径数量、间距、位置等应符合设计要求。预埋件应固定牢固、位置正确。钢筋绑扎位置允许偏差，应符合表 5-17 规定。

钢筋绑扎位置允许偏差值(mm) 表 5-17

项 目		允许偏差
箍筋间距		±10
主筋间距	列间距	±10
	层间距	±5
钢筋弯起点位移		±10
受力钢筋保护层		±5
预埋件	中心线位移	±10
	水平及高程	±5

(二) 衬砌模板支立检查

衬砌模板支立前应清理干净并涂刷隔离剂，铺设应牢固、平整、接缝严密不漏浆，相邻两块模板接缝高低差不应大于 2mm。支架系统连接应牢固稳定。模板安装完成，应按表 5-18 进行检查。

衬砌模板支立允许偏差值(mm) 表 5-18

项 目		允许偏差
垫层	高程	−10 −20
	宽度	左右各 ±20
变形缝	里程	±20
	不顺直度	全长范围内≤1‰

续上表

项 目			允 许 偏 差
顶板		高程	设计高程 + 预留沉落量 0 ~ +10
		中线	±10
		宽度	+15 -10
墙体		垂直度	2‰
		平面位置	±10
钢筋混凝土柱 钢管柱		垂直度	1‰
	平面位置	顺线路方向	±20
		垂直线路方向	±10
钢管柱		柱顶高程	+10 0
端头模板		平面位置	±10
		垂直度	2‰

(三)衬砌混凝土灌注检查

隧道结构均应采用防水混凝土,混凝土灌注前应对模板、钢筋、预埋件、端头止水带等进行检查,清除模内杂物。检查合格后,方可灌注混凝土。混凝土灌注过程中应随时观测模板、支架、钢筋、预埋件和预留孔洞等情况,发现问题,及时处理。

隧道结构竣工后,混凝土抗压强度和抗渗压力应符合设计要求,无露筋、漏振、露石。

明挖法隧道结构允许偏差值,应符合表 5-19 规定。

明挖隧道结构各部位允许偏差值(mm) 表 5-19

项目	允 许 偏 差											检查方法
	垫层	先贴防水保护层	后贴防水保护层	底板	顶板		墙		柱子	变形缝	预留洞	预埋件	
					下表面	上表面	内墙	外墙					
平面位置	±30	—	—	—	—	—	±10	±15	纵向±20 横向±10	±10	±20	±20	以线路中线为准用尺检查
垂直度(‰)	—	—	—	—	—	—	2	3	1.5	3	—	—	线锤加尺检查
直顺度	—	—	—	—	—	—	—	—	—	5	—	—	拉线检查
平整度	5	5	10	15	5	10	5	10	5	—	—	—	用2m靠尺检查
高程	+5 -10	+0 -10	+20 -10	±20	+30 0	+30 0	—	—	—	—	—	—	用水准仪测量
厚度	±10	—	—	±15	±10		±15		—	—	—	—	用尺检查

暗挖法隧道二次衬砌允许偏差值,应符合表 5-20 规定。

隧道二次衬砌结构允许偏差值(mm) 表 5-20

项 目	允 许 偏 差						
	内墙	仰拱	拱部	变形缝	柱子	预埋件	预留孔洞
平面位置	±30	—	—	±20	±10	±20	±20
垂直度(%)	2	—	—	—	2	—	—
高程	—	±15	+30 −10	—	—	—	—
直顺度	—	—	—	5	—	—	—
平整度	15	20	15	—	5	—	—

注:①本表不包括特殊要求项目的偏差标准;
②平面位置以隧道线路中线为准进行测量。

二、盾构法隧道衬砌质量检测

(一)钢筋混凝土管片制作

钢筋混凝土管片应采用高精度的钢模制作,其钢模宽度及弧弦长允许偏差均为 ±0.4mm,并在使用中经常维修、保养。钢筋混凝土管片的钢筋骨架,应采用焊接并在靠模上制作成型。钢筋骨架制作允许偏差,应符合表 5-21 的规定。

管片钢筋骨架制作允许偏差值(mm) 表 5-21

项 目	允许偏差
主筋间距	±10
箍筋间距	±10
分布筋间距	±5
骨架长、宽、高	+5 −10
环、纵向螺栓孔	畅通、内圆面平整

钢筋混凝土管片制作尺寸允许偏差,应符合表 5-22 的规定。

钢筋混凝土管片尺寸允许偏差值(mm) 表 5-22

项 目	检查点数	允许偏差
宽度	测3个点	±1
弧弦长	测3个点	±1
厚度	测3个点	+3 −1

钢筋混凝土管片,每生产 50 环应抽查 1 块管片做检漏测试;连续三次达到检测标准,则改为每生产 100 环抽检 1 块管片;再连续三次达到检测标准,最终检测频率为每生产 200 环抽查 1 块管片做检漏测试。若出现一次检测不达标,则恢复每生产 50 环抽查 1 块管片做检漏测试的最初检测频率,再按上述要求进行抽检。每套模具每生产 200 环做一组(3 环)水平拼装检验。其水平拼装检验标准,应符合表 5-23 的规定。

钢筋混凝土管片水平拼装检验标准   表 5-23

项　　目	检查点数	检验方法	质量误差（mm）
环向缝间隙	每环测 6 点	插片	2
纵向缝间隙	每条缝测 3 点	插片	2
成环后内径	测 4 条（不放衬垫）	用钢卷尺	±2
成环后外径	测 4 条（不放衬垫）	用钢卷尺	-2 ~ +6

（二）钢筋混凝土管片拼装

管片拼装后须进行检验，其质量应满足设计要求；当设计未做具体要求时，应符合下列规定：

（1）管片在盾尾内拼装完成时，偏差宜控制为：高程和平面 ±50mm；每环相邻管片高差 5mm，纵向相邻环管片高差 6mm。

（2）在地铁隧道建成后，中线允许偏差为：高程和平面 ±100mm，且衬砌结构不得侵入建筑限界；每环相邻管片允许高差 10mm，纵向相邻环管片允许高差 15mm；衬砌环直径椭圆度允许偏差小于 5‰D。

（3）环向及纵向螺栓应全部安装，螺栓应拧紧。

复习思考题

1. 基坑围护结构钻孔灌注桩检测包括哪些内容？简述其检测要点。
2. 地下连续墙验收包括哪些内容？有哪些具体要求？
3. 超前小导管和管棚检测主要有哪些指标？
4. 隧道超欠挖测定方法有哪些？简要描述其方法。
5. 简述锚杆抗拔力试验方法要点。
6. 喷射混凝土现场检测项目有哪些？其强度应如何进行检测？
7. 无缝线路检测的方法有哪些？
8. 隧道防水板施工完成应如何进行检查？
9. 盾构法隧道钢筋混凝土管片拼装质量应满足哪些要求？

第六章 轨道检测

教学目标

1. 会使用轨距尺测轨道轨距和水平。
2. 能够用传统方法进行轨道静态几何形位检测。
3. 会用轨道检查仪进行轨道静态几何形位检测。
4. 会进行钢轨、扣件和道床等质量的检查。
5. 会使用支距尺测单开道岔导曲线支距,并进行道岔质量检测。

轨道线路设备是铁路运输的基础设备,其性能直接关系到行车的舒适性和安全性,关系到轨道交通线路以及机车车辆的使用寿命。由于轨道设备经受着各种天气、气候等自然条件的考验和列车荷载的反复作用,因而轨道的几何尺寸不断变化,道床及基础结构不断产生变形,钢轨、轨枕、联结零件及其他设备等不断损坏,导致轨道设备技术状态恶化,威胁到运输安全。

通过轨道检测可以了解轨道线路设备的技术状态和变化规律,及时发现问题,从而科学、合理地安排轨道线路的养护和维修,确保轨道线路处于良好质量状态,保证列车以规定的速度安全、平稳和不间断地运行,并尽量延长轨道结构的使用寿命。

轨道检测按检测方式可分为静态检测和动态检测。静态检测是在轨道不行车时对轨道状态的检查,检查项目主要有轨距、水平、高低、轨向等轨道几何形位以及钢轨、联结零件、轨枕、防爬设备、道床和道岔等部件状态。动态检测是在行车条件下对轨道状态的检查,检查项目主要有轨距、水平、高低、轨向、三角坑、车体水平和垂直振动加速度等项目;轨道动态检查需借助专门的综合轨检车(动检车)、车载仪及添乘仪等检测设备。本章主要针对轨道的静态检测方法进行介绍。

第一节 轨道静态几何形位检测的传统方法

轨道静态几何形位检测是指在无列车动荷载的情况下对轨道几何形位进行的检测。轨道静态几何形位检测传统方法,主要是通过轨距尺、弦线和人工目视等方法,检查轨距、水平、高低、轨向等轨道几何尺寸。

一、轨距尺的使用方法

轨距尺俗称道尺(图6-1),是轨道工务部门日常维护轨道的测量工具之一,主要用于测量轨道线路的轨距和水平(超高)。轨距尺按其测量精度分为0级、1级、2级三个等级;0级轨距尺用

图6-1 轨距尺

于测量时速不大于350km的线路;1级轨距尺用于测量时速不大于250km的线路;2级轨距尺用于测量时速不大于160km的线路。轨距尺按显示方式可分为标尺类轨距尺和数显类轨距尺两大类,其结构形式示意和各部分名称见图6-2和图6-3。轨距尺每年需要返厂或由专门的检测部门进行校正一次。由于测量水平的水准气泡受热胀冷缩影响,轨距尺在每次使用前需要对水平水准气泡进行校正,即将轨距尺放在轨道上读出左右钢轨水平差数据,再将轨距尺调转180°再次读数,如果两次读数误差小于规定时就无须对水准气泡进行调整,否则需要用工具对水准气泡进行调整。

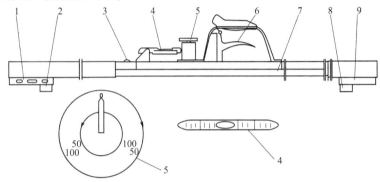

图6-2 标尺类铁路轨距尺结构示意图

1-活动端测座;2-活动测头;3-标尺;4-水准气泡;5-超高显示装置(形式供参考);6-拉手;7-尺身;8-固定测头;9-固定端测座

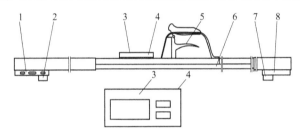

图6-3 数显类铁路轨距尺结构示意图

1-活动端测座;2-活动测头;3-界面;4-超高显示装置(数显);5-拉手;6-尺身;7-固定测头;8-固定端测座

1. 标尺类轨距尺使用方法

1) 轨距测量

使用标尺类轨距尺测量轨距时,将轨距尺两个测座分别置于左右两股钢轨轨顶并使轨距尺大致与轨向垂直,再将固定测头紧贴一股钢轨内侧工作边;然后前后慢慢滑动轨距尺活动测头端并操纵活动挡块把手使活动测头保持紧贴另一股钢轨内侧工作边,读出最小数据即为轨距测量值。读数时注意读取上面的刻度,每格为1mm,精确到整毫米数,1mm以下四舍五入,估读取整。如图6-4所示的轨距读数为1437mm。注意轨距尺在读数时目光应尽量垂直于读数窗以减小因视差带来的影响。

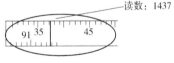

图6-4 轨距读数

为方便轨距记录与调整,将读数与轨距标准值1435mm相减得出轨距偏差值并记录,轨距读数值大于标准值记作"+",小于标准值记作"-",在数据记录时可以将"+"省略。

2) 水平测量

钢轨水平差在测量完轨距后即可进行。对只有水准气泡而无超高显示装置的标尺类轨距尺,测量水平时须将手从轨距尺上拿开,待水准气泡稳定时方可以读数。读数以水准气泡外边缘与水平 0 刻度相比较,偏 1 格即左右钢轨水平相差 1mm,估读取整。水准气泡偏向基准轨一边时记作"+",反之记作"-"(同样在记录时"+"可以省略)。曲线地段测量水平时,还需将测得的钢轨水平差与该处曲线的设计超高相减,结果作为水平的记录值(水平差大于超高时记作"+",小于超高记作"-")。

对有超高显示装置的标尺类轨距尺,读水平前应先将水平读数转盘指针归零,以使水平水准气泡窗口杆与轨距尺尺身平行,再用大拇指转动水平读数转盘,使水准气泡居中,估读水平读数转盘数值取整,如图 6-5 所示,水平读数为 12mm(转动未超过 1 圈)。不同厂的转盘旋转方向可能不同,但正负号的判别与水平记录方法与前述一致。此外,各地区水平正负规定可能不相同,本书采用基准轨高为正、低为负。

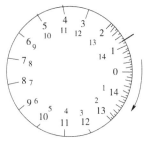

图 6-5 水平读数

2. 数显类轨距尺使用方法

数显类轨距尺又称电子道尺,上道检测前应先将曲线资料和道岔资料下载到道尺中,并按要求输入上下行、正反序、基准股、公里标、测量间隔等。上道检测时须首先对道尺进行掉头检测,如果道尺掉头发现轨距、水平检测值两次误差超限时,需要对电子道尺进行现场标定,合格后方可进行轨距、水平检测。电子道尺检测时与标尺类轨距尺在轨道上的放置方法基本相同,而数据可自动采集,检测完成后可导出 Word 或 Excel 形式的全部检测数据及超限情况。

二、传统方法检测轨道几何形位

通过轨距尺、弦线和人工目视等传统方法检查轨距、水平、高低、轨向、三角坑等轨道静态几何形位的主要方法要点如下。

1. 现场轨距、水平检测

(1)沿线路方向一般每 6.25m 用轨距尺检查一处。12.5m 标准轨的接头及中间各检查 1 处,每节钢轨检查 2 处;25m 标准轨每节钢轨应在接头、长度的 1/4、1/2 及 3/4 处检查 4 处。无缝线路每千米检查 160 处(每 6.25m 检查 1 处)。轨距尺使用时,应放置在轨枕上方,不宜放在两根轨枕之间;遇到钢轨接头时,轨距尺应放在距离轨缝 200~250mm 处的轨枕上(大约第二个和第三个接头螺栓之间)。

(2)检查轨距时,轨距尺应与线路中线垂直,现场操作时轨距尺垂直于任一股钢轨均可。测量读数时,不论钢轨头部有无肥边和磨耗,也不论轨顶有无坡度,均以标准轨距尺实际测得的数据为准。

(3)水平检查之前需要先确定基准股。在直线地段,一般沿里程增加方向,以左股钢轨为基准股;站线以靠近站台一侧的为基准股;道岔段线路以外直股、曲上股为基准股。水平差的符号,对面股低于基准股时的水平差符号为"+"号,反之为"-"号;曲线地段外股钢轨顶面与内股钢轨顶面的高差比曲线超高大时用"+"号,反之为"-"号。注意,水平差的符号和基准股确定方法各地区规定可能有所不同,具体以各地规定为准。

(4)水平检查与轨距检查同步进行,在同一测点依次读取轨距与水平两个读数。每一测点处轨距值与水平值宜进行 3 次重复检测,取 3 次读数平均值为检测结果并计算记录与标准值的偏差。如轨距+3、水平-5,即轨距与标准值偏差为+3mm,水平与标准值偏差为-5mm。

(5)在线路检查记录簿上,按线路里程(股道)、轨号、检查部位,依次记录轨距、水平的偏差值,如有超过限差,应进行勾画,以便进行统计与维修处理。

2. 三角坑勾画

线路几何状态传统方法检查中未用仪器对三角坑进行检查,而是以线路一定范围内(18m)相邻两点或三点的水平正负偏差值的代数差的绝对值来表示三角坑值,如图6-6所示三角坑值为|3-(-4)|=7(mm)。

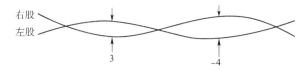

图6-6 三角坑计算示意图(尺寸单位:mm)

(1)三角坑的勾画应注意:在18m范围内,水平偏差为同符号(同为"+"值或同为"-"值)时,只勾画水平超限。如正线直线地段作业验收时,检查出连续四点水平偏差为:+6、+4、+3、+5,只对水平偏差值为+6、+5的两处进行水平超限的勾画,而不存在三角坑。在18m范围内,有呈正负相反符号的应勾画三角坑超限,如同时存在水平超限,也应予以勾画。如正线直线地段作业验收时,检查出连续四点水平偏差为:+6、-2、0、-1,应勾画三角坑,其偏差则为+6-(-2)=8mm,同时勾画+6处为水平超限;又如连续四点水平偏差为:+5、0、-3、-1,水平偏差+5与-3仍在18m范围内,依旧构成三角坑,三角坑偏差值为+5-(-3)=8mm,同时勾画+5处水平超限。

(2)有的水平偏差,构成同向双三角坑,此时勾画三角坑应画大不画小,画远不画近,如果画大不画小和画远不画近的原则相矛盾时,应以画大不画小的原则为先。同向双三角坑只统计为一处三角坑。例如连续四点水平偏差为:+5、-3、-4、-1,则+5和-3,+5和-4构成同向双三角坑,这时,按照画远不画近的原则,应勾画+5和-4,三角坑偏差值为+5-(-4)=9mm;如连续四点水平偏差为:+5、-5、-4、-1,则+5和-5,+5和-4构成同向双三角坑,按照画大不画小的原则,应勾画+5和-5,三角坑偏差值为+5-(-5)=10mm。

(3)有的水平偏差,构成交叉双三角坑,应画出双三角坑,按两处三角坑统计,同时存在水平偏差超限,仍应进行勾画和统计。例如连续四点水平偏差为:+5、+4、-6、-7,当日作业质量回检,+5和-6,+4和-7构成交叉双三角坑,应分别予以勾画,三角坑偏差值为+5-(-6)=11mm,+4-(-7)=11mm,统计为两处三角坑超限,并勾画水平偏差+5、-6、-7三处超限。

(4)在检查直线与曲线连接地段时,面向线路计算里程终端方向,如直线前面连接的曲线为左向曲线,检查及记录上均显示水平偏差符号相同,但事实上已构成三角坑。例如:在ZH(ZY)处,前后18m范围内,连续三点水平偏差为:+7、+6、+4,前水平差+7为左轨高7mm,后水平差+6或+4在曲线上为右股钢轨高6mm或4mm。这时,由于基本股选择的不同,虽然水平偏差符号相同,但实为正负号相反,已经构成三角坑。这种情况应注意勾画,防止三角坑的漏勾,同时在基本股选择变化处(ZH或ZY)以符号注明。

3. 轨向、高低检查

目测线路轨向和高低。在检查轨距、水平的同时,每隔100～150m目测前后轨向和高低,全面查看,重点检查。对超限的轨距和高低记录在"紧急工作量及其他"栏中。

轨向检查时,目测找出两股钢轨的轨向不良处,用石笔作出标记。将10m弦绳两端贴靠在钢轨内侧踏面下16mm处,测量弦绳至轨向不良处钢轨作用边的最大矢度值,如图6-7所示。若轨向是向轨道内侧凹入的,则应在10m弦绳的两端垫以同样高度的垫块,使弦绳两端垫离轨头内侧,量取弦绳至轨向不良处钢轨作用边的最小矢度值。用垫块高度减量取的最小矢度的差,即为该处轨向的最大凹矢度值。这种情况下,也可以检查相对股钢轨的外凸矢度值。

高低检查时,先俯身目测下颚圆弧的延长线,从纵向上找出线路高低不良的位置,用石笔做出标记。在钢轨顶面垫以同样高度的垫块,将10m弦绳拉紧后两端紧贴垫块上表面,如图6-8所示,量取弦绳至轨顶面的矢度。用垫块高度减量取的矢度之差,即为该处线路的高低偏差值。偏差值大于零,符号为"+",线路向上凸起;偏差值小于零,符号为"-",线路向下凹陷。

图6-7 轨向检查

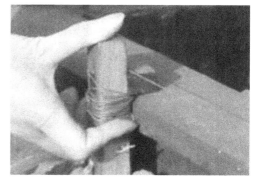
图6-8 高低检查

轨向、高低偏差值的确定,是以检查出的最大偏差值作为该线路单位长度(每千米或每股道)的偏差值,并在记录上标注最大偏差值出现的处所。

4. 勾画超限及完善记录

(1)超限处的勾画,必须严格按规定进行。轨距、水平超限处用红色的"√"勾画在超限数字的下方,三角坑用红色的"△"标在两数字间下方。轨向、高低不良之处,伤损钢轨,夹板和焊缝的伤损情况也需记录在"紧急工作量及其他"栏中。

(2)记录每页要填写里程(股道)、曲线半径、加宽、超高、轨号及检查日期等项目。曲线要素(ZH、HY、YH、HZ或ZY、YZ)标在对应轨号左上角。

(3)站线应在每股道的每页上方标明站线类别(有曲线时也应标明曲线要素)。

(4)正线每千米或站线每股道要有小计,每旬(次)要有合计,并统计出检查的长度,超限处数及最大超限程度。如:检查××km,轨距超限××处,最大超限××mm,最小超限××mm;水平超限××处,最大超限××mm;三角坑超限××处,最大超限××mm。

第二节 使用轨道检查仪检测轨道静态几何形位

使用传统方法进行轨道静态几何形位检测的效率较低,且不能实现连续检测。采用轨道检查仪(简称轨检仪)进行轨道检测具有检查速度快、效率高,可实现数据自动记录存储,便于统计查询,能有效提高轨道静态检测质量,因此现场应积极推广采用。

轨检仪是一种能在轨道线路上推行,通过移动测量或静态激光弦测法测量,并能实时显示同时自动记录轨道静态几何参数的静态测量仪器。操作人员在检查时可通过显示屏幕看见轨距、超高度及实际里程测量数值。在发现轨道缺陷后,可以实时在触控键盘上输入检查资料,如断裂焊口或断轨、需更换轨枕、缺少螺栓等的位置。

一、轨检仪型号

我国目前现场使用的轨道检查仪种类较多,如 GJY-H-5 型(图 6-9)、GJY-T-4 型(图 6-10)等。按照其测量功能分类,轨检仪有以下几种类型:

H 型——具有左右轨双侧平顺性测量功能的轨检仪;
T 型——只具有左轨或右轨单侧平顺性测量功能的轨检仪;
S 型——仅包含轨距、超高测量功能的轨检仪;
L 型——具有激光长弦弦测功能的轨检仪。

按照测量的准确度,轨检仪分为 0 级、1 级两个等级。0 级轨检仪用于测量线路允许速度不大于 350km/h 的线路;1 级轨检仪用于线路允许速度不大于 200km/h 的普通线路。

图 6-9　GJY-H-5 型轨道检查仪

图 6-10　GJY-T-4 型轨道检查仪

二、GJY-T-4 型轨道检查仪

GJY-T-4 型轨道检查仪是专门用于轨道几何参数测量与分析的轨道静态检查仪器。检查仪与大型轨检车的原理近似,采用了姿态测控和轨迹测量原理。轨道检查仪在轨道上匀速推进时,可自动准确实时测量、大密度(采集间隔 0.125m)记录轨道的静态几何参数,并可推算 2.4m、6.25m 及延长 18m 内的三角坑。

1. GJY-T-4 型轨道检查仪组成

GJY-T-4 型轨道检查仪由检查机械装置、数据采集系统及智能型分析处理软件 3 大部分组成。

(1)检查机械装置:轨道检查仪在轨道上匀速推进时,该装置可自动准确实时测量轨道的静态几何参数,如轨距、水平、超高、左右股轨向(10m 弦)、正矢(20m 弦)和高低等。

(2)数据采集系统:仪器配备 32 位嵌入式操作系统,可进行人机对话,记录线路的百米标记,道口、站台、固定螺栓脱落、断轨、烧化、毛边、边磨等标记。推行检查过程中可自动记录检测数据,并实时在显示面板上显示,同时可初步分析检查数据,具备超限数据报警功能。系统内存大,可存储 100km 以上的线路检查数据,也可将检查数据转存在 U 盘上。

(3)智能型分析处理软件:轨道检查仪的数据处理可在任何台式电脑或手提电脑上进行,但必须安装与之配套的分析软件。通过分析软件的处理,根据线路静态几何参数管理值进行判断形成格式化报表(超限报表)。

2. GJY-T-4 型轨道检查仪特点

(1)传感器精度高,性能稳定。轨向(正矢)和高低采用非接触式姿态测控和轨迹测量原理,与采用接触式测量方法相比,大大减轻了线路肥边或磨耗等对测量精度造成的影响,使轨向(正矢)和高低的测量精度大大地提高。

(2)结构简单,重量轻,上、下道方便。外形尺寸为长(1700mm)×宽(1100mm)×高(1000mm),主要结构材料采用高强度铝合金,重量仅42kg。采用"T"形结构(图6-11),可轻松拆卸为横梁与纵梁两部分,横梁、纵梁上都设有提手,方便搬运。组装简单快捷,上、下道方便。位于横梁上手推架除可旋转折叠于横梁上外还可以自由调整高度,符合人体工程学要求。

(3)自动测量记录。仪器可自行设置0.125m、0.25m、0.5m和1m4种采样间隔;轨检仪推进时即可按设置的间隔距离自动采集数据,记录到内存中并将分析的结果及时滚动输出到液晶显示屏上。

(4)超限自动报警。在面板中设定好轨距和水平的超限报警标准,仪器在测量采集数据的过程中遇到轨距和水平(直线上)超过设定的标准值时即会自动报警,报警时面板将变为红色显示并伴有蜂鸣声,检查者能够即时准确的发现线路中比较大的病害处所。

(5)软件分析全面。检查数据经软件分析后结果可显示、打印并存储,还可与工务管理信息系统连接,提供线路维修的决策指导意见。软件提供了线路的水平、轨距、轨距变化率、左右股轨向、左右股正矢和左右股高低及三角坑的数据谱图,线路质量缺陷(如轨枕裂纹、螺钉松脱等)和线路状态(如隧道等)的分布图表,还提供各种超限报表等。

3. GJY-T-4 型轨道检查仪使用条件

①环境温度: -20 ~ +50℃(特殊处理后可在 -30 ~ +60℃环境下使用);
②相对湿度:≤90% RH;
③海拔:≤2500m;
④行进速度:匀速 0.4 km/h < V ≤ 8km/h;
⑤电源电压:电压 ≥DC9.0V。

4. GJY-T-4 型轨道检查仪数据采集系统使用方法

仪器组装好了之后,先打开总电源开关,再打开控制面板上的电源开关,系统将进入主菜单界面,如图6-12所示。根据主菜单上的提示,选择相应的功能,可进入相应的功能界面。

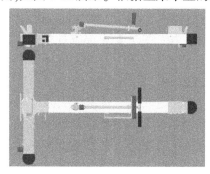

图6-11 轨道检查仪结构示意图

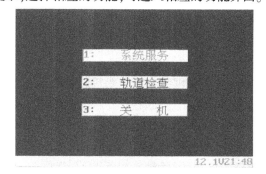

图6-12 主菜单界面

1)系统服务界面

在主菜单界面选择"系统服务"后,系统将进入系统服务界面。在此界面中,将显示2级子菜单,包括:状态监测、记录资料、系统设置、退出服务。按对应选项前面的数字键后,按

"确定"键,进入相应的功能设置。

(1)状态监测:在"系统服务"菜单界面选择"状态监测"后,系统将进入"状态监测"界面。在此界面中,将实时显示各传感器在当前位置和状态时的测量数值。其中"轨距"是1435mm 的相对值,并且显示了当前测量值对应的输出电压值;"水平"同样也显示了当前状态水平传感器的电压输出值和对应的测量值,水平为相对测量值,以纵梁为基准,当纵梁一侧抬高时,测量值为正,反之则为负;"方向"显示的是当前状态下轨道 10m 弦理论方向值,"高低"为当前状态下的轨道 10m 弦理论高低值;电源显示供电电源的电压情况;"温度"显示当前温度,测量温度的目的是为了对各测量项目进行温度补偿。

(2)记录资料:在"系统服务"菜单界面选择"记录资料"后,系统将进入"记录资料"界面。在此界面中,将显示面板内存的数据情况,包括记录数和每条记录的详细信息,每条信息的详细内容包括起点里程、线路的增减方向(编号后面的↑表示线路方向为增、↓表示线路方向为减)、行别、所占空间、记录的时间和日期。若记录的数目大于 1 页的显示量,系统将自动分页。

在记录资料界面中,可以进行"查询数据"和"数据导出"操作。

"导出数据"操作时,先在控制面板不带电的时候将 U 盘插入控制面板的 U 盘接口内,然后开机运行并进入"记录资料"界面,选择要导出的记录的编号,先按"Enter 确定"键,再按"F1"键系统将自动导出记录。导出成功后系统将提示"文件已成功导出",按任意键可返回"记录资料"界面。

(3)系统设置:在"系统服务"菜单界面选择"系统设置"后,系统将进入"系统设置"界面。在此界面中,将显示 3 级子菜单。包括:传感器标定,资料设置,日期、时间设定,设置标准,格式化存储器,系统设置查看、退出。按相应选项前面的数字键或通过移动光标选择,都可以进入相应的功能设置界面。

①传感器标定:在"系统设置"菜单界面选择"传感器标定"后,系统将进入"传感器标定"选择界面,可分别选择对轨距、水平、方向和高低的零点进行标定。

在标定这些传感器的时候,轨道检查仪必须放在一标准直线轨或专用"标定台"上,并且保持静止状态,通过"传感器标定选择"界面下选择不同的选项,系统将自动采样当前传感器的电压值,经过计算保存后,作为今后计算的零点。各传感器的零点设置步骤分别如下:

轨距:在"传感器标定"选择界面下选择"轨距传感器零点标定"后,系统将自动对轨距传感器进行零点标定,标定后零点电压值对应的测量值应该为0mm。按"Enter 确定"键将保存标定的零点值,同时返回到"传感器标定"选择界面。按"ESC"则不保存标定的零点值同时返回"传感器标定"选择界面。

水平:零点标定方法与轨距传感器的零点标定方法一样。

方向、高低:在"传感器标定"选择界面下选择"方向、高低零点标定"后,系统将自动对方向和高低传感器进行零点标定,对方向和高低传感器的标定的时候系统将会自动寻找准确的零点值,标定时间在 18s 左右,按"Enter 确定"键系统将保存方向和高低传感器的零点电压值同时返回到"传感器标定"选择界面。

②资料设置:在GJY-T-4 型轨道检查仪分析处理软件的"数据库维护"-"轨道检查仪资料设置"中,软件能够自动生成一个用于轨道检查仪参数设置的文本文件(设置. txt)。该文本文件中包含"铁路局名称、工务段名称、工区名称、线路名信息和员工信息",并且能够通过 U 盘导入到控制面板中去,供在检查数据的时候选择相应的参数。

"资料设置"就是用于将 U 盘中的"设置.txt"文件导入到控制面板系统中。操作时,先在控制面板不带电的状态下将 U 盘插在控制面板上,开机后进入"系统设置"界面,选择"资料设置"系统将自动导入"设置.txt"文件中的资料。

③日期、时间设定:在该界面可通过按"F1""F2"键来分别设置当前的日期和时间。

④系统设置查看、退出:轨道检查仪在数据采集过程中具有轨距和水平自动超限报警功能,在此界面中,可以查看或修改轨距和水平的超限报警极限值。还可以改变仪器在检查过程中的采样密度。在所有选项都修改好后,如果要保存修改后的设置则选择"保存返回"。

⑤格式化存储器:格式化存储器用于删除控制面板中内存里的检查数据记录,在"系统设置"菜单界面选择"格式化存储器"后,系统将进入"格式化存储器"界面,按"确定"键系统将格式化内存中的所有数据记录,并按任意键返回系统设置菜单。

2)轨道检查参数输入

在主界面菜单中选择"轨道检查"后,系统将进入轨道检查参数输入界面。在此界面中,需要设置的内容包括"所检查的线路的线路名称和行别、检查的起点里程、检查者、所检查线路的线路增减方向以及仪器检查时的左右轨"。在所有的参数都输入完成后,按"T"键,将进入轨道检查界面。

在轨道检查的过程中,如果遇到轨距或直线上水平超过自动报警的极限值的话,系统将会自动报警,此时,轨道检查界面中当前屏幕显示下的所有检查数据将变为红色字体,并且伴有蜂鸣声发出。

控制面板键盘布局,如图 6-13 所示。

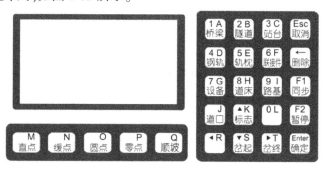

图 6-13　控制面板键盘

各按键的用途:

"F1"键:在此界面上,功能键"F1"被定义为同步功能键。在线路上里程标处若该处在显示屏上显示的里程数与里程标标示的里程不相同时,即可通过此键来同步里程。按"F1"键,在屏幕下方"当前里程"处将出现一个显示光标,提示输入同步里程。同步里程的输入与起始里程的输入方法不相同,同步里程是以米为单位,例如需要输入的同步里程为"10km + 300m",则应该输入"10300"。需要注意的是,在进行同步操作的时候,轨道检查仪不应该前进或后退。

"F2 暂停"键:在此界面上,"F2 暂停"键被定义为暂停功能键。在轨道检查中,按下此键后,系统将暂停采集数据,同时跳出暂停界面。该功能一般用于:测量临时下道时;测量"S"形曲线轨道检查仪需改换测量基准轨时。

5. GJY-T-4 型轨道检查仪现场检测步骤

1)上道准备

(1)仪器组装。

(2)控制面板资料导入。

(3)标零设置。

2)上道检查

(1)上道:两人将轨道检查仪抬起,放到轨道上方使横梁右侧的行走轮置于右轨顶面。轻推纵梁使横梁右边弹簧压缩到能将纵梁一边的2个定位轴承放入钢轨内侧面为止,然后将纵梁上的行走轮置于左轨顶面。右侧弹簧回弹后,左边2个定位轴承与左轨内侧自动贴合。

(2)数据采集:检查仪上道后,打开数据采集分析系统开关,选择自动测量模式,然后匀速地推行仪器,在推行过程中,如遇避车,按"暂停"键后下道,并在下道地方做标记,避车后在标记位置上道。如有需要可按"F1"键对方向高低传感器进行标零,然后再按"暂停"键继续向前推行进行数据采集;数据采集过程中向后拉仪器可删除已测量的数据,再前进时将继续采集数据;如在采集过程中带入了里程误差可在公里标处用"F1同步"键来进行里程同步。

(3)"S"形曲线测量方法:由于T4轨道检查仪为"T"字形结构,在检查过程中一次只能测量纵梁(有两个轮子的梁)所在股的方向和高低(该股钢轨即为基准轨);而另一股的方向和高低需要通过分析软件推算出来。而线路上测量曲线部分主要要求测量曲线外股的方向(即正矢),为使得测量的准确度更高,在进行曲线部分测量的时候,一般都将仪器的纵梁置于曲线的上股进行测量。

测量"S"形曲线时,测量第一个曲线按普通的曲线测量方法测量,在进入下一曲线前,将仪器的纵梁换到另一条钢轨上,基准轨换到另一条钢轨。其具体操作方法如下:

在进入下一曲线前的20m(尽量大于20m)的直线上,按控制箱的"暂停"键,测量的数据界面消失,显示"请按'暂停'键继续测量";在钢轨上做个记号,将仪器抬起,旋转180°,纵梁换到另一条钢轨上,保证前后两次仪器的位置尽量在同一点;同时将手推架旋转180°;静止状态下,按"F1"键对方向、高低传感器进行标零操作(也可以不进行此步操作);按"暂停"键,显示测量的数据后,继续向前推行测量。

(4)过道岔的测量方法:为确保在过道岔时(继续原轨道测量)不给里程带来测量误差,具体操作方法如下:

在进入道岔时按控制盒的"岔起"键,继续推行;在行至辙叉中心(咽喉)处按控制盒的"暂停"键,将仪器抬起平移至另一轨道的相同里程处;按"暂停"键,显示数据采集状态后,继续推行仪器,出道岔时再按"岔终"键,继续前进行数据采集。

3)下道、拆机及数据初步处理

检测完毕,将检查仪撤下线路,按要求拆卸为横梁与纵梁两部分并装箱,再对检测数据进行初步分析处理。

6. GJY-T-4型轨道检查仪数据处理系统

该数据处理系统是用于轨道检查仪参数处理的专用分析软件。

1)报表

无论在数据列表还是在图形模式下,点击"报表"下拉菜单或者工具条上相应按钮,就可以提取出超限报告、轨道频谱、缺陷统计、拨道作业、曲线检查报表和线路检查报表6项内容并可以打印输出。

(1)超限报告。点击"报表"下拉菜单中的"超限报告"或者快捷工具按钮即弹出超限判别对话框(图6-14),选择超限长度、相应的检查标准(作业验收、经常保养、临时补修),系统会自动计算超限的项目,峰值和线路的超限长度,点击"保存"后系统会自动生成一条EXCEL格式的超限报告,并保存在软件安装目录下的"REPORT"子目录中。

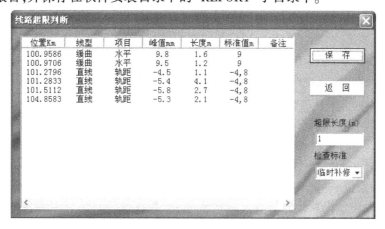

图6-14 超限判断

超限报表说明:位置——超限处的起始位置里程;线形——超限处的线路形状;项目——超限的类别(轨距、水平等);峰值——在一个超限区间内,超限的最大值,此最大值为现场真实值;长度——从超限开始点到超限结束点的距离;标准值——各项目的超限容许值;超限长度——超限长度为在提取超限报告的时候给定的一个基本值,凡是病害长度超过这个值的处所都将被提取出来,而病害长度低于50这个值的处所就将被忽略掉,可以根据自身的需求设置超限长度;检查标准——包括作业验收、经常保养、临时补修3种。

EXCEL格式超限报表的说明:左高低、右高低——沿线路里程增大的方向,左股钢轨的高低为左高低,右股钢轨的高低为右高低。左轨向、右轨向——沿线路里程增大的方向,左股钢轨的轨向为左轨向,右股钢轨的轨向为右轨向(这里的轨向指的是直线上10m弦的方向)。

(2)轨道频谱。即点击"报表"下拉菜单中的"轨道频谱"。依据信号分析理论,建立轨道不平顺理论模型,对各种轨道参数的能量分布状态进行了统计分析和显示,可以观察不同波长的不平顺在整体不平顺中的分布情况,科学而全面了解轨道质量状态,同时也为线路研究提供样本。

(3)缺陷统计。即点击"报表"下拉菜单中的"缺陷统计"或者工具按钮,显示缺陷统计。对线路检查记录的缺陷和标志进行统计,L、R为自定义缺陷,为线路维护提供准确的信息。

(4)拨道作业。拨道作业分精确和简易拨道两种。精确拨道后的曲线和理论值基本符合,拨道量一般较大。简易拨道主要用于日常维修,算出的拨道量小,但是曲线始、终点的切线方向可能改变。

对某一条曲线进行拨道计算的时候,首先应设置"起始点",起始点为所有的"零点"列表(零点是仪器在测量过程中根据现场情况输入到控制面板中去的),选择需拨道曲线起始点即可;若手工在软件中设置起始点,起始点必须设置在直线上,一般设置在直缓点前1~2m处,软件将自动紧跟起始点后的第一条曲线并计算拨道量;然后选择"设置完毕",测点的实际正矢值和理论正矢值即可显示到列表中,每相邻两测点之间的距离为10m(若选择"详细正矢",每相邻两测点之间的距离则为5m),最后按"拨道计算"后点击"计算"按钮将自动计算拨道量和拨后正矢。

(5)曲线检查报表。在提取曲线检查报表之前,应先确认该条记录是否有曲线存在,若没有曲线则操作无效;如果有曲线存在,首先应该在"设置"菜单中设置,提取曲线检查报表的方法,然后点击"报表"下拉菜单中的"曲线检查报表"或是工具按钮,点击"是(Y)"按钮后,将弹出选择步长的对话框,点击"是(Y)"按钮将生成5m步长的曲线检查报表,点击"否(N)"按钮将生成10m步长的曲线检查报表。如果该条记录有多条曲线,软件会自动发现曲线并逐一弹出提取"曲线检查报表"的对话框。生成的曲线检查报表会自动保存在软件安装目录下的"REPORT"子目录中。

①超高顺坡率:指相邻两测点的实测超高之间的差值与这两测点之间距离的比值。

②正矢差、连续差、超高差值:这些项目若在EXCEL报表中用红色文字显示出来则表示该项目是超限的。

(6)线路检查报表(图6-15)。线路检查报表类似于手工检查记录本,提取的时候首先在"设置"菜单中设置提取线路检查报表的步长,然后点击"报表"下拉菜单中的"线路检查报表"或是工具按钮,提示已成功生成线路检查报表。其内容包含轨距、水平、三角坑、轨向和高低等;生成的线路检查报表将自动保存在软件安装目录下的"REPORT"子目录中。

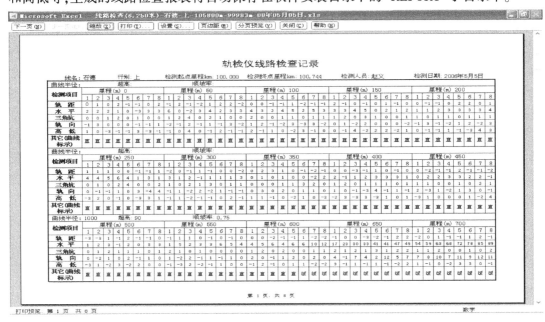

图6-15 线路检查报表(6.25m步长)

2)设置

(1)三角坑基长设置。三角坑基长设置分2.4m或6.25m,点击"设置"下拉菜单选择"三角坑基长",确定后需重新启动程序设置方可生效。

(2)道岔长度设置。本分析软件不做道岔区域是否超限的判断,道岔长度设置是考虑操作者在推行小车检查数据过道岔时忘记打岔起或岔终而设计的。如果只打了岔起或者岔终,软件将根据岔起或者岔终对设置的道岔长度区域将不做判断;如果岔起、岔终都打了,软件对岔起、岔终的区域长度不做判断,道岔长度设置不起作用。单击"设置"下拉菜单选择"道岔长度"。选择设置道岔长度,确定后需重新启动程序设置方可生效。

(3)设置EXCEL报表。在提取超限报表、曲线检查报表、线路检查报表的时候,这些报表将以 Excel 表格的方式保存于分析软件安装目录下的"REPORT"子目录中。

(4)曲线检查设置。用于设置曲线检查方法,单击"设置"下拉菜单选择"曲线检查设置",必须根据所检查线路的实际情况来设置曲线检查的方法。这样,软件才能提取出与现场符合的"曲线检查报告"。曲线检查的方法主要有:

①在圆曲线的尾部破桩(方法一):是指按曲线小里程到大里程的方向,以 ZH 点为起点,每 10m(或 5m)设置一个正矢测量点;如果曲线全长不是 10m 的整倍数的时候,破桩点设置在圆曲线尾部靠近 YH 点,此时 ZH、HY、YH、HZ 四个特征点均为正矢测量点。

②中分法(方法二):是指以曲线正中间位置为起始点,向两边每 10m(或 5m)设置一个正矢测量点,直到最后两个正矢测量点刚好超出曲线两端为止。此时 ZH、HY、YH、HZ 四个特征点均不是正矢测量点(曲线长度不是 10m 整倍数的情况下)。

③起点法(方法三):是指按曲线小里程到大里程的方向,以 ZH 点为起点,每 10m(或 5m)设置一个正矢测量点,直到最后一个正矢测量点刚好超出曲线另外一端的 HZ 点为止。此时,小里程方向缓和曲线上两个特征点 ZH、HY 点为正矢测量点,而大里程方向缓和曲线上 YH、HZ 点不是正矢测量点(曲线长度不是 10m 整倍数的情况下)。

(5)线路检查步长设置:线路检查步长设置分 2.5m、3.125m 和 6.25m 三种,在提取线路检查报表之前必须先设置好线路检查步长,在"设置"下拉菜单中选择"线路检查步长设置"即可确定。

3)通信

将存有轨道检查仪检查数据文件的 U 盘接入电脑(如果检查数据文件在电脑硬盘中则不需要此操作),点击"通信",确定后,在 U 盘(或电脑硬盘)中找到轨道检查仪检查的数据文件并选择打开,确定选择"工号"和"线路资料",此处"工号"是检查者的工号,"线路资料"为当前记录的线路名。"确定"后,该记录即被保存,否则该记录不保存。

若实际特征点比理论少即可在相应的位置"插入"特征点,所插入的特征点的"位置"可以根据所在曲线的其他实际特征点的位置和曲线要素计算出来,如果实际特征点有多余则可"删除"多余的特征点,以确保实际和理论特征点保持一致。按"精算"按钮后,将弹出特征点确认对话框,点击"确认"后,软件将把实际记录的特征点与理论特征点相结合进行数据处理。

为保证测量的准确性,检查人员在现场采集数据的时候尽量将实际特征点位置录入完整和准确,如果在现场特征点录入都准确的情况下发现曲线所有实际特征点和理论特征点的位置有较大的差距,且相差距离相同,软件分析时会根据理论特征点的位置来同步现场特征点的位置。

在记录处理完毕后,系统会自动显示当前分析的数据信息,单击后点"打开"或双击该记录后,该记录将调入计算机内存,供进行数据分析(提取各种报表等)。

4)数据库维护

数据库维护主要是实现检查项目基本信息的管理和维护,主要有"线路数据管理""超限数据设置""职工数据维护""工区数据维护""账号管理"和"轨道检查仪资料设置"等功能。

(1)线路数据管理。为了将实测数据与设计理论数据进行对比,软件建立了轨道理论参数数据库,可以通过线路数据管理功能实现线路理论数据文件的建立、删除和修改等功能。输入的线路理论数据是工务部门用于判断轨道状态的依据,是维修养护工作应该达到的理论基准。选中"线路数据管理",单击"确定"后即弹出线路资料管理对话框进行操作。

(2)超限数据设置。线路的质量状态是指导养护作业的基本依据,大中修作业、日常养护和临时补修分别有不同的标准。超限数据管理提供了管理超限标准的接口,为超限判别提供可修改的依据以提高适应性。选中"超限数据设置",单击"确定"后,便可进行超限数据设置。

第三节 钢轨与连接零件检查

一、钢轨检查

钢轨是轨道的重要组成部件,它与列车车轮直接接触,为车轮的滚动提供了平顺、连续的轨面。随着运营年限的增加,钢轨会产生各种病害问题,如波磨、侧磨、裂纹、核伤、轨头压溃、剥离掉块以及焊缝病害等,如不及时处理,将会严重影响行车安全。因此,必须加强对钢轨的检查,将事故隐患消灭在萌芽状态,这对于提高车辆运营安全具有重要意义。

(一)手工检查钢轨

手工检查钢轨是无损检测的一种重要手段。尤其在冬季温度低、温差大,伤损发展快,运用手工检查手段不仅能缩短检测周期,还能堵漏防断,所以现场在发挥仪器探伤作用的同时,广泛地辅以手工探伤。

手工检查钢轨主要有看、敲、照、卸、钩等五种常用检查方法。

1. 看(目视检查)

目视检查时可骑跨钢轨或站在钢轨一侧向前仔细观察钢轨表面状态,注意发现伤损钢轨所具有的特征,根据这些特征,综合判断钢轨有无伤损。

1)看钢轨顶面"白光"有无扩大

轨头踏面被车轮磨亮的光面俗称"白光",正常钢轨"白光"平、直、齐,形成一道白亮的光带。钢轨内部有伤时,轨面"白光"向外扩大。白光扩大的长度与内部裂纹的长度大致相同,因此若发现"白光"扩大须进一步分析有无其他特征,如"白光"扩大处有颚部下垂,颚下透锈等现象可判为伤轨。

2)看轨面"白光"中有无暗光或黑线

轨头内部有垂直纵向裂纹时,在扩大的"白光"中出现一道"暗光",这时因为内部出现裂纹以后轨面受车轮压力不匀,车轮碾压不到而导致亮光消失。暗光的形状一般是中间宽、窄一致,两头尖小,内部裂纹越宽时越靠近轨面,它的暗光越粗越明显,裂纹发展轨面时暗光变成黑线(图6-16)。

图6-16 轨面黑线

3)看轨头是否肥大或下垂

轨头部如发生裂纹,则该处轨头必然比良好的轨头肥大。轨头肥大几毫米,它的裂纹也宽几毫米。如发现有轨头肥大,而该处轨面又有扩大现象或颚下有锈痕甚至铁渣剥落时可判为伤轨。

轨头垂直纵向裂纹、水平纵向裂纹、下颚纵向水平裂纹等伤损发展到严重时,都会出现轨头颚部下垂。此时,可用小镜照下颚轨棱,使镜面与轨棱成45°角照射很容易发现轨颚下垂;也可趴在钢轨上用眼观察轨头下颚轨棱是否平直,如有下垂也易看出。

4)看钢轨腹部有无鼓包和变形

趴伏在钢轨上,用眼观察钢轨腹部,若发现有不平直处,用手摸有鼓包出现时,可用小锤敲击该处。如锤向外弹,证明腹部有竖裂内伤。哪一面鼓出伤损就靠近哪一面,两面鼓出伤在中间。一面鼓出、一面凹进是腹部扭曲伤损,易引起钢轨横向折断,应特别注意。

2. 敲(小锤检查)

敲是检查钢轨接头的主要方法。通过敲打钢轨作用面,观察小锤跳动情况、听敲击声音及感受锤柄的振动来判断接头范围内钢轨伤损情况。小锤的重量应根据轨型而定。P43以下钢轨用0.5kg小锤,P50轨用0.7kg小锤,P60及其以上钢轨用1.0kg小锤。

(1)敲击时面向钢轨蹲稳,手握锤柄,轻松自如,使锤头高出轨面约50mm,让小锤自由落在钢轨踏面上,注意眼看小锤跳动,耳听声音,凭手感震动来判断钢轨好坏。如钢轨良好,小锤将连续跳动3~5次,且声音清脆;如钢轨有伤,小锤落下后,跳动次数明显减少,跳动的高度也很小,甚至不起跳,发出的声音破浊不清,锤把震动无力。

(2)如小锤敲后,不能准确判断伤损时,可将小石子或硬币放在轨面上,再用小锤敲击,看小石子或硬币是否随着小锤的敲击而跳动,如果跳动,证明钢轨有伤。亦可用一只手的中指和食指轻轻触摸钢轨踏面,另一只手持锤平敲手指附近踏面,若感觉到有像人脉搏跳动一样的振动且手指发麻时则可判定是有伤钢轨。

(3)遇夹板、铁垫板与钢轨不密贴、螺栓松动、轨头肥边、枕木吊板以及雨后敲击时小锤跳动与发音都有变化,应慎重判伤。

3. 照(镜子和电筒检查)

照是检查钢轨不可缺少的一个步骤,钢轨裂纹有些是发生在阴暗部分,用目力不易直接发现时可用小型检查镜或电筒照来检查。

(1)照轨头侧面、下颚及轨腰,从镜中观看裂纹、锈线或其他伤损特征。

(2)将小型检查镜放至轨底,从轨缝处向上反光或从上面反射光线射入轨缝内(阴天、隧道内可用手电),查看轨缝或螺孔是否有裂纹。

4. 卸(拆卸螺栓或夹板检查)

用看、敲、照等方法检查后,仍不能判断接头处钢轨有无伤损,则应卸下螺栓或卸下夹板进行检查,确认后及时上好夹板或拧紧螺栓。

5. 钩(用探伤钩检查)

检查时如果由于接头螺栓锈蚀严重,暂时卸不下来,而又无法确认,就可用探伤钩在轨缝、轨腹或端面处缓缓滑动,通过是否有挂钩感觉进行确认。探伤钩可自制,采用长200~250mm、直径1~1.5mm钢丝,一端弯制成2~4mm的直角锋利钩。

除上述方法外,还可利用自然条件检查钢轨伤损,如霜雪天气,钢轨裂纹处黏附的霜雪往往较其他部位少,而且融化较慢,并有残留霜雪痕迹;雨后裂纹处留有明显的水痕和流锈现象,干后尚有红锈存在。此外,利用轨道电路故障也可迅速发现断轨。

(二)钢轨磨耗检测

目视线路轨道的钢轨有明显磨耗时,可采用机械接触式或光学非接触式钢轨磨耗仪对钢轨磨耗量进行检测。非接触式钢轨磨耗仪一般是基于激光摄像三角测量原理,利用安装在列车转向架端头的图像采集设备获取钢轨断面结构光图像,将其传输至图像处理单元进行图像预处理、图像匹配、坐标转换,得到钢轨轮廓的实测值,并与标准轨进行比对得出钢轨的实测磨耗值。目前非接触式钢轨磨耗仪仍处于研究试验阶段,现场尚未推广使用。目前现

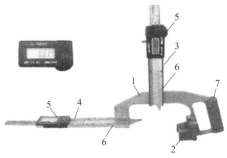

图 6-17 数显式钢轨磨耗仪的组成
1-底板;2-磁性定位块;3-垂磨测尺;4-侧磨测尺;
5-数显读数装置;6-游标对零装置;7-手柄

场普遍使用的是机械接触式钢轨磨耗仪,它主要由底板、磁性定位块、垂磨测尺、侧磨测尺、数显读数装置、游标对零装置、手柄等组成,如图 6-17 所示。

现场使用钢轨磨耗仪的主要方法与步骤如下:

1. 校对零位

将垂磨测尺、侧磨测尺的游标对零装置的游标"0"线对准,再按动数显读数装置清零键,将显示数字变为"0.00"。

2. 测量钢轨磨耗量

握住钢轨磨耗仪手柄,将磨耗尺定位在被测钢轨的外侧面,推动垂磨测尺和侧磨测尺使其测头分别与钢轨上表面和内侧面接触。此时,即可从读数装置中读取钢轨垂直磨耗值和侧面磨耗值。

(三)利用钢轨探伤设备检查

利用钢轨探伤设备检查是利用现代各种先进仪器,采用非破坏性的无损探伤,能探测各种钢轨的核伤、螺孔裂纹、轨腰的水平或纵向裂缝及焊接裂缝。目前主要使用最广泛的是超声波探伤,其基本原理是利用声波在不同介质中的传播特性,用 20kHz 的声波射入钢轨中,当遇到钢轨损伤时,根据反射回来的信号,即可判断伤痕的大小及位置。在探伤仪上安装有不同角度的探头,分别检查不同部位的损伤。如 70°角探头可用来发现轨头内的核伤或横裂,35°~45°角探头可探测轨腰及螺栓孔损伤;垂直探头发射纵波,可探测轨头轨腰轨底的水平裂纹、纵裂纹。

钢轨探伤设备探头配置和推行速度应满足以下要求:

(1)探头配置:探头配置应能保证从钢轨踏面上扫查时,声束所能射及部位的危害性缺陷都能被有效探测。

(2)推行速度:普通线路地段一般不大于 2km/h;无缝线路地段一般不大于 3km/h。

钢轨探伤具体检测方法,可依照铁运[2006]200 号《钢轨探伤管理规则》及各类探伤仪操作手册。对道岔、接头、曲线、隧道、桥梁等重点处的钢轨探伤,应注意仪器探测与手工检查相结合。

(四)钢轨伤损标准

$V_{max} \leq 120$km/h 的城市轨道交通线路钢轨伤损分为轻伤、重伤和折断 3 类。

1. 钢轨轻伤标准

(1)钢轨头部磨耗超过表 6-1 所列限度之一,而未达到表 6-2 标准者应判定为轻伤:

钢轨头部磨耗轻伤标准　　　　表 6-1

钢轨(kg/m)	总磨耗(mm)		垂直磨耗(mm)		侧面磨耗(mm)	
	正线、到发线	其他站线	正线、到发线	其他站线	正线、到发线	其他站线
60	14	16	9	10	14	16
60 以下至 50	12	14	8	9	12	14

注:①总磨耗 = 垂直磨耗 + 1/2 侧面磨耗;
②垂直磨耗在钢轨顶面宽 1/3 处(距标准工作边)测量;
③侧面磨耗在钢轨踏面(按标准断面)下 16mm 处测量。

(2)钢轨其他伤损达到下列限度之一者亦应判定为轻伤:

①轨端或轨顶面剥落掉块,其长度超过15mm,深度超过4mm;

②钢轨顶面擦伤深度达到1~3.5mm(用1m直尺测量最低处,包括轨端轨顶面轧伤和磨耗在内),波浪形磨耗谷深超过0.5mm;

③钢轨低头(包括轨端踏面压伤和磨耗在内)超过3mm。

2. 钢轨重伤标准

(1)钢轨头部磨耗超过表6-2所列限度之一者,应判定为重伤:

钢轨头部磨耗重伤标准　　　　表6-2

钢轨(kg/m)	垂直磨耗(mm)	侧面磨耗(mm)
60	11	19
60以下至50	10	17

(2)钢轨有符合下列伤损条件之一者亦应判定为重伤:

①钢轨内部有裂纹,包括核伤、钢轨纵向裂纹;

②钢轨表面有裂纹,包括螺孔裂纹、轨头下颚裂纹(透锈)、轨腰水平裂纹、轨头纵向裂纹、轨底裂纹等(不含轮轨接触疲劳引起轨顶面表面或近表面的鱼鳞裂纹);

③轨头下颚透锈长度超过30mm;

④钢轨在任何部位变形(轨头扩大,轨腰扭曲或鼓包),经确认内部有暗裂;

⑤轨端或轨顶面剥落掉块,其长度超过30mm,深度超过8mm;

⑥钢轨锈蚀,除锈后轨底边缘处厚度不足8mm或轨腰厚度不足14mm;

⑦钢轨顶面擦伤深度超过3.5mm;

⑧钢轨探伤人员或养路工长认为有影响行车安全的其他缺陷。

3. 钢轨折断标准

钢轨折断是指发生下列情况之一者:

(1)钢轨全截面至少断成两部分。

(2)裂纹已经贯通整个轨头截面。

(3)裂纹已经贯通整个轨底截面。

(4)钢轨顶面上有长大于50mm、深大于10mm的掉块。

二、连接零件检查

1. 接头连接零件检查

接头连接零件用于连接两根相邻的钢轨,并保证连接处的连续与整体性,传递和承受弯矩与横向力,同时满足钢轨伸缩的要求。普通钢轨接头由接头夹板(六孔鱼尾板)、接头螺栓、螺母和垫圈等组成,用于普通线路地段。列车通过时车轮对钢轨接头存在着动力冲击作用,容易出现钢轨接头低塌、鞍形磨耗、螺栓孔裂纹等病害,因此需进行加强检查与保养。接头连接零件检查时,必须做到:

(1)应检查接头夹板、螺栓、螺母和垫圈的型号与数量符合设计要求,作用良好,缺损时应及时补充和更换。接头夹板伤损达到下列标准,应及时更换:

①折断。

②中央裂纹(中间两螺栓孔范围内):正线及到发线有裂纹;其他站场线平直及异型夹板裂纹超过5mm,双头及鱼尾形夹板裂纹超过15mm。

③其他部位裂纹发展到螺栓孔。

(2)采用扭矩扳手或标准电动扳手对线路扣件扭矩进行检测。普通线路接头螺栓扭矩应达到表6-3的规定值,并应保持均匀。

普通线路接头螺栓扭矩标准　　　　　表6-3

项　目	单　位	25m 钢轨			12.5m 钢轨	
		最高、最低轨温差≤85℃				
钢轨	kg/m	60	50	43	50	43
螺栓等级	—	10.9	8.8	8.8	8.8	8.8
扭矩	N·m	500	400	400	400	400
C 值	mm	4			2	

注:①C 值为接头阻力及道床阻力限制钢轨自由伸缩的数值;
　　②高强度绝缘接头螺栓扭矩不小于700N·m。

对高强度螺栓终拧扭矩检测前,应经外观检查和小锤敲击检查,发现螺栓有松动时,应直接判定为终拧扭矩不合格。在小锤敲击检查后方可进行扭矩值检测,检测前应清除螺栓及周边涂层,螺栓表面有锈蚀时,应进行除锈处理。高强度螺栓终拧扭矩检测时,先在螺尾端头和螺母相对位置画线,然后将螺母拧松60°,再用扭矩扳手重新拧紧60°~62°,此时的扭矩值应作为高强度螺栓终拧扭矩的实测值。检测时,施加的作用力应位于扭矩扳手手柄尾端,用力应均匀、缓慢;除有专用配套的加长柄或套管外,不得在尾部加长柄或套管的情况下,测定高强度螺栓终拧扭矩。

2.中间连接零件检查

中间连接零件又称扣件,是轨道结构的关键部件,主要由螺栓、螺母、平垫圈、弹条、绝缘轨距块、铁垫板、绝缘缓冲垫板、轨下垫板、锚固螺栓、重型弹簧垫圈、平垫块等组成。其基本功能是保持轨距、防止钢轨爬行、增大轨道框架刚度、提供弹性、提供轨道绝缘,保证轨道电路正常工作和调整钢轨位置。当出现扣件缺失、弹条断裂、紧固螺栓松动、弹条弹性失效等扣件失效状态时将会改变钢轨的弹性和刚性,改变轨道轨距、平顺度,增加列车动态脱轨系数。

扣件缺失和弹条断裂人工巡检很容易发现,而螺栓松动导致弹条紧固状态松弛是扣件系统最常见的故障,发生的概率较高且不易发现。目前已出现了轨道扣件智能检测系统,除可自动检测轨道扣件的完整性还可同时检测弹条的紧固状态。系统采用高精度激光传感器同步扫描轨道扣件,获得扣件的三维点云,通过处理软件智能、快速、可靠地检测扣件的完整性和弹条的紧固状态,并实时声光报警,同时保存检测结果,作为扣件系统养护维修的依据。该技术尚处于试验研究阶段,目前未推广使用。现场检测时主要以塞尺作为检测工具,逐个检查轨道扣件的状态。

扣件应经常保持零件齐全、位置正确、作用良好,缺少时应及时补充。扣板、轨距挡板应靠近贴轨底边。弹条扣件的弹条中部前端下颚应靠贴轨距挡板或扭矩保持在80~150N·m。

扣件经检测伤损达到下列标准,应有计划地修理或更换:
(1)螺旋道钉折断,螺母或螺杆丝扣损坏,严重锈蚀。
(2)垫圈损坏或作用不良。
(3)弹条、扣板(弹片)损坏或不能保持应有的扣压力。
(4)扣板、轨距挡板严重磨损,与轨底边离缝超过2mm。

(5)挡板座、铁座损坏或作用不良。

(6)缓冲垫板压溃或变形(缓冲垫板需要定期测试其性能,防止列车运营时的噪声与振动加大,缩短轮、轨的使用寿命)。

第四节 混凝土轨枕与无砟道床检测

在轨道结构中,钢轨直接承受列车荷载但会将其所承受的荷载向下传递给轨枕及其下的道床,混凝土轨枕与无砟道床虽然强度和耐久性尚好,但在列车动荷载的反复作用下,仍会产生破坏,威胁到列车运营的安全,因此在施工和运营中仍需要从以下几方面进行检测。

一、外观缺陷检查

外观缺陷检查是通过肉眼观察检查无砟道床、混凝土轨枕等外观缺陷,包括道床裂缝、轨枕裂缝、轨枕压溃、挡肩破损、轨枕腐蚀、底边掉块、裂缝处渗漏情况、扣件螺栓周边裂缝等。记录描述各处缺陷位置、破损情况,并附图像资料。对缺陷照片应能反映缺陷整体情况、分布位置、典型部位情况,并附刻度尺作为参照物。外观缺陷检查结果宜记入表6-4。

道床检测记录表 表6-4

检测单位				检测日期		
线路名称				里程		
仪器及编号				检测环境		
检测结果						
序号	检测部位	检测项目	数量	病害位置	病害分布、类型、尺寸	病害照片编号
1						
2						
3						
4						
5						
6						
7						
8						
示意图						
说明:结构裂缝要记录分布、位置、走向、长度及深度						

检测人:　　　　　　记录人:　　　　　　复核人:

1.失效的混凝土轨枕

混凝土轨枕(含混凝土短轨枕、混凝土岔枕)出现以下情况之一的,应判定为失效:

(1)明显折断。

(2)纵向通裂:
①挡肩顶角处缝宽>1.5mm;
②纵向水平裂缝基本贯通(缝宽>0.5mm)。
(3)横裂(或斜裂)接近环状裂纹(残余裂缝宽度超过0.5mm或长度超过2/3枕高)。
(4)挡肩破损,接近失去支承能力(破损长度超过挡肩长度的1/2)。
(5)严重掉块。

2. 严重伤损的混凝土轨枕

混凝土轨枕出现以下情况之一的,应判定为严重伤损:
(1)横裂裂缝长度为枕高的1/2~2/3。
(2)产生纵向裂纹。
(3)两螺栓孔间纵裂(挡肩顶角处缝宽不大于1.5mm)。
(4)纵向水平裂缝基本贯通(缝宽不大于0.5mm)。
(5)挡肩破损长度为挡肩长度的1/3~1/2。
(6)严重网状龟裂和掉块。
(7)承轨槽压溃,深度超过2mm。
(8)钢筋(或钢丝)外露(钢筋未锈蚀,长度超过100mm)。
(9)斜裂长度为枕高的1/2~2/3。

二、道床混凝土强度检测

道床混凝土抗压强度的检测,可采用回弹法、超声回弹综合法或钻芯法等。

受到环境侵蚀或遭受火灾、高温等影响的构件中未受到影响部分混凝土的强度,可采用下列方法检测:
(1)采用钻芯法检测,在加工芯样试件时,应将芯样上混凝土受影响层除去。
(2)混凝土受影响层的厚度可依据具体情况分别按最大碳化深度、混凝土颜色产生变化的最大厚度、明显损伤层的最大厚度确定;也可按芯样侧表面硬度测试情况确定。
(3)混凝土受影响层能剔除时,可采用回弹法或回弹加钻芯修正的方法检测,但回弹测区的质量应符合《回弹法检测混凝土抗压强度技术规程》(JGJ/T 23—2011)的要求。

碳化深度的检测亦按现行《回弹法检测混凝土抗压强度技术规程》相关要求进行。

三、道床的裂缝检测

1. 无砟道床的裂缝检测

无砟道床裂缝检测应包括裂缝的位置、长度、宽度、深度、形态和数量的检测。
(1)每条裂缝应分别标记裂缝位置、宽度、深度、长度,并拍照存档。
(2)裂缝位置应以百米标或既有建筑物为基准,以米为单位进行标注;混凝土裂缝宽度,可采用裂缝宽度仪或塞尺进行检测;裂缝深度,可采用裂缝深度仪进行检测,必要时可钻取芯样验证;裂缝长度,可采用直尺或钢卷尺进行检测。
(3)裂缝照片应至少包括裂缝全景、局部特征、现场所标记内容等。

2. 混凝土道床的裂缝检测

混凝土道床裂缝检测结果应包括:
(1)裂缝展开平面示意图(图6-18),图中标记裂缝长度、宽度、深度、位置等。

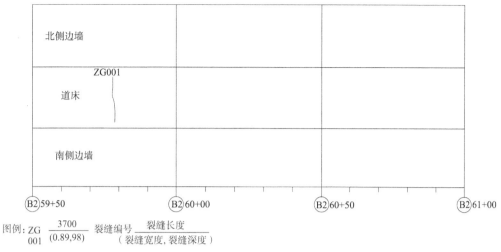

图例：ZG $\frac{3700}{(0.89,98)}$ 裂缝编号 裂缝长度(裂缝宽度,裂缝深度)

说明：图中裂缝宽度、深度、长度标注所用单位均为mm，里程为百米线。

图6-18 裂缝展开平面示意图

（2）裂缝属性统计表（裂缝长度、宽度、深度、位置等），并附所有裂缝照片。

四、道床与结构剥离情况

无砟道床与底座（支承层）等结构由于施工等问题可能剥离，如不及时发现处理，在运营过程中可能产生道床板变形隆起等病害。这些病害将直接威胁到行车安全，必须提前发现、提前整治方能确保安全。现场可采用地质雷达探测法对无砟道床与结构剥离情况进行检测。

地质雷达主机附带天线的有效探测深度应大于道床厚度。现场检测时，宜按以下要求进行：

（1）检测前应检查主机、天线及相关设备，使之处于正常工作状态。

（2）现场检测以纵向布线进行时，测线布置在整体道床上，根据现场情况，每方向线路测线不少于2条。现场检测以点测方式进行时，测点连线方向为纵向，测点间距不大于0.5m。

（3）检测前应对道床混凝土介电常数或电磁波速进行现场标定，每处实测不少于3次，取平均值作为该检测段的介电常数或电磁波速。

（4）检测时天线应匀速平稳移动且保持与道床表面密贴，同时尽量远离钢轨、电缆、金属管道等有电磁干扰的物体，并准确标记测量位置及测线距离电磁干扰体的距离。

（5）检测中发现有剥离脱空现象时，需进行复核。

检测结果形式为雷达扫描图像，可根据雷达图像判断有无剥离。

第五节 道岔质量检测

道岔是轨道结构的一个重要组成部分，其构造复杂、养护维修投入大、使用寿命较短，是轨道结构的主要薄弱环节之一。因此，做好道岔质量检查工作，加强道岔施工与养护质量控制,始终确保道岔处于良好的质量状态,是保证轨道运营安全、延长轨道结构使用寿命的重要保证。

道岔质量检查工作主要是使用轨距尺、支距尺、塞尺、钢尺、弦绳、石笔、检查锤等对道岔轨距、水平、高低、轨向等几何尺寸检查,以及对岔枕状态、道床脏污情况,尖轨、基本轨伤损,零配件缺少失效,警冲标、标识及电务附属设备等病害的检查。

一、轨距尺在道岔中的使用方法

在道岔日常检查时,除需使用轨距尺按一般方法对道岔部分的轨距进行测量,还需要对道岔辙叉处的查照间隔(辙叉心轨工作边至护轨工作边的距离)和护背距离(翼轨工作边至护轨工作边的距离)进行检查,如图 6-19 所示;并确保查照间隔不小于 1391mm, 护背距离不大于 1348mm。

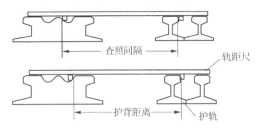

图 6-19 单开道岔查照间隔与护背距离

辙叉查照间隔测量前可先测量辙叉心顶面宽度约 25~40mm 处对应的轨距、水平,注意将轨距尺活动测头端放置在靠辙叉心方向,读取完该处轨距、水平读数后,将轨距尺向辙叉心方向横移,使轨距尺固定测头内侧贴紧护轨外侧工作边,轨距尺活动测头外侧紧贴辙叉心轨作用边,读取的最小读数即为查照间隔,注意应读取读数窗下面的刻度,其余与前述方法要点相同,如图 6-20 所示查照间隔读数为 1392mm。读取查照间隔读数后,再将轨距尺活动测头拨向翼轨并与翼轨工作边紧贴,此时读数即为护背距离,如图 6-21 所示护背距离读数为 1347mm。

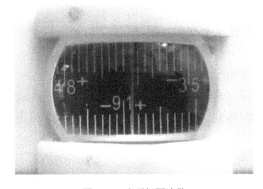

图 6-20 查照间隔读数

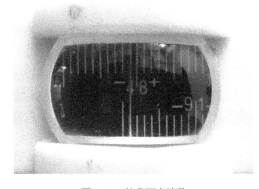

图 6-21 护背距离读数

二、支距尺使用方法

铁路支距尺是用于测量标准轨距铁路道岔导曲线支距的主要工具,如图 6-22 所示。

支距尺必须坚持周期检定。测量道岔导曲线支距时,将支距尺绝缘板搭在道岔的直股钢轨上,并使滑标压测板一侧的尺边缘与直股钢轨外侧待测的支距点标志对齐,同时将绝缘板下的两圆测头与直股钢轨工作边紧密接触,再移动滑标使压测板与导曲线钢轨工作边接触,通过滑标即可读出支距示值,如图 6-23 所示。其读数方法与游标卡尺读数方法相同,支距读数 = 主尺读数 + 1/分度 × 对齐的条数。

图 6-22 铁路支距尺　　　　　图 6-23 导曲线支距测量

三、单开道岔质量检测

(一)单开道岔轨距、水平检测

采用轨距尺检测单开道岔直股及曲股的轨距、水平。

(1)检测时一般先测量直股,然后测量曲股。按照先轨距、后水平的顺序逐处检查、记录。检查轨距时,大于标准轨距时为"+",小于标准轨距时为"-";检查水平时,直股以外股为标准股,曲股以外股(上股)为标准股,标准股高时为"+",反之为"-"号。

(2)9 号和 12 号道岔每副道岔共 17 处检测点,见图 6-24。它包括:基本轨接头、尖轨尖端、尖轨中部、尖轨跟端、导曲线前部、导曲线中部、导曲线后部、导曲线终点、辙叉前、辙叉中、辙叉后等,各检测点位置及标准见表 6-5。整体检查顺序原则上是检测点靠近时先直股后曲股;自导曲线"后4"检测点后,应保持道尺把手方向不变,使活动测头始终位于辙叉心一侧,确定辙岔段先直还是先曲。如先检查直股到辙叉跟端,目测岔后线路方向、高低后,自辙岔曲股岔后向前进行检查至辙叉前位置形成闭合。检测过程如遇非规定检测点存在超限病害时,可加密检测。

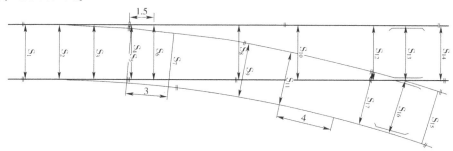

图 6-24 单开道岔轨距、水平检测位置(尺寸单位:m)

单开道岔轨距、水平检测点位置及标准　　表 6-5

顺号	检查部位	轨距标准		检查位置说明
		9 号	12 号	
S_1	前顺坡终点	1435	1435	基本轨接头后 110~130mm 处
S_2	尖轨尖端	1450	1445	尖轨尖端前约 50mm 处
S_3	尖轨中部	1444	1442	尖轨长度约 1/2 处的刨切终点处
S_4	尖轨跟端(直股)	1439	1439	尖轨跟端轨缝后基本轨端第一螺栓处
S_5	尖轨跟端(曲股)	1439	1439	尖轨跟端轨缝后基本轨端第一螺栓处
S_6	尖轨跟端后直股递减终点	1435	1435	距离尖轨跟端 1.5m(约第三根轨枕)处

续上表

顺号	检查部位	轨距标准 9号	轨距标准 12号	检查位置说明
S_7	导曲线前部(前3)	1450	1445	距离尖轨跟端3m(约第六根轨枕)处
S_8	直股中部	1435	1435	连接部分直股接头后连接轨轨端第一螺栓处
S_9	导曲线中部	1450	1445	导曲线接头后连接轨轨端第一螺栓处
S_{10}	直股后部(后4)	1435	1435	最后一个支距点向岔头量4m处
S_{11}	导曲线后部	1450	1445	导曲线终点向岔头方向量4m处
S_{12}	辙叉前(直股)	1435	1435	辙叉趾端100mm范围内
S_{13}	辙叉中(直股)	1435	1435	辙叉心宽25~40mm处,同时检查查照间隔、护背距离
S_{14}	辙叉后(直股)	1435	1435	辙叉跟端第三螺栓处
S_{15}	辙叉后(曲股)	1435	1435	S_{14}对应曲股位置
S_{16}	辙叉中(曲股)	1435	1435	辙叉心宽25~40mm处,同时检查查照间隔、护背距离
S_{17}	辙叉前(曲股)	1435	1435	辙叉趾端100mm范围内

说明:具体检查位置以各地现行规范为准。

(3)检查道岔记录时,尖轨、可动心轨等可扳动处所严禁手离轨距尺,记录时必须把轨距尺拿离钢轨,以免发生危险。在其他位置,记录时轨距尺可放在检查点上。

(4)上述17处道岔检查点中,除尖轨中部、辙叉中(直股、曲股)3处外,其余14处均应检查两股钢轨水平。需注意50kg/m、43kg/m道岔在尖轨后内直、内曲下面的通上垫板上有6mm平台以加高内直、内曲接头高低,防止出现轨面错牙,计算和记录时应扣除;道岔导曲线如导曲上股设置有超高,也应扣除。

各部分轨距加宽递减标准为:

①尖轨尖端轨距加宽,按不大于6‰的递减率递减至基本轨接头。

②尖轨尖端与尖轨跟端轨距的差数,直尖轨应在尖轨全长范围内均匀递减,曲尖轨按标准图或设计图办理。

③尖轨跟端直向轨距加宽向辙叉方向递减,距离为1.5m。

④导曲线中部轨距加宽,直尖轨时向两端递减至距尖轨跟端3m处,距辙叉前端4m处;曲尖轨时按标准图或设计图办理。

⑤对口道岔尖轨尖端轨距递减:两尖轨尖端距离小于6m,两尖端处轨距相等时不做递减,不相等时应从较大轨距向较小轨距均匀递减;两尖轨尖端距离大于6m,按不大于6‰的递减率递减,但中间应有不短于6m的相等轨距段。

⑥道岔前端与另一道岔后端相连时,尖轨尖端轨距递减率不应大于6‰。如不能按6‰递减时,可将前面道岔的辙叉轨距加大为1441mm;仍不能解决时,旧有道岔可保留大于6‰的递减率。

(二)利用支距尺检查支距及警冲标位置、尖轨是否爬行

1.检查道岔及尖轨爬行

(1)检查前端方正时,如有相错,直基本轨向岔前相错时记为"+"号,反之为"-";如相错大于20mm,应记录在轨向高低及其他或记事栏内。

(2)检查尖轨爬行:将支距尺放在直基本轨侧,距尖轨尖端200mm左右(支距尺不要影响尖轨扳动),用钢尺测量尖轨尖到支距尺的直线距离,超过10mm时则需要记录。

2.支距检查

以外直股上正对尖轨跟端处为起点,向叉尾每 2m 设一个支距点,分段至终点轨缝处,采用支距尺测量导曲线上股作用边到直股外股作用边的垂直距离。当实测支距大于设计支距时,记为"＋",反之为"－"(如在设计支距为 201mm 处实测支距为 204mm 时,则应记为 201＋3mm;在支距为 281mm 处实测支距为 280 时,则记为 281,－1mm)。

9 号道岔对应 9 处导曲线支距设计值(单位 mm)依次为:144、201、281、382、506、652、820、1011、1201;43 轨、50 轨 12 号道岔对应 12 处支距设计值(单位 mm)分别为:144、188、243、311、291、482、587、702、831、972、1125、1229。

3.警冲标测量

检查完支距后利用支距尺检查警冲标的位置,即将支距尺抵于钢轨外侧,测量距离大于 1.30m(规范:两线间距大于 4m)。同时,注意警冲标高低超出轨枕面 300～350mm,白色面向道岔方向,红白相间背向道岔。

(三)**其他几何尺寸的检测**

检测完支距后,检测尖轨动程、尖基距离与直、曲股轮缘槽尺寸等。

1.尖轨动程检测

尖轨动程可用钢尺在尖轨第一拉杆中心处检测,其最小值应满足直尖轨 142mm、曲尖轨 152mm。其他型号道岔按标准图或设计图办理。

2.尖基距离

尖轨非工作边与基本轨工作边的最小距离为 65mm,容许误差为－2mm。

3.轮缘槽宽度

(1)护轨平直部分轮缘槽标准宽度为 42mm。侧向轨距为 1441mm 时,侧向轮缘槽标准宽度为 48mm,容许误差为(＋3、－1)mm。

(2)辙叉心轨宽 50mm 处轮缘槽标准宽度为 46mm,容许误差为(＋3,－1)mm。

以上各部尺寸检查时,如有超过容许偏差的,记录在道岔检查表轨向高低及其他或"记事"栏内。

(四)**结构病害的检查**

1.钢轨

(1)尖轨、辙叉、钢轨是否有伤损。

(2)尖轨尖端与基本轨是否密贴。

(3)钢轨接头错牙(顶面或内侧面)是否大于 1mm。

(4)轨缝是否有瞎缝或大于 18mm 的大轨缝,普通绝缘接头轨缝是否小于 6mm;轨端是否有大于 2mm 的肥边。

2.岔枕

(1)位置或间距偏差是否大于 40mm。

(2)岔枕在接头处是否有失效,在其他处是否有连续失效。

(3)岔枕该消平的是否已削平或该修理的是否已修理。

(4)岔枕是否有空吊板。

3.联结零件

(1)接头、连标、顶铁、间隔铁、轨撑及护轮轨螺栓是否缺少、松动;顶铁离缝是否大于 2mm。护轨螺栓是否加双帽或加丝。

(2)尖轨与滑床板是否存大于 2mm 的间隙。

(3)道钉、铁垫板是否缺少;道钉浮起游离多少个。

(4)轨距杆及其他螺栓是否缺少和松动。

4.防爬设备

(1)防爬设备是否缺少、损坏和松动;防爬支撑是否缺损、失效。

(2)道岔前端相错和道岔两尖轨相错是否大于 20mm(10mm)。

复习思考题

1. 使用轨距尺测量轨距时应如何操作、读数?
2. 现场轨距、水平检测时应如何选择检测位置?
3. 简述现场手工检查钢轨的要点。
4. 钢轨的伤损程度应如何判别?
5. 单开道岔质量检测,应从哪些方面进行检查?

下篇 轨道交通工程监测技术

随着我国国民经济的飞速发展和城镇化进程的加快,人们的生产生活领域也在不断地扩大,高效快捷的出行需求也相应地愈加旺盛。以地下铁路和高速铁路为代表的轨道交通产业,以其低碳、环保、绿色、高效、快捷和准时等其他交通出行方式不可比拟的优势得到了广大市民的青睐,轨道线路和运营里程呈现出爆发式增长态势,作为朝阳产业的轨道交通工程建设行业迎来了前所未有的机遇和挑战。因此,该产业对轨道交通工程相关专业的人才培养提出了更高的要求。

轨道交通工程监测工作,是轨道交通建设过程和运营期间的"守护神",是各参建方监视工程安全的"眼睛"。各个监测点是轨道交通系统在不同部位布设的"神经元",可以实时地把监测数据反馈到监测中心。

第七章 轨道交通工程监测概述

 教学目标

1. 掌握轨道交通工程监测的特点与内容。
2. 掌握轨道交通工程监测精度与周期的确定方法。
3. 掌握轨道交通工程监测分区与分级。
4. 掌握轨道交通工程监测对象与项目的确定方法。

第一节 概 述

轨道交通工程监测是指采用仪器量测、现场巡查或远程视频监控等手段和方法,长期、连续地采集和收集反映轨道交通工程施工、运营线路结构以及周边环境对象的安全状态、变化特征及其发展趋势的信息,并进行分析、反馈的活动。在全国各城市轨道交通工程建设过程中,特别是在土建施工期间,已经普遍遵循规范及有关要求开展施工监测和第三方监测管理模式。通过监测信息的反馈和报送,为验证设计、施工及环境保护等方案的安全性和合理性,优化设计和施工参数,分析和预测工程结构和周边环境的安全状态及其发展趋势,实施信息化施工等提供了资料。

一、轨道交通工程监测的目的和意义

各种工程建筑物都有规定的使用年限,要求在使用年限内安全稳定,同时要经受住一定

的外力破坏作用。在工程建设期间和投入运营之后，都要保证安全使用，并尽量延长其使用期限。现代工程建筑物正朝着体积大、重量大、异形、结构更加复杂、内部设备更多、科技含量更高、施工周期更短和使用频率更高等方向发展，因此，各种建（构）筑物的变形监测显得非常重要。

轨道交通工程与其他工程相比，在建设期间，具有投资巨大、建设难度大、对周边环境影响大、建设周期长、参建方较多、地质条件复杂、涉及专业门类多和安全性要求高等特点，在运营期间可以大运量快速输送乘客，因此在公共安全方面要保证万无一失。在此期间的监测工作要求时间短、快速高效，及时反馈信息和及时处理相关隐患；如果因安全隐患而导致事故的发生，就会造成人民生命和财产的重大损失，由此必将引起强烈的社会负面效应。

轨道交通工程监测的主要目的，就是要获得轨道交通工程支护结构和周围岩土体、周边环境、线路结构等变形体的空间位置随时间变化的特征，以及支护结构各构件之间的受力情况和地下水位等的变化情况等，科学、准确、及时地分析和预报轨道交通工程的变形状况；同时还要正确解释其变形的机理，与其他监测项目和监测方式进行比对和相关性分析。

1. 轨道交通工程变形监测的目的

轨道交通工程变形监测目的可分为下述3类：

（1）安全监测，也是首要目的，通过重复观测，可以在第一时间发现其异常变形，以便及时分析和采取措施，防止事故的发生，最大限度减少人员伤亡和财产损失。

（2）积累资料，各种不同地质条件和施工方法，其变形规律可以对大量的数据进行总结和归纳，形成更加完善的理论体系，同时也是检验设计方法的有效措施，为今后类似工程提供更好的借鉴作用，从而修改设计方法和制定相关的设计规范。

（3）为科学试验服务，从实质上讲也是为了收集资料和验证设计方案，也可能是为了安全监测，只是在短时间内和人工条件下来研究变形机理。

2. 轨道交通工程变形监测的意义

轨道交通工程变形监测的意义可以分为实用上和科学上的意义。

（1）实用上的意义是通过不同的方法和手段，监测轨道交通工程相关部位和地质结构的稳定性，及时发现异常变化，对其稳定性和安全性进行评估和判断，及时采取处理措施，防止事故的发生。

（2）在科学研究上的意义，主要在于积累相关经验和资料，以便更好研究和解释变形机理，验证变形理论的正确性和变形假说，建立有效的变形预告模型，为研究类似的轨道交通工程和设计方案提供更加合理的数据支撑，还可以为规范的编制提供依据。

二、轨道交通工程自身特点及轨道交通工程监测的特点

1. 轨道交通工程的自身特点

与工业与民用建筑相比，轨道交通工程自身特点包括如下诸方面：

（1）线路延伸范围广。轨道交通总里程一般为几十公里甚至上百公里，关系到数十个车站与区间，对工程建设的管理要求较高。

（2）线路的结构形式和施工工艺复杂多样，建设风险也有差异。在不同的区段和不同的环境条件下，其施工工艺也有差异。例如，在地下段、地面段和高架段的结构形式中，地下段风险较高。

（3）沿线地质条件存在差异。轨道交通线路沿线可能涉及不同的地貌类型、不同的水文

地质与工程地质条件,可能穿越溶洞、煤层与河流等,从而增加了施工难度。

(4)沿线环境条件复杂。轨道交通工程通常从城市中心区穿越,其中建筑物密集,特别是近距离穿越建筑物或者地下管线时,环境条件极为复杂导致了施工工艺和监测难度的增加。

(5)线路不均匀沉降需要严格控制。轨道交通运行速度快、平稳舒适、安全准时等要求,对线路的不均匀沉降必须严格控制。

以上所述决定了轨道交通工程具有投资巨大、建设风险高、安全质量管控难等特点,同时还关系到社会公共安全。

2.轨道交通工程监测的特点

根据轨道交通工程建设的自身特点,相应的轨道交通工程监测具有如下几个特点:

(1)监测工作涉及线路长、任务量大。轨道交通工程线路区间长,需要投入大量的人力和物力,对于车站深基坑和线路区间,需要在建设周期内和运营期间进行安全监测,这就要求监测单位必须具有雄厚的技术实力。

(2)监测工作要求精度高。轨道交通工程在建设期和运营期间,都要求有较高的精度,才能保证在工程的整个生命周期内安全运营。

(3)综合使用多种监测手段。在大数据时代,随着物联网、云计算和相关监测技术的快速发展,轨道交通工程同时使用传统测量方法和其他新技术、新工艺及新设备,大量传感器的使用,大大提高了监测效率,降低了劳动强度。

(4)轨道交通工程监测在数据的传输上,采用有线方式和无线方式相结合,保证了数据传输的实时性。有线传输包括光纤和数据线等方式,无线传输可以采用GPRS等方式,现场的数据在采集完成后,实时无缝传输到监控中心,并且自动计算和显示相应的图表,使得成果更加直观。

(5)轨道交通工程监测要求可靠性更高。由于轨道交通工程位于城市中心等人员密集区,如果有任何形式的安全问题,必将会严重影响到人们正常的生产和生活,造成严重的社会负面效应。

(6)轨道交通工程监测涉及的项目繁多。主要包括:车站基坑、高架桥梁、地下管线、既有轨道交通线路、地面交通系统和高层建筑物等不同的对象;在监测内容上有水平位移、沉降、土体竖向位移、倾斜、裂缝、收敛、水位与水压力、岩土压力和锚杆应力等。

三、轨道交通工程监测的内容

轨道交通工程监测的内容较多,涉及几何量监测、物理量监测、周边环境监测和地下水监测等多方面。

1.几何量监测

几何量的监测内容包括:工程周边地表沉降监测、支护体系水平位移监测、围护结构水平位移监测、深层土体位移监测、地下管线变形监测、拱顶下沉监测、净空收敛监测、周边建(构)筑物倾斜监测、建筑物裂缝监测和挠度监测、盾构施工管片衬砌变形监测等。

2.物理量监测

物理量的监测包括:支护结构的支撑轴力监测、钢筋应力监测和混凝土应变监测、周围岩土体的土压力监测、爆破振动监测、盾构管片间的内力监测、矿山法隧道工程中钢筋格栅应力监测和初期支护与二次衬砌应力监测、锚杆应力监测等。

3. 地下水监测

地下水监测包括:施工区周边地下水位监测、孔隙水压力监测、渗透压力监测、渗流量监测等。

除了上述定量监测内容之外,还有现场巡视和视频监控等手段对变形进行定性监测。

四、轨道交通工程监测的主要仪器设备

1. 水平位移监测

轨道交通工程可以分为车站施工与区间线路施工等。根据施工部位的不同,其监测手段与方法各异,因此,需要使用不同的监测设备和仪器。

经纬仪和全站仪监测水平位移是传统的大地测量方法,由于全站仪使用主动测距方式,所以在地下和地表均可以使用。而GNSS接收机使用被动式测距和空间后方交会原理测量水平位移,该方法只能在地表等较为开阔的地带方可使用。对于直线形建(构)筑物,可以使用激光准直仪和活动觇标进行水平位移监测。对于轨道交通工程中高大建(构)筑物顶部相对于基础的水平位移,可以使用激光垂准仪或正垂线、倒垂线进行监测。收敛计可以监测隧道内部两侧及拱顶相对位移和收敛;测斜仪用于监测围护桩(墙)深层水平位移;裂缝计和游标卡尺等可以监测建(构)筑物或者盾构管片由于受力不均匀而导致的裂缝变化,包括裂缝长度、宽度和方向等的变化。三维激光扫描仪可以通过扫描变形体获得的点云数据,通过后期数据处理得到其位置变形信息。倾斜仪一般可以连续读数、记录和传输数据,精度较高,可以用来监测建筑物的位移和转动,还可以进行变形体的收敛监测。

2. 垂直位移监测

轨道交通工程中垂直位移监测与水平位移监测一样,都属于必测项目。传统的大地测量手段是采用几何水准测量法,使用精密水准仪监测点位在竖直方向的位移。随着新技术、新设备和新方法的出现,监测的效率和精度越来越高,精密电子水准仪可以自动观测、记录和存储观测数据;外业观测成果可以通过数据线或记忆卡等方式无缝传输到电脑上,直接导入平差软件进行计算和图表输出。带伺服马达的测量机器人可以通过前期学习过程,按照一定的观测周期和顺序,自动寻找目标进行观测、记录和数据的定期或实时回传。在水平和竖直方向同时进行监测。

液体静力水准仪是利用相互连通的且静力平衡时的液面进行高程传递的测量方法。传感器容器用通液管连接,每个传感器内设有一个自由的浮筒,当液位发生变化时,浮筒的位置将随液面变化而变化;而浮筒上的标志杆也会随之改变,通过CCD传感器来检测标志杆的位置并进行量化和输出,通过转换得到液位的变化量。

沉降仪是埋设在轨道交通建(构)筑物及其基础内、外表面用来监测器沉降的仪器。它主要包括横梁管式沉降仪、电磁式沉降仪、水管式沉降仪和钢弦式沉降仪等。

分层沉降仪是通过电感探测装置,根据电磁频率的变化来观测埋设在土体不同深度处的钢环即磁环的确切位置,再由其所在位置深度的变化计算出地层不同深度处的沉降变化。该仪器可以用来监测轨道交通工程中由开挖和打桩等地下工程引起的周围深层土体的垂直位移,如沉降和隆起。

多点位移计主要用于轨道交通地下工程中围岩表面和围岩内部位移观测、地表和地中沉降观测以及结构物的位移观测等。

3. 应力应变监测

轨道交通工程中建(构)筑物的应力观测,主要包括混凝土应力观测、土压力观测、孔隙水压力监测、渗透压力观测、钢筋应力观测、岩土体应力观测、岩土体荷载力观测等。应力观测仪器主要有轴力计、混凝土应力计、土压力计、孔隙水压力计、钢筋应力计、锚杆拉力计和测力计等。

除以上三类监测仪器和设备外,还有视频监控设备、爆破振动速度传感器和应变计等。视频监控设备可以实现对现场的实时监控;爆破振动速度传感器可以监测机械设备振动、爆破工程的振动等;应变计可以分为表面应变计和埋入式应变计,用于轨道交通工程中混凝土表面和内部应变测量。

五、我国轨道交通工程监测的现状

中国内地的第一条地铁线路是北京地铁 1 号线,始建于 1965 年,于 1969 年 10 月 1 日通车。经过 50 多年的发展,我国的轨道交通线路总里程已经位居世界前列。截至 2016 年,我国已经有 30 个城市拥有轨道交通线路 133 条,总里程达到 4152km。如此大规模的轨道交通网络,能安全有序地运行,必须有可靠的和精准的安全监测系统。

1. 监测管理的法规和体系基本形成

在城市轨道交通工程监测质量安全管理工作中,以《建筑法》《安全生产法》《建设工程安全生产管理条例》为基本法律和法规,以《城市轨道交通工程安全质量管理暂行办法》等一系列部门规章、地方法规和规范性文件组成了城市轨道交通工程监测管理的法规体系。随着我国城镇化进程的快速推进和轨道交通工程建设的全面发展,相应的监测法规、规范也在不断地形成和更新,为轨道工程监测提供了技术保障。

2. 监测管理的体制和机制基本建立

随着轨道交通工程参建单位认识的提高和技术的进步,在政府相关部门的监督和指导下,各地建立的"建设单位组织、施工单位和第三方监测单位自查、监理单位检查、政府程序监督"的轨道交通工程安全生产监督管理机制已经基本形成。

3. 监测的组织模式基本形成

建设单位应当委托工程监测单位进行第三方监测,必须具有相应的工程勘察资质,并向工程所在地建设主管部门办理备案手续,监测单位不得转包监测业务,不得与所监测工程的施工单位有隶属关系或者其他利害关系。第三方监测是有相应资质的监测单位受建设单位委托,按照合同和标准规范要求,对工程支护结构、主体结构关键部位和重要的周边环境等进行的监测工作。

4. 监测工作的作用初见成效

各地政府和参建方都对轨道交通工程监测有了明确的认识,都投入了大量的人力和物力,在很大程度上减少了安全事故的发生。同时,大多数轨道交通在建城市都建立了工程监测管理信息化平台,通过该平台实现监测数据、巡视信息可以及时、准确和快速上传,以及预警和预报,便于各方及时查询,了解相关信息,掌握工程安全状态等,使得整个安全风险管理工作及时、高效和有序,为工程建设和运营保驾护航。

在监测工作中取得了一定的成效,但是,存在的问题和不足也不容小觑。具体问题与不足如下:

(1)监测方案不具体,可操作性差。轨道交通工程监测方案,一种是总体监测方案,可以包括多个车站和区间;另一种是以一个车站或者区间为对象进行监测;最后,是根据工程进度以一个区间竖井和横通道或者车站总体、附属结构为单元编制的部分监测方案。无论哪种方案,普遍存在监测方案不具体、针对性不强和可操作性差等问题。

(2)监测点位埋设和保护力度不足。在监测过程中,点位的埋设和保护投入不足,保护不力,直接影响到监测的效果和可靠性。有的点位无保护措施,标识不全不规范,被压占和破坏的点位未履行相关手续等。

(3)监测预警标准不统一。标准不统一,造成工作混乱,责任不清晰,施工监测方、第三方监测和安全咨询之间的预警标准有别。

(4)监测成果报告质量问题。监测成果报告中缺少现场巡视资料和成果,周报和月报中过程曲线不规范,各种形式的监测方案,有的未进行专家评审,在方案的论证方面存在问题等。

(5)反馈的监测信息不真实。由于监测数据的真实性决定了数据的权威性,监测单位在作业过程中往往没有认识到其重要性,可能会对数据进行伪造,或者使用对内与对外两套数据;有的数据已经达到了预警级别,但是未及时上报给其他参建方,经常导致严重的工程事故发生。

六、轨道交通工程变形监测的精度与周期

变形监测精度是衡量监测成果可靠程度的重要指标,它反映了监测成果的误差范围,因此,制定变形监测的精度要求是最基本的技术指标之一,同时也是进行安全评价的基本保证。

变形监测的精度主要取决于该工程变形监测的目的和允许变形值的大小。国际测量师联合会(FIG)第十三届会议(1971年)工程测量委员会在讨论中提出:"如果观测的目的是为了使变形值不超过某一允许值而确保建筑物的安全,则其观测的中误差应该小于允许变形值的 $1/10 \sim 1/20$ 倍;如果观测的目的是为了研究其变形过程,则其中误差应比该值小得多。"

轨道交通工程监测精度,可以根据不同的影响范围和分区来具体确定,即使是同一建筑物的不同部位,其监测精度也可能不同。

变形监测的周期,指的是在重复观测过程中,相邻的监测工作之间的时间间隔。其长短应该以能反映变形体的变形过程并且不遗漏其变化时刻为基本原则。同时还取决于变形量的大小、变形速度和监测目的。初始周期的观测,也称为零周期观测,通常在监测控制网建立完毕,且点位均处于稳定状态时进行,由于以后各周期的成果都以初始成果为参考基准,所以通常要观测多次,在各次成果互差不超过一定范围时取其平均值,作为首次观测成果,以提高可靠性。

轨道交通工程的监测周期,与建(构)筑物的结构和类型、工程所在的地质环境、工程所在的建设时期,以及其他多种条件相关。例如车站基坑的深度、监测体与基坑的距离、地下管线的类型等,都与监测周期有密切联系。

在轨道交通工程中,车站基坑采用明挖法施工时,其监测频率的确定需要考虑基坑设计深度、基坑开挖深度和监测数据变化等情况,结合监测对象和监测项目的特点、地质条件等综合确定;要求监测频率满足监测信息,能够及时、准确、系统地反映监测对象变化规律以及各监测项目或对象之间的内在联系,根据施工开挖状况和基坑设计深度等关系,采取定时监测。

盾构法施工中,监测频率的确定根据其影响范围与变形规律,考虑盾构设备特点、施工进度、盾构施工参数、监测数据变化等情况,结合监测对象和监测项目的特点、地质条件等综合确定;要求监测频率满足监测信息,能够及时、准确、系统地反映监测对象变化规律以及各监测项目或对象之间的内在联系,根据施工进度采取定时监测,并根据监测数据的变化情况进行调整。

对于矿山法施工,其频率的确定与暗挖结构工法形式、施工工况、工程所处的地质条件、周边环境条件,以及监测对象和监测目的的自身特点等密切相关。施工开挖部位前5倍洞径与后2倍洞径范围受开挖土体扰动及岩土加固等扰动较明显,在此范围内要保证足够的监测频率。

此外,还有周边建(构)筑物的监测、地下管线的监测、桥梁的监测、高速公路和城市道路监测、既有轨道交通监测等方面。

第二节 轨道交通工程监测基本要点

一、工程影响分区与监测等级

1. 工程影响分区

根据国家强制性规范《城市轨道交通工程监测技术规范》(GB 50911—2013),按照3.2.1条款要求进行分区:

轨道交通工程影响分区应根据基坑、隧道工程施工对周围岩土体扰动和周边环境影响的程度及范围划分,可分为主要、次要和可能3个工程影响分区。如表7-1所示。

基坑工程影响分区   表7-1

基坑工程影响分区	范 围
主要影响区(Ⅰ)	基坑周边0.7H或$H \cdot \tan(45° - \varphi/2)$范围内
次要影响区(Ⅱ)	基坑周边0.7H ~ (2.0 ~ 3.0)H或$H \cdot \tan(45° - \varphi/2)$ ~ (2.0 ~ 3.0)H范围内
可能影响区(Ⅲ)	基坑周边(2.0 ~ 3.0)H范围外

注:①H——基坑设计深度(m),φ——岩土体内摩擦角(°);
②基坑开挖范围内存在基岩时,H可为覆盖土层和基岩强分化层厚度之和;
③工程影响分区的划分界线取表中0.7H或$H \cdot \tan(45° - \varphi/2)$的较大值。

对于土质隧道工程影响分区宜按表7-2中的规定进行划分。当隧道穿越基岩时,应根据覆盖土层特征、岩石坚硬程度、分化程度和岩体结构与构造等地质条件,综合确定工程影响分区界线。

土质隧道工程影响分区   表7-2

隧道工程影响分区	范 围
主要影响区(Ⅰ)	隧道正上方及沉降曲线反弯点范围内
次要影响区(Ⅱ)	隧道沉降曲线反弯点至沉降曲线边缘2.5i处
可能影响区(Ⅲ)	隧道沉降曲线边缘2.5i外

注:i——隧道地表沉降曲线peck计算公式中的沉降槽宽度系数(m)。

由于不同的轨道交通工程所处的水文地质条件等外界因素各不相同,因此,必须针对具体的工程调整各项参数。同时,还与施工方法有很大的关系,在以下情况下,应及时调整工程影响分区的界线：

（1）隧道和基坑周边土体以淤泥、淤泥质土或者其他高压缩性土为主时，应增大工程的主要和次要影响区。

（2）隧道穿越或基坑处于断裂破碎带、岩溶、土洞、强分化或全分化岩等不良地质体或特殊性岩土发育区时，应根据其分布和对工程的危害程度来调整其分区界线。

（3）当采用锚杆支护、注浆加固和高压旋喷等施工方案时，应根据其对周围岩土体的扰动程度和范围来调整分区界线。

（4）当采用施工降水措施时，应根据其影响范围和预计的地面沉降大小来调整分区界线。

（5）施工期间出现严重的涌砂、涌土和管涌，以及严重的渗漏水、支护结构变形较大、周边建筑物或地下管线等出现异常变形时，也需要及时调整分区界线。

（6）对工程进行监测分区的目的是为了对变形敏感部位和关键部位进行重点监测，防止安全事故的发生，在必要的监测周期或者点位有异常情况发生时，可以加大观测频率。

2．轨道交通工程监测的等级划分

轨道交通工程监测的等级划分，根据基坑、隧道工程的自身风险等级和周边环境风险等级，以及地质条件的复杂程度等进行划分。所谓的自身风险等级，又依赖于其支护结构发生变形或破坏、岩土体失稳等的可能性，以及其后果的严重程度，采用工程风险评估的方法来确定，还可以根据基坑的设计深度、工程的埋设深度和断面的尺寸来划分等级，如表7-3。

基坑、隧道工程的自身风险等级 表7-3

工程自身风险等级		等级划分标准
基坑工程	一级	设计深度大于或等于20m的基坑
	二级	设计深度大于或等于10m且小于20m的基坑
	三级	设计深度小于10m的基坑
隧道工程	一级	超浅埋隧道和超大断面隧道
	二级	浅埋隧道；近距离并行或交叠的隧道；盾构始发与接收区段和大断面隧道
	三级	深埋隧道和一般断面隧道

注：①超大断面隧道是指断面尺寸大于$100m^2$的隧道；断面尺寸在$50\sim100m^2$的隧道为大断面隧道；断面尺寸在$10\sim50m^2$的隧道为一般断面隧道；
②近距离隧道指两隧道间距在一倍开挖宽度范围内的隧道；
③隧道深埋、浅埋和超浅埋的划分根据施工工法、围岩等级、隧道覆土厚度与开挖宽度（或直径），结合当地工程经验综合确定。

监测等级的另一种划分方法是根据周边环境发生变形或破坏的可能性和后果的严重程度，采用工程风险评估的方法来确定。其具体分级，见表7-4。

周边环境风险等级 表7-4

周边环境风险等级	等级划分标准
一级	主要影响区内存在既有轨道交通设施、重要的建筑物或构筑物、重要桥梁和隧道、河流或湖泊
二级	主要影响区内存在一般建筑物、一般隧道和桥梁、高速公路或重要地下管线；次要影响区内存在既有轨道交通设施、重要建筑物和桥梁、隧道，隧道工程上穿既有轨道交通设施
三级	重要影响区内有城市重要道路、一般地下管线或一般市政设施；次要影响区内有一般建筑物、一般隧道和桥梁、高速公路或重要的地下管线
四级	次要影响区内有城市重要道路、一般地下管线或一般市政设施

根据表7-3与表7-4,确定基坑、隧道工程的自身风险等级和周边环境风险等级;再根据当地设计与施工经验、结合具体的地质条件复杂程度,可以依据表7-5确定轨道交通工程的监测等级。

工程监测等级　　　　　　　　　　　　　　　　　　　　　　　　　　　表7-5

自身风险等级 \ 环境风险等级	一级	二级	三级	四级
一级	一级	一级	一级	一级
二级	一级	二级	二级	二级
三级	一级	二级	三级	三级

根据以上分区和分级标准,可以确定在不同的地质条件下轨道交通工程的监测级别,从而可以确定具体的监测项目和内容。

二、监测项目和要求

轨道交通工程监测对象的选择应在满足工程支护结构安全和周边环境保护要求的条件下,针对不同的施工方法,根据支护结构设计方案、周围岩土体及周边环境条件综合确定。监测对象宜包括下列内容:

1. 明(盖)挖法基坑工程监测

根据基坑工程设计结构形式和开挖方法、工程周边环境保护要求,要对开挖过程中支护结构体系中的桩(墙)、边坡、立柱、支撑、锚索、土钉、顶板、井壁的稳定情况,基坑内外部的地表、深层土体和地下水等对象状态及其相互作用关系采集量测数据,从而验证施工开挖的安全性,发现问题及时分析。

2. 盾构法隧道工程监测

盾构施工阶段风险主要体现在开挖引起周边地层变化,对周边环境的影响以及盾构管片结构的变形和渗漏等。盾构法工程监测主要考虑管片结构及外部的地表、深层土体、孔隙水等对象,并对这些对象间的相互作用关系进行监测。

3. 矿山法隧道工程监测

矿山法施工相比明挖法及盾构法,风险较大,其特点表现为受地质条件影响大,拱顶上覆土层、开挖面地层、地下水控制都对开挖面安全有较大影响。根据矿山法支护结构特点及施工开挖方法,监测对象主要包括初期支护结构拱顶、结构底板、拱脚、结构净空、中柱结构,以及隧道外部的地表、深层土体、地下水等对象,并且对它们之间的相互作用关系进行监测。

4. 建(构)筑物的监测(略)

5. 地下管线监测

地下管线是敷设在地下用于输送液体、气体或松散固体的管道,是埋设于地下各种管道和电缆的总称。为了确保地下管线的安全运行和施工的顺利进行,在进行城市轨道交通工程施工中必须对施工区附近的埋设管线进行变形监测,特别要加强对天然气(或煤气)管道、供水、雨污水管、热力等带水、带压管线的监测,以有效指导施工,确保施工安全和管线安全。

6. 高速公路和城市道路监测

城市轨道交通地下工程多修建在城市主干道之下,在既有道路下修建隧道时,地层初始应力状态的改变和土体的固结沉降等都会造成周边地层的位移。因此,必须对高速公路与城市道路的路基、路面和道路挡墙等进行监测,才可以保证其安全运行。

7. 既有轨道交通监测

对于既有轨道交通工程,主要监测对象有车站主体(站台、站厅、生产与生活用房)、出入口与通道、通风道与地面风亭,以及轨道部分的钢轨、道床、道岔和其他附属设施等。

工程监测项目应根据监测对象的特点、工程监测等级、工程影响分区、设计及施工的要求合理确定,并应反映监测对象的变化特征和安全状态。同时各监测对象和项目应相互配套,各个监测变量应相互检核,可以满足工程设计和施工方案的要求,最后形成有效、完整的监测体系。

在此需要注意的是:支护结构和周围岩土体监测项目类型的选择及监测点布设原则是依据监测等级划分的,而周边环境监测项目类型的选择及监测点布设原则是按照影响分区确定的。

不同的施工方法,监测的项目也不完全相同。对于明挖法和盖挖法,其基坑支护结构和周围岩土体的监测项目,见表7-6所示。

明挖法和盖挖法基坑支护结构和周围岩土体监测项目　　　　表7-6

序　号	监测项目	工程监测等级		
		一级	二级	三级
1	支护桩(墙)、边坡顶部水平位移	√	√	√
2	支护桩(墙)、边坡顶部竖向位移	√	√	√
3	支护桩(墙)水平位移	√	√	○
4	支护桩(墙)结构应力	○	○	○
5	立柱结构竖向位移	√	√	√
6	立柱结构水平位移	√	○	○
7	立柱结构应力	○	○	○
8	支撑轴力	√	√	√
9	顶板应力	○	○	○
10	锚杆拉力	√	√	√
11	土钉拉力	○	○	○
12	地表沉降	√	√	√
13	竖井井壁支护结构净空收敛	√	√	√
14	土体深层水平位移	○	○	○
15	土体分层竖向位移	○	○	○
16	坑底隆起(回弹)	○	○	○
17	支护桩(墙)侧向土压力	○	○	○
18	地下水位	√	√	√
19	孔隙水压力	○	○	○

注:"√"表示应测项目;"○"表示选测项目。

从表7-6可以看出,对于各个等级的监测项目,支护桩(墙)、边坡顶部水平位移和竖向位移、支撑轴力、锚杆拉力、地表沉降、竖井井壁支护结构净空收敛和地下水位均为应测项目,是变形监测工作中重点需要掌握的内容。

随着城市轨道交通工程建设的快速发展,在城市区域内越来越多地采用盾构机进行施工。对于盾构法隧道管片结构和周围土体监测项目,可以根据表7-7选择监测内容。

盾构法对隧道管片结构和周围岩土体监测项目　　　　　　表7-7

序　号	监测项目	工程监测等级		
		一级	二级	三级
1	管片结构竖向位移	√	√	√
2	管片结构水平位移	√	○	○
3	管片结构净空收敛	√	√	√
4	管片结构应力	○	○	○
5	管片连接螺栓应力	○	○	○
6	地表沉降	√	√	√
7	土体深层水平位移	○	○	○
8	土体分层竖向位移	○	○	○
9	管片围岩压力	○	○	○
10	孔隙水压力	○	○	○

注:"√"表示应测项目;"○"表示选测项目。

上表可以看出,对于盾构法施工,应测项目主要有管片结构竖向位移、管片结构净空收敛和地表沉降,与明挖法和盖挖法相比,监测项目较少。对于矿山法隧道支护结构和周围岩土体监测,属于应测项目的有:初期支护结构拱顶沉降和净空收敛,以及地表下沉和地下水位。

对于上述选测项目,在以下情况时应对工程周围岩土体进行监测:

(1)基坑深度较大、基底土质软弱或基底下存在承压水且对工程影响较大时,应进行坑底隆起(回弹)监测。

(2)基坑侧壁、隧道围岩的地质条件复杂,岩土体易产生较大变形、空洞、坍塌的部位或区域,应进行土体分层竖向位移或深层水平位移监测。

(3)在软土地区,基坑或隧道邻近对沉降敏感的建(构)筑物等环境时,应进行孔隙水压力、土体分层竖向位移或深层水平位移监测。

(4)工程邻近或穿越岩溶、断裂带等不良地质条件,或施工扰动引起周围岩土体物理力学性质发生较大变化,并对支护结构、周边环境或施工可能造成危害时,应结合工程实际选择岩土体监测项目。

复习思考题

1. 轨道交通工程建设的特点有哪些?
2. 轨道交通工程监测的目的是什么?
3. 轨道交通工程变形监测有哪些特点及内容?
4. 如何确定轨道交通工程监测精度与周期?
5. 轨道交通工程监测是如何分区与分级的?
6. 轨道交通工程监测对象与项目有哪些?

第八章　轨道交通工程监测实施方法

教学目标

1. 掌握轨道交通工程水平位移监测方法。
2. 掌握轨道交通工程竖向位移监测方法。
3. 掌握轨道交通工程支撑轴力监测方法。
4. 掌握轨道交通工程施工地下水监测方法。
5. 掌握轨道交通工程隧道收敛监测方法。

第一节　变　形　监　测

一、变形监测技术设计

变形监测技术设计是指导轨道交通工程现场监测实施的主要技术文件,对不同的监测对象和部位制订相应的监测方案。项目的技术设计书的编写具有一定的格式,其内容主要包括:封面、目录和具体的监测步骤等。设计书中内容主要体现了监测对象的工程概况、监测目的和要求、使用的坐标系和高程系统、控制网的布点方法、仪器的选用、数据采集方法、数据分析和信息反馈、监测的频率和精度、报警值和人员配备、安全管理和质量保证措施等。其格式和要求主要有以下几个方面:

1. 变形监测技术设计书的基本格式

(1)封面:

××××(工程名称)变形监测技术设计方案

监测单位:×××××

起止时间:×××××

扉页:

项目名称:××××××

监测单位:××××××

编写单位:××××××

审查:×××

审核:×××

批准:×××

(2)目录:

①工程概况。

②监测目的和依据。

③监测项目和要求。

④坐标系统。
⑤监测控制网的布设和点位保护措施。
⑥监测仪器设备和检定要求。
⑦监测方法和精度。
⑧监测周期。
⑨监测报警值和特殊情况下的监测措施。
⑩监测数据处理和信息反馈制度。
⑪监测人员的配备与资格。
⑫现场监测和巡视控制指标。
⑬作业安全管理与质量保证措施。
⑭监测成果附图。

2．编制变形监测技术设计方案的步骤

(1)明确轨道交通工程监测体的性质和特点、监测内容和监测目的等。

(2)收集与监测对象相关的各种资料。

(3)现场踏勘与巡查,具体了解工程项目及周边环境、地下管线等情况。

(4)确定各类监测项目和内容所使用的仪器设备,尽量使用新技术和新工艺等先进的技术手段和方法。

(5)确定每个监测项目所采用的数据处理基准和方法。

(6)会同工程勘察、设计、建设、施工和监理等相关单位和人员确定各个监测项目的变形警戒值,地下管线等关键部位和敏感部位要与其权属单位共同磋商。

(7)编制好的监测方案初稿要提交委托单位进行审核和批准。

(8)根据委托单位提出的意见和建议进行修改,最终形成监测方案。

3．确定监测方法的因素

监测方法的确定应根据监测对象和项目的特点、等级、设计要求和精度、场地要求及工程经验等综合考虑,具有合理、经济、可操作等特点。

(1)变形监测的基准点、工作基点布设要求。监测基准点要位于施工影响区之外,每个工程沉降监测与水平位移监测基准点数目分别不少于3个和4个;对于小型工程,可以不设工作基点;点位埋设要符合规范要求的深度,定期复测工作基点与基准点的稳定性。

(2)监测设备和仪器等硬件要求。监测仪器和设备等应满足精度、稳定性、可靠性和量程要求,并定期检查和校准,不同的监测方法相互校核,及时保养和维护监测元器件。

(3)对于同一监测项目,现场监测宜符合以下规定。采用相同的监测方法和监测路线,使用的基准点和监测点等要稳定;使用同一监测仪器和设备,固定的监测人员,尽量在相同的环境条件下进行监测,保证每个周期的数据具有可比性。

(4)对于工程周边和周围岩土体监测点的埋设应在施工之前,工程支护结构监测点应在施工过程中及时埋设,待其稳定后独立观测3次,取平均值作为初值;根据现行规范、监测项目、控制值大小和相关标准综合确定监测精度;在观测期间,应做好点位和传感器的保护工作;使用新技术、新方法和新工艺前,应与传统监测方法进行验证后方可采用,保证其可靠性。

4．变形监测的主要内容

对于轨道交通工程变形监测,主要内容包括:水平位移监测、竖向位移监测、深层水平位移监测、土体分层竖向位移监测、倾斜监测和裂缝监测、净空收敛监测等项目。

二、水平位移监测的实施

轨道交通工程监测中,水平位移监测是主要的监测项目,对不同的监测体可以采用不同的监测手段,常用的监测方法主要有以下几种:

(1)常规大地测量方法。该方法主要是使用常规测量仪器(如精密经纬仪、测距仪和全站仪等),通过测量角度和边长等解算变形监测点的平面坐标,再将坐标与初始测量值比较,从而确定水平方向的位移量。这是水平位移监测的传统方法,主要包括三角网测量法、精密导线测量法、交会法、小角度法等。此方法通常需要人工观测,外业工作量大、效率低、劳动强度大、会受到地形条件限制,难以实现观测自动化。但是随着测量机器人等高新技术和设备的推广,变形监测逐步实现了观测自动化,大幅度提高了监测的效率和精度。

(2)基准线法。基准线法是测量水平位移的常用方法,该方法特别适用于直线形建筑物的水平位移监测,可以分为视准线法、引张线法、激光准直法和垂线法等多种。

(3)专用测量法。该方法采用专门的仪器和方法测量点与点之间的水平位移,容易实现远程实时监测。

(4)GNSS测量法。GNSS是全球导航卫星系统的总称,其优势在于全天候监测、自动化数据采集、动态和实时、高精度等。该技术已经在我国的多个水电站、桥梁等监测中发挥了巨大的作用。

水平位移监测网可以采用假定坐标系,并进行一次布网;每次监测前,应对水平位移基准点进行稳定性复测,以稳定点作为起算点。

(5)测量机器人方法。可以实现无人值守、自动观测和记录、可以遥控和遥测,自动化程度高。

(一)常规大地测量方法

1. 布设监测控制网

在进行监测之前,要在变形体周围布设监测控制网。为了测定水平位移监测点的绝对水平位移值,需要设置稳固的点作为参考,该点称为水平位移监测基准点。其位置埋设在变形影响范围之外,有时为了观测方便,在离监测点较近处设相对比较稳固的点作为工作基点,在该点上对变形监测点进行周期性监测。由基准点组成的网称为基准网,基准点个数通常在3个以上,需要定期复测。基准点、工作基点和监测点共同组成水平位移监测网。当监测体规模小、监测精度要求较低时,可以不设工作基点。

水平位移监测基准点的埋设应符合现行国家标准《城市轨道交通工程测量规范》(GB/T 50308—2017)的有关规定,由于变形监测中的边长都比较短,因此宜设置有强制对中的观测墩,或采用经过精密调校的光学对中装置,对中误差不宜大于0.5mm。支护桩顶水平位移监测点宜采用在基坑冠梁上设置强制对中的观测标志的形式,观测装置宜采用连接杆件与冠梁上埋设的固定螺栓连接,连接杆件尺寸与固定螺栓规格可根据采用的测量装置尺寸要求加工,具体规定参照规范要求进行埋设。强制对中观测墩,如图8-1所示。

图8-1 强制对中观测墩

2. 水平位移监测的观测方法

水平位移监测的观测方法，主要包括前方交会法、后方交会法、精密导线法、三角网法、基准线法等。

(1) 前方交会法。它是指用两个或三个已知基准点，通过测量基准点到监测点的距离和角度来计算监测点的坐标，通过计算坐标变化量来确定其变化情况的方法。该方法适用于一些不可到达的地方，如滑坡体和巨型水塔等，精度较低。测角前方交会布点，如图8-2所示。

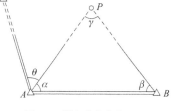

图 8-2 测角前方交会

采用公式(8-1)计算坐标：

$$x_P = \frac{x_A \cot\beta + x_B \cot\alpha + (y_B - y_A)}{\cot\alpha + \cot\beta}$$
$$y_P = \frac{y_A \cot\beta + y_B \cot\alpha + (x_A - x_B)}{\cot\alpha + \cot\beta}$$
(8-1)

点位中误差 m_P 的估算公式为：

$$m_P = \frac{m_\beta'' D (\sin^2\alpha + \sin^2\beta)^{1/2}}{\rho'' \sin^2(\alpha+\beta)}$$
(8-2)

式中：m_β''——测角中误差；

D——两已知点间的距离；

ρ''——206265″。

在使用该公式时，需要注意未知点 P 与已知点 A、B 按照逆时针方向排列，且分别与角度 α、β 相对应，为了提高未知点的可靠性和精度，一般要布设三个已知点，进行两组观测，计算成果相互校核，互差在允许范围内时取平均值作为最后成果。

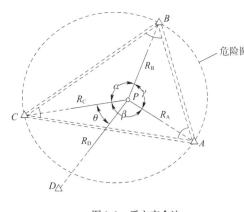

图 8-3 后方交会法

(2) 后方交会法。它是将全站仪架设在未知点 P 上，观测周围不少于2个已知点 A、B 和 C 等，从而求出待定点 P 的坐标。当同时观测角度与距离时，最少需要2个已知点，仅观测角度，则最少需要3个已知点；为了保证精度，已知点与未知点连线形成的交会角 α、β、γ 应保持在60°与120°之间。其形状如图8-3、采用公式(8-3)计算坐标。

$$x_P = \frac{P_A x_A + P_B x_B + P_C x_C}{P_A + P_B + P_C}$$
$$y_P = \frac{P_A y_A + P_B y_B + P_C y_C}{P_A + P_B + P_C}$$
(8-3)

其中系数：

$$\left.\begin{array}{l} P_A = \dfrac{1}{\cot\angle A - \cot\alpha} = \dfrac{\tan\alpha\tan\angle A}{\tan\alpha - \tan\angle A} \\ P_B = \dfrac{1}{\cot\angle B - \cot\beta} = \dfrac{\tan\beta\tan\angle B}{\tan\beta - \tan\angle B} \\ P_C = \dfrac{1}{\cot\angle C - \cot\gamma} = \dfrac{\tan\gamma\tan\angle C}{\tan\gamma - \tan\angle C} \end{array}\right\}$$
(8-4)

在使用该公式时需要注意:在待定点 P 安置经纬仪,观测水平角 α、β、γ 和检查角 θ;避免形成危险圆——不在一条直线上 3 个已知点 A、B、C 构成的圆;P 点位于危险圆上时,无法确定未知点坐标;选 P 点时,应避免使 P 点位于危险圆上。

3. 监测曲线形建(构)筑物水平位移的方法——精密导线法

精密导线法是监测曲线形建(构)筑物水平位移的重要方法。该方法主要特点是工作量大、点位密度大和边长较短等。根据观测原理的不同,可以分为精密边角导线和精密弦矢导线。前者是根据导线边长变化和导线的转折角变化值来计算监测点的变形量;后者是根据导线边长变化和矢距变化的观测值来求出监测点的实际变形量。其原理,如图 8-4 所示。

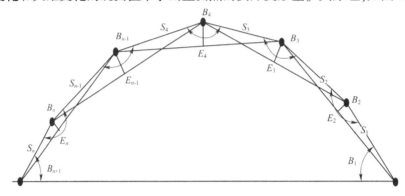

图 8-4 弦矢导线布置的原理

(二)基准线法

在轨道交通工程中,对于直线形建(构)筑物的变形监测,可以采用基准线方法监测点位在某一特定方向上的水平位移。该方法的基本原理是以通过建筑物的轴线或者平行于其轴线的固定不变的铅垂面作为基准面,根据该面来测定点位的水平位移。依据建立基准面所使用的工具和方法不同,又可以分为视准线法、引张线法和垂线法等。

视准线法常用来监测直线形建(构)筑物(如车站基坑支护结构顶部),在某个特定方向上的水平位移。在基准点或工作基点间建立一条基准线,测量监测点偏离该线的垂直距离。该方法受到多种因素的影响,例如大气折光和目标清晰度等。根据采用的仪器和作业方法的不同,又可以分为视准线小角法和活动觇牌法。

1. 视准线小角法

视准线小角法是利用精密测角仪器精确地测出基准线方向与测站点到监测点的视线方向间的小角,从而通过公式(8-5)计算出监测点相对于基准线的偏移值。如图 8-5 所示。

$$d = \alpha/\rho \cdot D \tag{8-5}$$

式中:α——偏角(″);

D——从观测端点到观测点的距离(m);

ρ——常数 206265″。

2. 活动觇牌法

监测直线形建(构)筑物的水平位移,还可以使用活动觇牌法。此法通过一种精密的附有读数设备的活动觇牌直接测定监测点相对于基准面的偏离值,需要有专用的仪器和照准设备,包括精密测角仪器和活动觇牌等,其上部为觇牌,下部带有对中和整平装置的基座,中间横向安置带有游标尺的分划尺,最小分划 1mm,游标尺可以读到 0.1 ~ 0.01mm。尺端带有微动螺旋,可以微调觇牌左右移动。如图 8-6 所示。

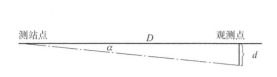
图 8-5 视准线小角法

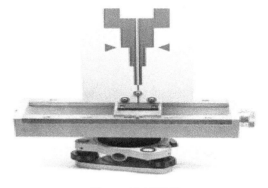
图 8-6 活动觇牌图

该方法操作如下：

(1)将全站仪安置在基准点上,对中整平后正镜瞄准另外一个基准点,水平制动后其视准轴即为基准线。

(2)监测点上安置活动觇牌对中整平,如果觇牌中心与视线方向不重合,在垂直视线方向调节觇牌使其中心与视准轴重合,读出位移量即可。

(3)转动觇牌微动螺旋再次瞄准和读数 2~4 次,取其平均值为上半测回成果,同样方法倒镜后测量下半测回,与上半测回平均后即为该测回最终成果。

(4)仪器重新整平,根据需要测量 2~4 个测回,测回互差不大于 3mm,否则重测。

(三)GNSS 方法

利用 GNSS(Global Navigation Satellite System)全球导航卫星系统测量水平位移在我国的水利、桥梁、高铁和边坡等工程中得到了广泛的应用。其相对定位精度可以达到亚毫米级,由于每增加一个观测点,必须增加一台 GNSS 接收机,需要稳定的数据传输系统,其成本较高,采用一机多天线技术是目前在监测领域内的重点研究任务。

该方法控制网的布设要求在变形区域外有 3 个以上的基准点,由于对中误差对短边的影响比长边的影响大得多,因此要求采用强制对中观测墩提高对中精度,对点位周边的高度截止角和视野有严格的要求,网形尽可能采用边连式或混连式,外业数据采集和处理应按照现行国家标准《全球定位系统(GPS)测量规范》(GB/T 18314)的相应规定执行。数据后处理可以采用相应的随机软件进行,例如 Trimble GNSS 接收机的数据后处理软件 TGO,Leica GNSS 接收机的数据后处理软件 LGO 等。其处理过程主要包括数据预处理、基线向量解算、观测成果的外业检核(包括同步环检核、异步环检核和重复观测边检核等)、网平差计算和精度评定与成果输出等。最后将监测点相邻周期的坐标进行比较,得到其水平位移量。

(四)测量机器人方法

测量机器人方法,可以实现对目标的快速判别、锁定、跟踪、自动照准和高精度测量与自动记录等功能,可以在大范围内对多个监测点进行高效遥控测量,在危险区域实施监测尤其具有优势。由于该方法采用主动式测距,因此广泛用于轨道交通车站基坑、地下工程等部位的三维坐标监测。测量机器人在经过前期学习过程后,仪器可以根据设定的限差要求、观测次序和测回数自动完成观测与数据记录,通过有线或者无线方式进行实时数据传输,也可以通过仪器内置存储卡进行数据交换,配合后处理软件可以对数据自动解算,得到相关的图表和报表。当观测的数据超过限差或者达到预警值时,可以将信息通过短信或者电子邮件的方式发送给相关级别的责任人。主流测量机器人有：Leica 系列 TM50、TCA2003 等，索佳系列 NET05AX、TRIMBLE 系列 S8 等。如图 8-7 与图 8-8 所示。

图 8-7　Leica Nova TM50 自动全站仪　　　图 8-8　TRIMBLE S8 测量机器人

1. 远程无线遥控测量机器人变形监测系统的组成

1）系统框架简介

远程无线遥控测量机器人变形监测系统主要由 3 部分组成：控制部分、无线通信部分和数据采集部分。控制部分发送指令和接收数据；通信部分完成控制中心与数据采集设备之间的双向通信；数据采集设备安装在作业现场，根据控制中心的指令采集相应的数据。

2）系统硬件组成

（1）测量机器人：主要作用是实现远程遥控进行数据采集，要求其具有伺服马达驱动、目标自动识别 ATR（Automatic Target Recognition）功能、自动调焦照准和自动观测记录，具有电子气泡显示纵、横向倾斜，同时具有双轴或三轴补偿器等功能；通过通信电缆或数据电台与计算机连接，由计算机存储同时计算机在线控制全站仪。

（2）无线通信模块：主要作用是完成测量机器人和控制中心的数据通信，理论上包括 4 种连接模式：分别是直接通过数据线将测量机器人与控制中心连接、通过数传电台建立通信链路、基于移动或联通信号网络的短信模式和通过 Internet 建立通信链路。

（3）系统控制中心：主要作用是向测量机器人发送控制指令，同时接收返回的观测数据。测量机器人硬件组成，如图 8-9 所示。

（4）系统软件构成。

（5）测量机器人机载软件：主要包括自动目标识别、自动照准、自动测角和测距、自动目标跟踪、自动测量与记录、限差超限处理和目标失锁自动处理等相关功能。

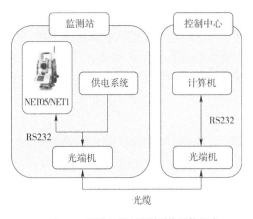

图 8-9　测量机器人监测系统硬件组成

（6）无线通信模块：主要功能是建立数据通信链路，用来转发指令和数据，将控制中心发出的指令解译并且转发给测量机器人，同时将机器人观测数据按照格式发回控制中心。

(7)控制中心软件：主要功能是发送开机、照准、观测和记录、关机等控制指令,监控接收机状态,同时接收测量数据。自动化变形监测系统的组成,如图8-10所示。

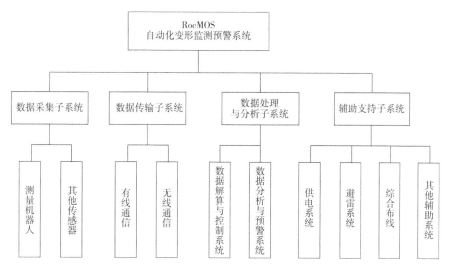

图8-10　自动化变形监测系统的组成

2. 自动化变形监测系统的主要技术优势

自动化变形监测系统在轨道交通工程监测中可以实现全自动化。它主要具有以下技术优势：

(1)无人值守,完全自动。系统能对各个监测点进行全自动长期监测,无论酷暑严冬和刮风下雨等恶劣天气均可正常作业。

(2)监测精度高。系统能以目前大地测量方法所能达到的最高精度,即毫米级精度测定监测点的位移。如此精度对于及时发现异常和分析变形规律、及时进行预警和预报具有非常重大的现实意义。

(3)实时处理与可视化显示。系统经计算机采集的数据是实时处理和可视化显示的。监测点坐标测量的结果实时显示,保证了动态反映施工现场的情况,便于分析变化趋势、及时提供科学依据给各决策者,真正实现信息化施工和监测。

(4)可靠性高,运行成本低。系统构成主要由全站仪、计算机和通信设施、供电电缆组成。控制软件可以按照无人值守和长期连续工作方式运行,还可以按照半自动和人工方式运行。系统维护比较方便,运行成本较低。仪器具有自动处理停电后续测和数据永久存储等功能。

(5)变形监测点增减灵活,成本较低。监测项目的加减与变形点的取舍、监测重点与监测频率的改变可以根据需要随时灵活处理。

数据后处理软件有不同的类型和版本,GeoMoS变形监测数据后处理软件是其中一种,该软件是一个开放式、可升级且可用户定制的自动化监测软件平台,主要适用于轨道交通工程和车站、高层建筑物、高危建筑、古建筑、大坝、滑坡、矿山、桥梁、隧道、高架道路等结构物外部形变和三维空间位置变化量的自动化安全监测应用。其软件主要由两部分组成,监测器和分析器。其中监测器负责传感器管理、数据采集和事件管理;分析器负责在线和离线分析、图形显示和数据后处理。还有广州南方测绘仪器有限公司研发的SMOS-TS软件,也可以实现以上功能。

(五)测斜仪监测水平位移

测斜仪(clinometer)适用于桩体水平位移监测和土体深层水平位移监测项目,如图 8-11 与图 8-12 所示。

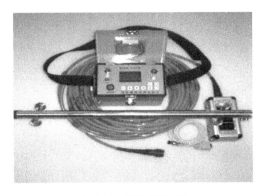

图 8-11 便携式测斜仪

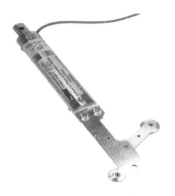

图 8-12 固定式测斜仪

1. 作业原理

测斜仪是一种能有效且精确地测量深层水平位移的工程监测仪器。它可以用来监测土体、临时或永久性地下结构(如桩、连续墙、沉井等)的深层水平位移。测斜仪有固定式和活动式两种。固定式是将测头固定埋设于结构物内部的固定点上;活动式是先埋设带导槽的测斜管,间隔一定时间将测头放入管内沿导槽滑动测定斜度变化,计算出在不同深度处的水平位移。

2. 分类与特点

活动式测斜仪按测头传感器的不同,可以细分为滑动电阻式、电阻应变片式、钢弦式和伺服加速度计式 4 种。目前使用较多的是电阻应变片式和伺服加速度计式测斜仪。电阻应变片式测斜仪的优点是价格便宜;缺点是量程有限,耐用时间短。伺服加速度计式测斜仪的优点是精度高、量程大及可靠性好;缺点是其抗震性能较差,当测头受到冲击或受到横向振动时易于损坏。

3. 测斜仪的组成

测斜仪由以下 4 大部分组成:

(1)探头:装有重力式测斜传感器。

(2)测读仪:它是二次仪表,与测头配套使用,其测量范围、精度及灵敏度根据工程需要而定。

图 8-13 测斜管

(3)电缆:连接探头与测读仪的电缆起着向探头供给电源和给测读仪传递监测信号的作用,同时还起到收放探头和测量探头到孔口距离的作用。

(4)测斜管:一般由塑料管或铝合金管制成,见图 8-13。其常用直径为 50~75mm,长度为每节 2~4m。管口接头有固定式和伸缩式两种。测斜管内有两对相互垂直的纵向导槽,测头导轮可在槽内滑动。

4. 作业方法

(1) 测斜管应在工程开挖前 15~30d 埋设完毕,在开挖前的 3~5d 内复测 2~3 次。待判明测斜管已经处于稳定状态后,取其平均值作为初始值,开始正式测试工作。每次监测时,将探头导轮对准与所测位移方向一致的槽口,缓慢放至管底,待探头与管内温度一致、显示仪读数稳定后开始监测。一般以管口作为确定测点位置的基准点,每次测试时管口基准点必须是同一位置,按照探头电缆上的刻度分划,匀速提升。每隔 500mm 读数一次,并做好记录。待探头提升至管口处,将仪器旋转 180°,再按上述方法测量,以消除测斜仪自身的误差。

(2) 因测斜仪的探头在管内每隔 500mm 测读一次,故对测斜管的接口位置要精确计算,避免接口设在探头滑轮停留处,容易卡住探头。

(3) 测斜管内有一对槽口应自上而下始终垂直于基坑边线,若因施工原因致使槽口转向而不垂直于基坑边线,则需要对两对槽口进行测试,同一深度取其垂直于基坑边线的矢量和。

(4) 测点间距应为 500mm,以使导轮位置能自始至终重合相连,而不宜取 1.0m 的测点间距,导致测试结果偏离。

5. 数据处理

计算原理:通常使用的活动式测斜仪采用带导轮的测斜探头,探头两对导轮间距为 500mm,以两对导轮之间的间距为一测段。每一测段上、下导轮间相对水平偏差量 δ 可通过式(8-6)计算得到。

$$\delta = l\sin\theta \tag{8-6}$$

式中:l——上、下导轮间距;

θ——探头敏感轴与重力轴夹角。

测段 n 相对于起始点的水平偏差量 Δ_n,由从起始点起连续测试得到的 δ_i 累计而成,采用式(8-7)计算。

$$\Delta_n = \sum_{i=0}^{n}\delta_i = \sum_{i=0}^{n}l\sin\theta \tag{8-7}$$

式中:δ_i——起始测段的水平偏差量(mm);

Δ_n——测段 n 相对于起始点的水平偏差量(mm)。

(1) 测斜管的形状曲线

测斜仪单次测试得到的是测斜仪上、下导轮间相对水平偏差量,如果将起始点设在测斜管的孔底或者孔口处,以上、下两个导轮间距为测段长度,则将每个测段的水平偏差量 Δ_n 沿深度连成线就构成了测斜管形状曲线。

(2) 测斜管水平位移曲线

若将测段 n 第 j 次与第 j-1 次的水平偏差量之差表示为 vxnj,则该值即为测段 n 本次水平位移量,在深度方向的连线就构成了测斜管累计水平位移曲线。

(3) 实际计算

在实际计算时,因读数仪显示的数值一般已经是经过转化而成的水平量,因此只需按照仪器说明书中的公式计算即可,不同厂家生产的测斜仪其计算公式各不相同。但是,读数仪显示的数值一般取 l = 500mm 作为计算长度。实际测量数据见表 8-1。其变形曲线如图 8-14 所示。

土体水平位移测斜数据

表 8-1

某基坑工程		1号竖井测斜		
观测日期	2010年7月26日			
测点编号	SJ1-CX-01		SJ1-CX-01	
深度(m)	本次位移值(mm)	累计位移值(mm)	本次位移值(mm)	累计位移值(mm)
0.5	0.8	-1.3		
1.0	1.0	-1.6		
1.5	1.4	-1.1		
2.0	1.8	-0.4		
2.5	2.2	0.3		
3.0	2.5	0.7		
3.5	3.1	1.2		
4.0	3.5	1.7		
4.5	3.8	2.1		
5.0	3.9	2.1		
5.5	4.1	2.5		
6.0	4.3	2.7		
6.5	4.2	2.6		
7.0	4.3	2.6		
7.5	4.1	2.5		
8.0	4.1	2.4		
8.5	3.9	2.3		
9.0	3.7	2.2		
9.5	3.5	2.1		
10.0	3.4	2.0		
10.5	3.3	1.9		
11.0	3.1	1.8		
11.5	2.9	1.6		
12.0	2.6	1.4		
12.5	2.0	1.0		
13.0	1.5	0.8		
13.5	1.3	0.6		
14.0	1.1	0.5		
14.5	0.8	0.4		
15.0	0.5	0.1		
15.5	0.4	0.0		
16.0	0.4	0.1		
16.5	0.3	0.3		
17.0	0.4	0.4		
17.5	0.4	0.4		

备注:向基坑方向位移为"+",反之为"-"。

(六)水平位移监测成果整理与数据分析

水平位移监测就是周期性地测定监测点相对于基准线或者工作基点在相邻周期之间的位移变化量或者坐标变化量,用数据或者图表的方式表达出来,进而来指导施工和保证施工的安全等。

1. 水平位移观测提交成果

(1)水平位移监测点平面位置图。
(2)各个监测点水平位移值统计表(本次位移与累积位移量)。
(3)各个监测点水平位移速率统计表。
(4)荷载-时间-位移量曲线表。
(5)位移速率-时间-位移量曲线图。
(6)水平位移监测报告等。

2. 监测数据分析

对水平位移监测点进行观测,是为了有效和精确得到点位的变化情况和未来变化趋势。因此,要采用合理的数理统计方法对获得的数据进行处理和分析。其主要方法包括以下几种:

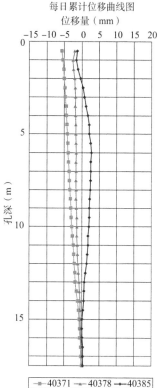

图8-14 测斜数据绘制曲线图

(1)截至最末一个周期,统计得到最大累计水平位移量的监测点、最小水平位移量的监测点和平均累计水平位移量。

(2)截至最末一个周期,统计得到最大水平位移速率和平均水平位移速率,单位均为mm/d。

(3)从荷载-时间-位移量曲线图的分布情况来分析,是否存在某个监测点的位移曲线与其他监测点的水平位移曲线相比有偏离或者不一致的情况出现,若存在此情况则要进行具体分析。

(4)依据速度-时间-水平位移量关系曲线图,发现某个监测点水平位移速度比其他监测点快或慢,要分析原因。

(5)依据水平位移曲线的变形趋势,判断各个观测点水平位移速率是否达到稳定阶段,决定是否延长观测周期或者停止监测等。

水平位移观测数据,如表8-2所示。

某轨道交通工程水平位移观测数据表　　　　　　表8-2

点号	坐标轴	首次观测值 (m)	第01次(2010.9.05)			第02次(2010.9.13)		
			观测值 (m)	本次位移 (mm)	累积位移 (mm)	观测值 (m)	本次位移 (mm)	累积位移 (mm)
SNZ-WY-1	B	796.9920	796.9920	0.0	0.0	796.9934	-1.4	-1.4
SNZ-WY-2	A	778.0503	778.0503	0.0	0.0	778.0511	0.8	0.8
SNZ-WY-3	A	777.3940	777.3940	0.0	0.0	777.3945	0.5	0.5
SNZ-WY-4	A	777.3082	777.3082	0.0	0.0	777.3075	-0.7	-0.7

三、竖向位移监测的实施

(一)几何水准竖向位移监测

竖向位移监测是轨道交通工程建设中的必测项目,主要包括:桩顶竖向位移、基坑底部隆起(回弹)、地表沉降、周边建筑物的竖向位移和临时立柱竖向位移等。观测方法与手段主要有：几何水准测量、电子测距三角高程测量和静力水准测量等。其观测周期,在时间上分为开挖期间、结构回筑期间以及有支撑基坑段拆除期间等,根据基坑开挖深度来决定观测周期。所用水准仪精度要求满足±0.3mm/km,某精密水准仪TRIMBLE Dini 03,如图8-15所示。

图8-15 精密电子水准仪

由于该方法精度高、操作简单,仍然是当前竖向位移监测的主要手段。同时,还应该满足以下要求：

(1)监测精度应与相应等级的竖向位移监测网观测相一致。

(2)主要监测点应与水准基准点或者工作基点组成闭合或附合水准路线。

(3)对于采用的水准仪视准轴与水准管轴的夹角(i角),监测等级为一级时,不应大于10″;监测等级为二级时,不应大于15″;监测等级为三级时,不应大于20″。i角检校应符合现行国家标准《国家一、二等水准测量规范》(GB/T 12897)的有关规定。

(4)采用钻孔等方法埋设坑底隆起(回弹)标志时,孔口高程宜采用水准测量方法,高程中误差为±0.1mm,沉降标志与孔口垂直距离宜采用经过检定的钢尺进行丈量。

(5)采用电子测距三角高程进行竖向位移监测时,宜采用0.5″~1″级的全站仪和特制的觇牌,采用中间设站、不量取仪器高的前后视观测方法,并且应符合现行行业标准《建筑变形测量规范》(JGJ 8)的有关规定。

对于竖向位移监测网,其高程基准点个数不应少于3个,工作基点可以根据需要进行布设,点位选择要求远处布设、深处埋设,布在施工影响区外。同时要求满足以下条件：

(1)竖向位移监测网宜采用城市轨道交通工程高程系统,也可以采用假定高程系统。

(2)采用几何水准测量、三角高程测量时,监测网应布设成闭合、附合线路或者节点网,采用闭合线路时,每次应联测2个以上的基准点。

水准基准点埋设深埋金属标,并设置保护井。其具体埋设要求如下：

(1)保护井壁宜采用砖砌,井壁厚度宜为240mm,井壁垫圈宽度宜为370mm,井深宜为1000mm,井底垫圈面距监测点顶部高度宜为700mm;井盖宜采用钢质材料,井盖直径宜为800mm;井口高程宜与地面高程相同。

(2)基准点分为内管和外管,外管直径宜为75mm,内管直径宜为30mm,基准点顶部距离井盖顶宜为300mm,井底垫圈面距基准点顶部高度宜为700mm。

(3)基准点宜采用钻机钻孔的方式埋设,基准点底部埋设深度应至相对稳定的土层,钻孔底封堵厚度宜为360mm,基点底靴厚度宜为1000mm。

深埋金属标埋设形式,如图8-16所示。

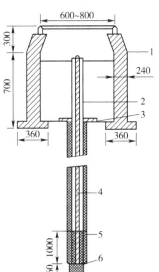

图8-16 深埋金属标埋设形式
(尺寸单位:mm)

1-保护井;2-外管;3-外管悬空卡子;4-内管;5-钻孔(内填);6-基点底靴;7-钻孔底

竖向位移监测网的技术要求,应符合现行国家标准《城市轨道交通工程测量规范》(GB/T 50308—2017)的有关规定。

竖向位移监测所使用仪器和方法,应满足竖向位移监测点测站高差中误差和竖向位移控制值的要求,且竖向位移的监测精度应符合表8-3的规定。

竖向位移监测精度 表8-3

工程监测等级		一级	二级	三级
竖向位移控制值	累计变化量 S(mm)	$S<25$	$25 \leqslant S<40$	$S \geqslant 40$
	变化速率 v(mm/d)	$v<3$	$3 \leqslant v<4$	$v \geqslant 4$
测站点测站高差中误差(mm)		≤0.6	≤1.2	≤1.5

注:监测点测站高差中误差是指相应精度与视距的几何水准测量单程一测站的高差中误差。

一般情况下,水准网观测的基准网按《工程测量规范》(GB 50026—2007)二等垂直位移监测网技术要求观测,监测网按《工程测量规范》(GB 50026—2007)三等垂直位移监测网技术要求观测,有特殊要求时可提高观测等级。二等、三等垂直位移监测网主要技术要求,见表8-4和表8-5。

垂直位移基准网观测主要技术指标及要求 表8-4

序 号	项 目	限 差
1	相邻基准点高差中误差	0.5mm
2	每站高差中误差	0.15mm
3	往返较差及环线闭合差	$\pm 0.3\sqrt{n}$mm(n 为测站数)
4	检测已测高差较差	$\pm 0.4\sqrt{n}$mm(n 为测站数)
5	视线长度	30m
6	前后视距离较差	0.5m
7	任一测站前后视距累积差	1.5m
8	视线离地面最低高度	0.5m

监测点观测主要技术指标及要求 表8-5

序 号	项 目	限 差
1	监测点与相邻基准点高差中误差	1.0mm
2	每站高差中误差	0.30mm
3	往返较差及环线闭合差	$\pm 0.6\sqrt{n}$mm(n 为测站数)
4	检测已测高差较差	$\pm 0.8\sqrt{n}$mm(n 为测站数)
5	视线长度	50m
6	前后视距离较差	2.0m
7	任一测站前后视距累积差	3m
8	视线离地面最低高度	0.3m

在数据的后处理上,目前水准测量已实现电子仪器采集作业,对水准仪观测的原始记录直接传输到计算机,检查合格后使用平差软件进行严密平差,得出各监测点的高程值。平差计算要求如下:

(1)成果平差采用专用平差软件进行,应检核外业观测数据准确可靠,合格后选择严密平差的计算方法。

(2)使用稳定的基准点为起算点进行概算,并检核独立闭合差及与3个以上的基准点高程相互附和差满足精度要求条件,方可进行平差处理。

(3)对平差成果各监测点点位高程中误差进行核查,检查是否满足监测精度要求。

野外观测数据与计算,如表8-6、表8-7与表8-8所示。

电子水准仪野外观测记录表　　　　　　　　　　　　　　　　　表8-6

仪器	蔡司DINI12			等电子水准测量记录手簿				日期2010.11.1	
	时刻:始15时16分				末15时34分			成像:清晰	
测　站	视准点	视距读数		标尺读数		读数差（mm）	高差(m)	高程(m)	备注
	后视	后距1	后距2	后尺读数1	后尺读数2				
	前视	前视1	前视2	前尺读数1	前尺读数2				
	中视	视距差(m)	累计差(m)	高差(m)	高差(m)				
1	D3	10.65	10.65	0.70822	0.70812	0.1		2000	
		10.58	10.58	1.37801	1.37804	−0.03	−0.6699		
		−0.07	−0.07	−0.66979	−0.66992	0.13			
2	2	6.43	6.43	1.14505	1.14507	−0.02		1999.33014	
		6.40	6.40	1.64918	1.64939	−0.21	−0.5042		
		−0.03	−0.10	−0.50413	−0.50432	0.19			
3	2	15.28	15.28	1.08697	1.08701	−0.04		1998.82591	
	3	15.93	15.92	1.69147	1.69145	0.02	−0.6045		
		0.65	0.55	−0.60450	−0.60444	−0.06			
4	3	19.24	19.19	1.03765	1.03788	−0.23		1998.2214	
	4	19.33	19.35	1.76045	1.76059	−0.14	−0.7228		
		0.09	0.64	−0.72280	−0.72271	−0.09			

某轨道交通工程地表沉降观测数据　　　　　　　　　　　　　　　表8-7

机场段地表沉降观测						
车站(区间)名:新机场综合配套工程交通综合枢纽站						
观测次数			第2次			
测点编号	初始高程（m）	初测日期	本次高程（m）	本次沉降量（mm）	沉降速率（mm/d）	累计沉降量（mm）
JC-DM1-1	1999.3767	10月25日	1999.3775	0.8	0.11	0.8
JC-DM1-2	1999.3367	10月25日	1999.3370	0.3	0.04	0.3
JC-DM1-3	1999.4368	10月25日	1999.4373	0.5	0.07	0.5
JC-DM2	1998.9842	10月25日	1998.9849	0.7	0.10	0.7
JC-DM3-1	1998.9246	10月25日	1998.9236	−1.0	−0.14	−1.0
JC-DM3-2	1998.6334	10月25日	1998.6325	−0.9	−0.13	−0.9
JC-DM4-1	1998.6689	10月25日	1998.6681	−0.8	−0.11	−0.8
JC-DM4-2	1998.8818	10月25日	1998.8812	−0.6	−0.09	−0.6
JC-DM5	1998.7060	10月25日	1998.7064	0.4	0.06	0.4

某轨道交通工程拱顶沉降观测数据 表 8-8

拱顶沉降观测						
车站(区间)名:机场暗挖段						
观测次数			第 14 次			
测点编号	初始高程 (m)	初测日期	本次高程 (m)	本次沉降量 (mm)	沉降速率 (mm/d)	累计沉降量 (mm)
ZDK24+260(2)	2087.3567	9月27日				
ZDK24+255(2)	2086.9984	9月30日				
ZDK24+245(2)	2086.7938	10月4日				
ZDK24+239(1)	2086.1514	10月25日	2086.1469	-2.8	-1.40	-4.5
ZDK24+239(2)	2086.7667	10月25日	2086.7628	-2.0	-1.00	-3.9
ZDK24+239(3)	2086.2195	10月25日	2086.2126	-2.4	-1.20	-6.9
ZDK24+231(1)	2085.9354	10月25日	2085.9165	-3.1	-1.55	-18.9
ZDK24+231(2)	2086.5550	10月25日	2086.5437	-3.7	-1.85	-11.3
ZDK24+231(3)	2085.6041	10月25日	2085.5837	-2.3	-1.15	-20.4
YDK24+242(2)	2086.9079	9月27日	2086.8824	-0.6	-0.30	-25.5
YDK24+235(1)	2085.9224	10月25日	2085.9056	-2.4	-1.20	-16.8
YDK24+235(2)	2086.7944	10月25日	2086.7789	-2.4	-1.20	-15.5
YDK24+235(3)	2086.4055	10月25日	2086.3879	-2.3	-1.15	-17.6

根据测量数据绘制沉降曲线图,如图 8-17 所示。

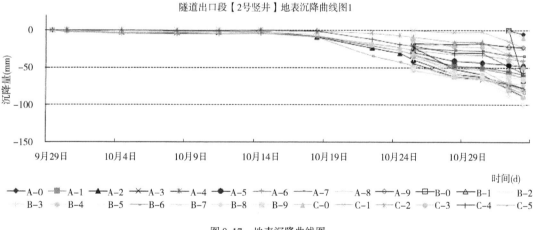

图 8-17 地表沉降曲线图

(二)土体分层竖向位移监测

土体分层沉降仪(layered settlement instrument)监测的目的,是监测基坑围护结构周围不同深度处土层内监测点的沉降情况,从而判断基坑周边土体稳定性。

主要使用的仪器和方法有:使用如图 8-18 所示的分层沉降仪监测埋设好的磁环分层沉降标;也可以埋设深层沉降标,采用水准测量的方法进行监测。

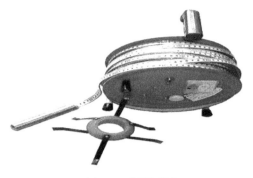

图8-18 分层沉降仪

分层沉降管宜采用聚氯乙烯(PVC)工程塑料管,其直径宜为45~90mm;磁环分层沉降标可通过钻孔在预定位置埋设。安装磁环时,应先在沉降管上分层沉降标的设计位置套上磁环与定位环,再沿钻孔逐节放入分层沉降管。分层沉降管安置到位后,应使磁环与土层黏结固定;磁环分层沉降标埋设后应连续观测一周,至磁环位置稳定后,测定孔口高程并计算各磁环高程,应以3次测量平均值作为初始值,每次读数较差不应大于1.5mm。

采用深层沉降标结合水准测量时,应符合表8-3竖向位移监测精度之要求。采用该方法监测时,应对磁环距管口深度采用进程与回程两次观测,并取进、回程读数的平均数。每次监测时均应测定分层沉降管管口高程的变化,然后换算出分层沉降管外各磁环的高程。

测读方法如下:

(1)三脚架支在测孔上方,放平稳。测头挂在钢卷尺端部,用螺钉销紧。
(2)测头慢慢放入管中,电缆跟进。
(3)接通滚筒面板上电源开关。
(4)测头下降到磁环中间时,音响立即发出声音找准确切位置。让钢卷尺与脚架中的基准尺对齐,读出该环所在深度。
(5)每次观测时用水准仪测出孔口高程与磁环深度,即可换算出磁环高程。

(三)静力水准仪监测

采用液体静力水准测量法可以监测变形对象的竖向位移,常用于轨道交通工程既有结构、重要建(构)筑物和桥梁等的竖向位移监测,可将其软硬件及传输系统组建远程自动化监测系统。

1. 作业原理

(1)监测仪器部分。如图8-19所示,监测仪器由主体容器、连通管、电容传感器等部分组成。当仪器主体安装部位发生高程变化时,主体容器产生液面变化,引起装有中间极浮子与固定在容器顶的一组电容极板间的相对位置发生变化,通过测量装置测出电容比的变化即可计算得到测点的相对沉降。该方法以及所用仪器依据连通管的原理,用电容传感器测量每个测点容器内液面的相对变化,再通过计算求得相对于基点的相对沉降量。

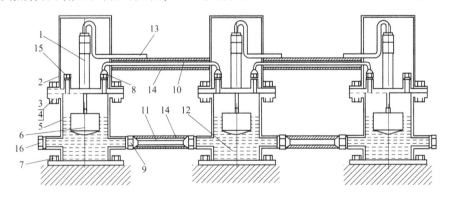

图8-19 静力水准仪原理图

1-液位传感器;2-保护罩;3-螺母;4-螺栓;5-液缸;6-浮筒;7-地脚螺栓;8-气管接头;9-液管接头;10-气管;11-液管;12-防冻液;13-导线;14-PVC钢丝软管;15-气管堵头;16-液管堵头

(2)数据采集单元部分。现场共设置智能型数据采集单元,内置智能数据采集模块、防雷隔离电源模块、纳入静力水准传感器。现场设置通信模块、无线通信模块、数据采集单元、智能数据采集模块、防雷隔离电源模块、通信模块和防雷净化电源构成一个完整的分布式数据采集系统。

(3)数据采集管理部分。信息管理系统由台式计算机及数据采集管理软件组成。台式机作为监控主机,软件系统将实际采集的各测次仪器电容比,按照标定参数转换成各仪器的位移变化量,计算基准点与各监测点间的相对沉降量,实现远程在线实时监测并用于监测数据的处理和监测成果的输出等功能。

2. 测点布置

1)基点、测点及采集箱埋设方法

基点及测点均埋设静力水准传感器,仪器可以布设在待监测对象侧壁、顶部、底部等稳定且易于仪器布设及保护的区域。其安装埋设步骤如下:

(1)检查各测墩顶面水平及高程是否符合设计要求。

(2)检查测墩预埋钢板及3根安装仪器螺杆是否符合设计要求。

(3)预先用水和蒸馏水冲洗仪器主体容器和塑料连通管。

(4)将仪器主体安装在测墩钢板上,用水准器在主体顶盖表面垂直交替放置,调节螺杆螺钉使仪器表面水平及高程满足要求。

(5)将仪器及连通管系统连接好,从末端仪器徐徐注入SG溶液,排除管中所有气泡。

(6)将浮子放入主体容器内。

(7)将装有电容传感器的顶盖板装在主体容器上。

(8)安装仪器、连通管和电缆等保护装置。

仪器和静力水准管路安装完毕后,用专用的3芯屏蔽电缆与电容传感器焊接,并进行绝缘处理。3芯屏蔽电缆的红芯接测量模块的信号接线端口,白、黄芯接激励接线端口。当容器液位上升时,电容比测值应变小,否则将白、黄芯接线位置互换。

数据采集单元与静力水准仪器一道,布置于侧壁、顶端或底部的稳定区域,安装位置要考虑仪器接入和围护方便,用4个地脚螺栓连接,安装后机箱平整,仪器进线整齐、标识明确,信号线、通信线和电源线与接线端子的接头均使用镀银冷压接头,以保证其可靠性。

2)埋设技术要求

在埋设前,要对每一条测线支架进行抄平,支架应安装在同一水平面上,高度互差不得超过3mm。如不能埋设在同一水平面则应加设转点;管路连接密封性好,管路无压折、无气泡;管路、通信线与电缆连接不影响结构和设施安全。

3. 观测方法

(1)观测方法及仪器。监测系统为仪器配套的分布式监测系统。该系统一般由传感器、数据采集单元、计算机、数据采集管理软件构成。各测量控制单元对所辖的仪器按照监控主机的命令或设定的时间自动测量,并转换为数字量,暂存于数据采集单元中,并根据系统监控主机的命令向主机传送所测数据。同时,监控主机根据软件设定的判断标准对实测数据进行检查和在线监控。

(2)观测方法及数据采集技术要求。静力水准系统按照《工程测量规范》(GB 50026—2007)中的静力水准二等观测监测网技术要求进行观测。其主要技术要求,见表8-9。

静力水准观测主要技术要求   表 8-9

序 号	项 目	要 求
1	仪器类型	接触式
2	两次观测高差较差	0.30mm
3	测线附和差	$0.3\sqrt{n}$ mm(n 为高差个数)

4. 数据处理

采集软件包括人工采集和自动化采集两部分。采集软件将读出的静力水准传感器电容比数据,与标定数据进行比较计算,解算出位移量,并自动存储入库、实时显示、生成数据报表。

四、净空收敛监测

在矿山法隧道工程监测中,初期支护结构的净空收敛监测非常重要。

1. 监测目的

初期支护结构拱顶沉降及隧道净空收敛监测是隧道施工中一项必不可少的监测内容。由于地下工程自身固有的复杂性和变异性,传统的设计方法仅凭力学分析和强度验算难以全面、适时地反映出各种情况下支护系统的受力变化情况。围岩应力及环境条件发生变化,周边围岩及支护结构随之发生位移,该位移是围岩和支护力学行为变化时最直接的综合反映,因此,隧道围岩位移监测具有非常重要的作用。通过对围岩周边的水平净空收敛量及其速度进行观察,掌握其内部随时间变形的规律,从而判断围岩的稳定性和为确定二次支护的时间提供可靠的依据。

2. 监测点的布设要求

区间暗挖法测点布置在每条隧道的顶部,随着隧道的形成而延伸。断面设置要有代表性,如进出洞口、地层变化处等,并尽量与地表沉降点相对应。在《城市轨道交通工程监测规范》(GB 50911—2013)中要求,初支结构拱顶沉降、净空收敛监测断面及监测点布设应符合下列规定。

(1)初支结构拱顶沉降、净空收敛监测应布设垂直于隧道轴线的横向监测断面,车站监测断面间距为 5~10m,区间监测断面间距为 10~15m。

(2)监测点宜在隧道拱顶、两侧拱脚处(全断面开挖时)或拱腰处(半断面开挖时)布设,拱顶的沉降点可以兼作净空收敛监测点,净空收敛测线宜为 1~3 条。

(3)分部开挖施工的每个导洞均应布设横向监测断面。

(4)监测点应在初支完成后及时布设。

由于观测断面形状、围岩条件和开挖方式的不同,测线位置和数量也有所不同。

3. 监测作业方法

(1)监测仪器。拱顶沉降监测采用精密水准仪及配套铟钢尺、钢挂尺等;收敛计;全站仪;红外激光测距仪。初支结构拱顶下沉和净空收敛的监测精度分别为 0.1mm 和 0.06mm。收敛计,如图 8-20 所示。

(2)测点的埋设。采用收敛计监测净空收敛测点布设材料选用 $\phi=22$mm 螺纹钢,埋设或焊接在导洞两侧,外露长度 5cm,在外露的螺纹钢头部焊接椭圆形的铁环,并用红油漆统一编号,如图 8-21 所示。

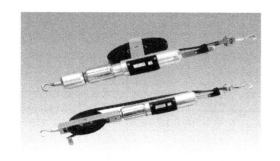
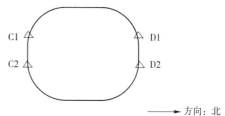

△：注为隧道净空收敛监测点
右线DK24+242监测断面点位布置图

图 8-20 收敛计　　　图 8-21 净空收敛监测点位布置

（3）作业方法。在收敛钩安装后进行收敛钩与收敛尺接触点的符合性检查，通过 4 次独立观测较差应小于标称精度的 2 倍。在观测时应施加收敛尺标定时的拉力，独立 2 次观测读数，较差小于标称精度的 2 倍时取中数。在工作现场温度变化较大时，应加入温度修正。

对收敛观测的要求如下：

①观测前应在室内进行收敛计标定。

②观测前必须将测桩端头清洗干净。

③将收敛计两端分别固定在基线两侧的测桩上，按预计的测距固定尺长，并保证钢尺不受拉。

④不同的尺长选用不同的张力。调节拉力装置，使钢尺达到选定的恒定张力，读记收敛值，然后放松钢尺张力。

⑤重复步骤④的持续 2 次，3 次读数差不应大于收敛计的精度范围。取 3 次读数的平均值作为计算值。

⑥观测的同时，测记收敛计的环境温度。

收敛计的观测方法如下：

首先，将百分表读数调整到 2.5～3cm，并将收敛计钢尺挂钩挂在测点上，收紧钢尺将销钉插入钢尺上适当的小孔内，用卡钩将其固定。

其次，转动调节螺母直到观测窗中线条与面板成一直线为止，读取观测窗和钢尺读数，两者相加即为测点间的距离。

最后，将每条测线前后两次测线距离相减即可算出各测点间相对位移，然后松开调节螺母，退出卡钩，将钢尺取下收好。

对于观测得到的数据，如表 8-10 所示。

隧道净空收敛监测记录计算表　　　表 8-10

测点编号	A1-B1	A2-B2	A3-B3	A4-B4	A5-B5
观测时间	累计变化量(mm)	累计变化量(mm)	累计变化量(mm)	累计变化量(mm)	累计变化量(mm)
2010-9-27	0.00000	0.00000	0.00000	0.00000	
2010-9-29	3.22	-2.09	2.04	5.36	
2010-9-30	0.86	-2.72	-1.28	2.01	
2010-10-4	-0.18	-4.73	0.97	-0.52	
2010-10-8	-2.09	-6.88	-3.14	-2.18	
2010-10-11	-3.82	-9.28	1.73	-4.23	
2010-10-14	1.72	-3.73	1.80	1.45	
2010-10-16	-0.09	-6.38	2.24	-0.68	

续上表

测点编号	A1-B1	A2-B2	A3-B3	A4-B4	A5-B5
观测时间	累计变化量(mm)	累计变化量(mm)	累计变化量(mm)	累计变化量(mm)	累计变化量(mm)
2010-10-18	0.29	-3.66	1.32	-1.06	
2010-10-22	2.50	-4.76	2.17	0.72	
2010-10-24	0.98	-6.62	5.94	-0.60	
2010-10-25	1.36	-6.57	1.18	-0.76	0.00
2010-10-26	1.41	-6.33	1.12	-0.99	-1.23
2010-10-27	1.46	-6.43	1.42	-1.29	-1.33
2010-10-28	1.15	-6.47	1.24	-1.02	-1.58
2010-10-29	1.14	-6.51	1.23	-1.00	-1.81
2010-10-30	1.14	-6.54	1.20	-0.98	-1.88
2010-11-1	0.13	-6.57	1.16	-0.96	-3.93

可以绘制收敛位移与时间的关系曲线、收敛位移与开挖空间变化的关系曲线、位移速率变化的时空关系曲线和断面的位移分布图,形成监测报告,及时反馈给参建单位,分别见图8-22、图8-23和图8-24。

隧道收敛监测报告

测试日期:2010.10.2 测试时间:下午3点 天气:阴雨 隧道内温度:15℃				本监测项目测点布设示意图 (见附图)			
测量里程	自编号	收敛值 (mm)	变化量(mm)	测量里程	自编号	收敛值 (mm)	变化量(mm)
			本次变量 | 累计变量				本次变量 | 累计变量
左线 DK24+260	A1-B1	—	— | —	右线 DK24+242	C1-D1	5209.82	0.41 | 0.16
	A2-B2	5190.62	-0.14 | -3.32		C2-D2	5238.72	0.72 | -1.44
左线 DK24+255	A3-B3	5001.85	-0.2 | -6.65				
	A4-B4	5200.84	0.32 | -14.85				
备注:左线A1-B1由于施工原因无法测试							
收敛变化曲线图 (见附图)							
注:	+为拉伸;-为收缩						

测量:　　　　　　　　　　　　　　　　　　　　　　　　复核:

图8-22 隧道净空收敛监测报告

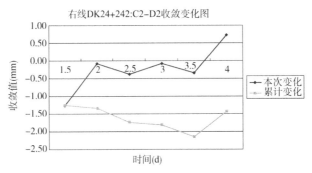

图8-23 某断面净空收敛变化图

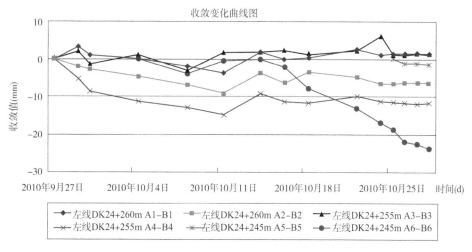

图 8-24 某区间收敛变化曲线图

五、建筑物裂缝监测

在轨道交通工程施工过程中,由于周围岩土体受力改变,导致了周边建(构)筑物地基和基础的不均匀沉降,必然会引起结构构件的应力调整,因此,在建筑物表面有裂缝现象发生时,为了观测其现状和发展,应对裂缝进行监测。

1. 裂缝监测的内容与分级

裂缝观测的主要目的是查明裂缝情况,掌握变化规律,分析成因和危害,以便采取相应的对策,保证建筑物的安全。裂缝监测主要是测定建筑物上裂缝的分布位置、裂缝的走向、长度、宽度、深度、错距及其变化程度。对于观测的裂缝数量,根据需要而定,对主要的或变化大的裂缝应进行观测。

Burland(1974)等根据裂缝宽度将建筑物破坏程度分为 6 级(见表 8-11),认为裂缝宽度小于 5mm 时,建(构)筑物受到的影响程度为轻微。

建(构)筑物的破坏程度分级　　　　表 8-11

破坏程度	典型破坏症状描述	裂缝宽度(mm)
无损坏	毛细裂缝	<0.1
极轻微	裂缝可轻易装修处理,建筑物可能存在单独的轻微裂缝,外部墙体可近距离发现小裂缝	0.1~1.0
轻微	裂缝可轻易填补,内墙上出现数条裂缝,外墙裂缝可见且需嵌缝以防风雨,门窗开启稍受影响	1.0~5.0
中度	裂缝需要清理并补修,重新生成的裂缝可以用适当的衬材遮盖,外部砖墙可能需要重砌,门窗卡住,公共服务设施可能中断,需经常修补漏水	5.0~15.0 或数条≤3.0
严重	需大规模修补建筑物,包括拆除或置换部分墙体,门窗外框扭曲,楼板显著倾斜,管道断裂	15.0~25.0, 并与裂缝数量有关
极严重	建筑物需要部分或全部重建,梁支撑端松脱,墙倾斜严重并需要加支撑,窗户因扭曲而破坏,结构有失稳的危险	>25.0, 并与裂缝数量有关

2.裂缝观测要求

(1)裂缝观测应测定建筑物上的裂缝分布位置及其走向、长度、宽度和变化情况。

(2)当建筑物上存在多处裂缝时,应对其进行编号,每条裂缝至少观测两组观测标志,其中一处应在其最宽处,另一处应在裂缝末端。每组使用两个对应标志,分别在裂缝两侧。

(3)裂缝观测标志应具有可供量测的明晰端面或中心。

(4)对于数量少量测方便的裂缝,可以根据标志形式的不同,分别采用比例尺、小钢尺、或游标卡尺等定期测出裂缝的变化值。需要连续监测裂缝变化时,可以采用测缝计或传感器自动测计方法观测。对于大面积的裂缝,可采用近景摄影测量等方法进行监测。

(5)裂缝观测的周期应根据其变化速度而定。开始时周期可以为半月一次,以后可以每月测量一次。当裂缝突然加大时,要及时增加观测次数。

(6)裂缝观测中,裂缝宽度数据应量至0.1mm,每次观测应绘出裂缝的位置、形态和尺寸,同时要注明日期和拍摄照片。

3.裂缝观测标志

为了观测裂缝的发展情况,要在裂缝处设置观测标志。对标志的基本要求是:当裂缝变化时,标志能相应地开裂或变化,并能正确地反映建筑物裂缝发展情况,其标志形式一般采用如下两种:

(1)石膏板标志。当仅需要掌握已开裂缝是否继续发展时,可以采用此方法。石膏板标志用厚度10mm、宽度50~80mm的石膏板,在裂缝两侧固定牢固。当裂缝继续发展时,石膏板开裂,从而可以观察裂缝的发展情况。

(2)白铁片标志。如图8-25所示,用两片白铁皮,一片可以取150mm×150mm的正方形,固定在裂缝的一侧,并使其一边和裂缝的边缘对齐;另一片可以取50mm×200mm的矩形,固定在裂缝的另一侧,使两块白铁皮边缘平行,同时保证其中一部分重叠。当二者固定后,在表面涂上红色油漆。如果裂缝继续发展,两块铁皮逐渐拉开,露出正方形白铁上原来被覆盖的没有油漆的部分,其宽度即为裂缝加大的宽度,用钢尺直接量出即可。

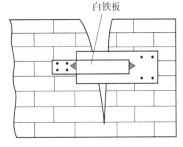

图8-25 白铁片观测裂缝

4.裂缝观测的方法

对于混凝土建筑物上裂缝的位置、走向和长度的监测,是在裂缝的两端用油漆画线作为标志,或在混凝土表面绘制方格坐标,用三角尺或钢尺丈量。

(1)测微器法。该方法主要用于测量裂缝的宽度和错距,主要包括单向标点测缝法和三向标点测缝法。

①单向标点测缝法:一般用于测量裂缝的宽度。在实际应用中,可以根据实际情况,对重要的和有代表性的位置,在裂缝两侧各埋设一个标点;标点直径为20mm、长度约为80mm的金属棒,埋入混凝土内60mm,外露部分为标点,并加保护盖。两标点间距不少于150mm,用游标卡尺定期地测定两个标志间的距离变化,以此掌握裂缝的发展情况,其测量精度一般可达到0.1mm。

②三向标点测缝法:三向标点测缝有板式和杆式两种,目前大多采用板式三向测缝标点。板式三向测缝标点是将两块宽为30mm、厚为5~7mm的金属板制作成相互垂直的3个

方向的拐角,并在型板上焊三对不锈钢的三棱柱条,用以观测裂缝在3个方向上的变化,用螺栓将型板固定于混凝土上,见图8-26。使用游标卡尺测量每对三棱柱条之间的距离变化,即可得到三维相对位移。

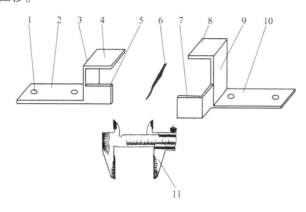

图8-26 隧道衬砌混凝土裂缝的三维量测装置

1-固定孔;2-左底板;3-左侧板;4-左上侧板;5-左前侧板;6-裂缝;7-右前侧板;8-右上侧板;9-右侧板;10-右底板;11-卡尺

(2)测缝计法。测缝计可分为电阻式、电感式、电位式和钢弦式等多种,由波纹管、上接座、接线座和接座套筒组成仪器外壳。差动电阻式的内部构造是由两根方铁杆、导向板、弹簧及两根电阻丝组成,两根方铁杆分别固定在上接座和接线座上,形成一个整体。

①差动电阻式测缝计。该仪器埋设于混凝土内部,遥测建筑物结构伸缩缝的开合度,经过适当改装,也可以监测大体积混凝土表面裂缝的发展和基岩变形。

当测缝计产生外部变形时,由于外部波纹管及传感部件中的弹簧承担了大部分变形,小部分变形引起钢丝电阻的变化,而两组钢丝的电阻在变形时的变化是差动的,电阻的变化与变形成正比;由测出的电阻比即可算出测缝计承受的变形量。

②振弦式测缝计。该仪器用于测量接缝的开合度,如建筑物、桥梁、管道和大坝等混凝土的施工缝;土体内的张拉缝与岩石和混凝土内的接缝等。仪器主要包括一个振弦式感应元件,该元件与一个经过热处理和消除应力的弹簧连接,弹簧两端分别与钢弦、连接杆相连。仪器完全密封并可以在高达250psi(1.7MPa)的压力下操作。当连接杆从主体拉出,弹簧被拉长导致张力增大并由振弦感应元件测量。钢弦上的张力与拉伸成比例,因此,接缝的开合度通过振弦读数仪测出应力变化而精确地确定,如图8-27所示。

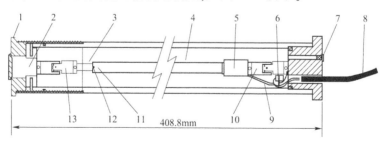

图8-27 振弦式测缝计

1-套筒底座;2-仪器连接器;3-传递杆;4-传感器外壳;5-线圈组件;6-雷击保护器;7-通气螺丝;8-仪器电缆;9-导线;10-万向节;11-定位槽;12-定位销;13-万向节

(3)智能裂缝测宽仪。该仪器可广泛用于桥梁、隧道、建筑物、混凝土路面、金属表面等裂缝宽度的定量检测。设备主要由手持式彩色液晶屏主机、彩色显微放大探头构成,测量时程序自动扫描、捕获裂缝并在显示屏上实时显示裂缝的宽度数值,也可以对需要的裂缝进行拍照(裂缝照片中同时保存裂缝图像、宽度数据、刻度尺、放大倍数和裂缝编号等图像信息),裂缝照片为标准 BMP 格式/JPG 格式,直接存储到任意 U 盘中,方便用户进一步的图像分析或打印存档。如图 8-28 所示。

其功能特点如下:

①探头对准裂缝即可自动判读裂缝宽度,直接将裂缝宽度值数字显示在屏幕上,可将裂缝的各种信息如宽度、日期、标尺和测量人员同时存入图像文件中。

②拍摄裂缝照片、照片回放浏览功能。

③可选择使用多种放大倍数探头,测试范围可达 12mm。

④探头自带照明装置,全天候工作,不受光线变化影响。

⑤裂缝照片为 JPG、BMP 格式,直接拍摄存储到任意 U 盘/SD 卡中。

⑥智能裂缝测宽仪是能在裂缝照片中同时保存裂缝图像、数据宽度、刻度尺、放大倍数和裂缝编号等信息(见图 8-29)。

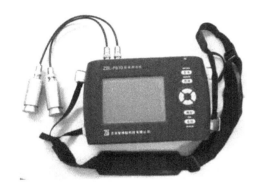

图 8-28　某型号裂缝检测仪

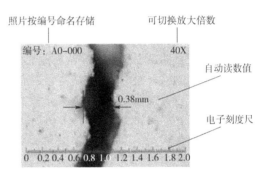

图 8-29　智能裂缝检测仪成果图片

六、现场巡查与视频监控

(一)明(盖)挖法基坑工程

1.巡查目的

基坑工程现场巡查与现场监测具有同样重要的作用,其目的如下:

(1)直观查看基坑工程施工进度情况、施工开挖范围地质情况、施工结构质量和稳定情况、周边环境异常变化等信息,然后进行工程安全风险分析。

(2)作为现场监测工作的一项重要补充,可以对监测点未覆盖的区域进行查看,保证监测覆盖全面,避免监测死角的存在,同时根据巡查情况调整监测工作。

2.巡查内容

1)施工工况

(1)开挖长度、分层高度及坡度,开挖面暴露时间。

(2)开挖面岩土体的类型、特征、自稳性,渗漏水量大小及发展情况。

(3)降水或回灌等地下水控制效果和设施运转情况。

(4)支护桩(墙)后土体裂缝、沉陷,基坑侧壁或基底的涌土、流沙河管涌情况。

(5)基坑侧壁和周边地表截水与排水措施和效果,坑边或基底积水情况。

(6)基坑周边的超载情况。

(7)放坡开挖的基坑边坡位移和坡面开裂情况。

2)支护结构

(1)支护桩(墙)的裂缝和侵限情况。

(2)冠梁和围檩的连续性,围檩与桩(墙)之间的密贴性,围檩与支撑的防坠落措施。

(3)冠梁、围檩与支撑的变形或裂缝情况。

(4)支撑架设情况。

(5)盖挖法顶板的变形与开裂,顶板与立柱、墙体的连接情况。

(6)锚杆、土钉垫板的变形和松动情况。

(7)止水帷幕的开裂和渗漏水情况。

3)周边环境

(1)建(构)筑物、桥梁墩台或梁体、既有轨道交通结构等的裂缝位置、数量和宽度,混凝土剥落位置、大小和数量,设施的使用情况。

(2)地下构筑物积水和渗水情况,地下管线的漏水、漏气情况。

(3)周边路面或地表的裂缝、沉陷、隆起和冒浆的位置、范围等情况。

(4)河流、湖泊的水位变化情况,水面出现旋涡和气泡的位置、范围,堤坡裂缝宽度、深度、数量和发展趋势等。

(5)工程周边开挖、堆载、打桩等可能影响工程安全的生产活动。

此外,基准点、监测点、监测元器件的完好状况、保护情况应定期巡视检查。

3. 巡查方法

在基坑开挖施工之前,应对工点进行现场踏勘,了解工点周边的实际情况。同时,与周边环境风险工程产权单位联系,听取产权单位、建设单位和设计单位等部门的意见、要求,并记录在案。

根据工点的土建施工计划和相关产权单位的要求,综合考虑施工影响和环境因素等情况,然后确定巡查范围,编制相应的巡查方案。按照监测人员组织方案的要求配备现场安全巡查员,对担任巡查工作的人员进行方案交底,并配备巡查所需的器具设备。交底内容主要包括以下 5 点。

(1)现场巡查的目的。

(2)现场巡查的内容、频率和需要加密巡查频率的情况。

(3)现场巡查的方法和手段。

(4)巡查的预警标准。

(5)相关的工程设计图纸、施工筹划与监测方案。

巡查需配备的器具和设备包括:游标卡尺、裂缝读数显微镜、钢卷尺、锤、钎、放大镜、手电筒和照相机等。

在施工过程中,要根据工程进度和巡查计划及时进行现场巡查,现场记录影像资料,填写巡查记录;如发现异常与危险情况,应及时通知各个相关单位采取相应的措施。

明(盖)挖法基坑工程的岩土体开挖面、支护结构、周边环境等部位需要开展视频监控工作。根据该施工方法的风险情况和视频监控工作的特点,工程监测过程中视频监控重点关注内容主要有:

①地层变化情况;
②是否发现不明管线;
③是否有渗漏水情况;
④支撑架设的及时性;
⑤横支撑是否施加预应力;
⑥锚杆(索)施工情况;
⑦桩间挂网及分层喷射混凝土情况;
⑧注浆情况;
⑨基坑周边堆载及车辆往来情况;
⑩开挖面劳动力组织和专职安全员到位情况、施工规范性与现场风险处置情况等。如表8-12所示。

某轨道交通工程巡视监视表　　　　　　表8-12

巡 视 监 测 表						
工程名称:		观测:		时间:		报表编号:
分类	巡视内容	巡视检查结果				备注
		周一	周三	周五	周日	
自然条件	气温	21	20	24	18~25	
	雨量	无	无	中雨	无	
	风级	无	无	无	无	
支护结构	支护结构				裂缝	40mm
施工情况	基坑开挖分段情况	正常	正常	正常	正常	
	基坑周边地面堆载情况	少量堆载	少量堆载	少量堆载	少量堆载	
周边环境	地下管道破损、泄漏情况	无	无	无	无	
	周边建筑物裂缝	无	无	无	无	
	周边道路地面	正常	正常	正常	正常	
监测设施	基准点、测点完好情况	一般	一般	一般	一般	部分被破坏
	观测工作条件	一般	一般	一般	一般	有时候被挡
巡视说明						

(二)盾构法隧道工程

1.巡查目的

盾构法隧道施工现场巡查的目的如下:

(1)直观查看盾构法施工有无异常变化,便于综合工程施工进度情况、施工开挖范围地质情况、施工结构质量和稳定情况、周边环境异常变化等信息进行工程安全风险分析。

(2)作为现场监测工作的重要补充,可以对监测点未覆盖区域进行查看,保证监测的全面覆盖。

2.巡查方法

需要进行现场踏勘、工程资料研究与交底、盾构设备状态观察记录、周边环境观察描述及对巡查的总结反馈等。

3.巡查内容

(1)盾构始发端和接收端土体加固情况。

(2)盾构掘进位置。

(3)盾构停机和开仓等的时间和位置。

(4)管片破损、开裂、错台和渗漏水情况。

(5)联络通道开洞口情况。

盾构法隧道工程的始发、接收井与联络通道部位需开展视频监控工作。根据该工法风险情况和视频监控工作的特点,工程监测过程中视频监控重点包括:当前施工是否规范;周边建(构)筑物和桥梁等的变形情况;现场风险处置情况等。

(三)矿山法隧道工程

1.巡查目的

巡视观察法就是定期安排技术人员在工程施工范围内进行巡视观察并记录相关信息,从宏观和定性方面了解岩土体是否有异常变化。洞内施工巡视应紧跟掌子面的推进及时进行,主要是查看围岩的岩性、结构的产状和填充物、地下水活动等。洞内巡查的目的:一是确定围岩分类;二是预测围岩的稳定和安全。而洞外巡查主要是巡查隧道施工对周围环境变化的影响。

仪器的监测是定量数据,从数据中发现的往往是量变的过程,而一些规范和工程经验的警戒限值都是大家长期沿用下来的安全底限,是一个具体的量值。而直接导致工程事故或其前兆现象发生的量值具有很大的范围,有时远远高于常规警戒值,有时甚至会低于常规警戒值。而目测有时能及时发现质变的前兆,对现象作出定性结论。因此现场安全巡视是地下施工监测的重要工作之一。

2.巡查内容

对于施工开挖面地质状况的巡查主要包括以下内容:首先是土层性质及稳定性,包括土层性质及其稳定性;开挖面土体渗漏水情况;工作面坍塌。其次是降水效果,包括抽降水控制效果、降水井井位、出水量及其含砂量、变化情形及持续时间和附近地面沉陷情况等。

对支护结构体系巡查内容包括:

①支护体系施作及时性。

②渗漏水情况,包括水量、水质、颜色、气味、发生位置和趋势等。

③支护体系开裂和变形变化情况,包括初期支护扭曲变形部位、变形程度、发展趋势、可能产生的后果;喷射混凝土出现裂缝和剥离的长度、位置、宽度和发展趋势;临时支撑脱开发生位置、周边变化和可能后果等。

对于矿山法隧道工程的岩土体开挖面、施工竖井、洞口、通道、提升设备等部位需开展视频监控工作。重点需要关注的内容包括:地层变化情况、是否有渗水和坍塌情况、上台阶核心土留设情况及其规范性、钢格栅的安装情况和锁脚锚杆打设情况、开挖面劳动力的组织和专职安全员到位情况、分层喷射混凝土情况、网片铺设情况、壁后回填注浆情况和超前小导管打设情况、竖井施工提升设备挂钩和吊装作业情况等。

第二节 应力应变监测

应力应变监测的主要仪器,有轴力计、锚索测力计和钢筋计、应变计、土压力计以及锚杆测力计。

一、轴力计

在地下工程中,轴力计(ergometer)又称为振弦式反力计,是一种振弦式载重传感器,它具有分辨力高、抗干扰性能强,对集中荷载反应灵敏、测值可靠和稳定性好等优点,能长期测量基础对上部结构的反力,以及钢支撑轴力及静压桩试验时的荷载,并可同步测量埋设点的温度。轴力计的外壳是一个经过热处理的高强度钢筒,根据测量原理不同,轴力计可以分为钢弦式和电阻应变式,与其配套使用频率计和电阻应变仪进行测读,如图8-30所示。

图8-30 轴力计

1.轴力计的埋设与安装

(1)安装架圆形钢筒上没有开槽的一端面与支撑的牛腿上的钢板电焊焊接牢固;电焊时必须与钢支撑中心轴线与安装中心点对齐。

(2)待冷却之后,把轴力计推入焊好的安装架圆形钢筒内,同时用圆形钢筒上的4个M10螺钉把轴力计牢固地固定在安装架内,保证支撑吊装时轴力计不会滑落下来。

(3)测量出轴力计的初频是否与出厂时的初频相符合;然后把轴力计的电缆妥善地绑在安装架的两翅膀内侧,保证钢支撑在吊装过程中不损伤电缆。

(4)钢支撑吊装到位后,即安装架的另一端与支护墙体上的钢板对正,轴力计与墙体上的钢板间最好再增加一块250mm×250mm×25mm的钢板,防止钢支撑受力后轴力计陷入墙体内,造成测力不准的情况发生。

(5)在施加钢支撑预应力前,把轴力计的电缆引至方便测量处,进行轴力计的初始频率的测量和记录。

轴力计安装,如图8-31所示。

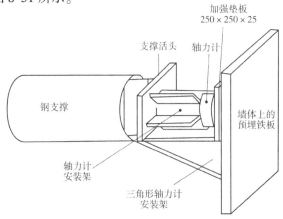

图8-31 轴力计安装示意图

施加钢支撑预应力达设计标准后,即可开始测量。

变化量的确定方法:一般情况下,本次支撑轴力测量与上次同点号的支撑轴力的变化量,与同点号初始支撑轴力值之差为本次变化量。并填写成果汇总表及绘制支撑轴力变化曲线图。如图8-32所示。

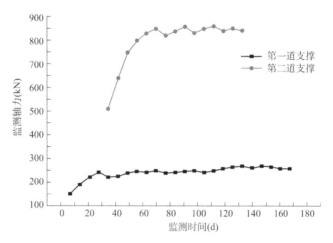

图8-32 支撑轴力变化曲线图

2.数据处理

计算公式为:

$$P = K\Delta F + b\Delta T + B \tag{8-8}$$

式中:P——支撑轴力(kN);

K——轴力计的标定系数(kN/F);

ΔF——轴力计输出频率模数实时测量值相对于基准值的变化量(F)($\Delta F_1 + \Delta F_2 + \Delta F_3$)/3;

b——轴力计的温度修正系数(kN/℃);

ΔT——轴力计的温度实时测量值相对于基准值的变化量(℃);

B——轴力计的计算修正值(kN)。

注:频率模数 $F = f^2 \times 10^{-3}$。

二、锚索测力计

1.仪器组成

振弦式锚索测力计由弹性圆筒、密封壳体、信号传输电缆、振弦和电磁线圈等组成。如图8-33所示。

2.工作原理

当被测荷载作用在锚索测力计上时,将引起弹性圆筒的变形并传递给振弦,转变成振弦应力的变化,从而改变振弦的振动频率。电磁线圈激振钢弦并测量其振动频率,频率信号经电缆传输至振弦式读数仪上,即可读出其频率值,从而计算出作用在锚索测力计上的荷载值。为了减少不均匀和偏心受力影响,设计时在锚索测力计的弹性圆筒周边内平均安装了三套振弦系统,测量时只要接上振弦读数仪就可以直接读出三根振弦的频率平均值。其构造见图8-34。

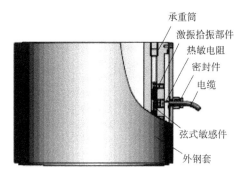

图 8-33　振弦式锚索测力计　　　　图 8-34　振弦式锚索测力计构造图

3.锚索计的安装与使用

根据结构设计要求,锚索计安装在张拉端或者锚固端,安装时钢绞线或锚索从锚索计的中心穿过,测力计处于钢垫座和工作锚之间。

安装过程中应随时对锚索计进行监测,并从中间锚索开始向周围锚索逐步加载以免锚索计的偏心受力或者过载。其安装示意图,如图8-35所示。

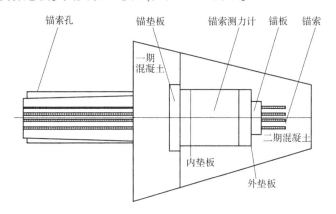

图 8-35　锚索测力计安装示意图

(1)测量

振弦式锚索测力计的测量由振弦频率读数仪完成。使用方法按照相应读数仪的使用要求操作,测量完成后,记录传感器的频率值、温度值、仪器编号、设计编号和测量时间。

(2)数据处理

计算公式如下:

$$P = K\Delta F + b\Delta T + B \tag{8-9}$$

式中:P——被测锚索的荷载值(kN);

K——仪器标定系数(kN/F);

ΔF——锚索测力计,三弦实时测量频率模数的平均值相对于基准模数的平均值的变化量(F),$(\Delta F_1 + \Delta F_2 + \Delta F_3)/3$;

b——锚索测力计的温度修正系数(kN/℃);

ΔT——锚索测力计的温度实时测量值相对于基准值的变化量(℃);

B——锚索测力计的计算修正值(kN)。

注:频率模数 $F = f^2 \times 10^{-3}$。

三、钢筋计

钢筋计又称为钢筋应力计(stress gauge),用于测量钢筋混凝土内的钢筋应力。国内常用的有振弦式和电阻应变式两类,钢筋计与受力主筋一般通过连杆电焊的方式连接,容易产生电焊高温,会对传感器产生不利影响以及带来偏心问题,所以在实际操作时应保证钢筋计两端的连杆有足够长度的焊接段。

1. 钢筋计的安装

钢筋计焊接在钢筋笼的主筋上(见图 8-36),当作主筋的一段,焊接面积不应少于钢筋的有效面积。在焊接钢筋计时,为避免热传导使其零漂增加,需要采取冷却措施,用湿毛巾或者流水冷却是常用的有效方法。

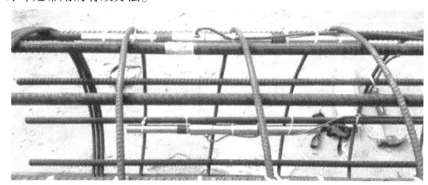

图 8-36 钢筋计的焊接

在开挖侧与挡土侧的主筋对应位置都安装钢筋计,钢筋计布置的间距一般为 2000～4000mm,视结构的重要性和监测需求而定。

2. 钢筋计的原理

振弦式与电阻应变式钢筋计,其接收仪分别是频率仪和电阻应变仪。

振弦式钢筋计的工作原理是:当钢筋计受到轴力时,引起弹性钢弦的张拉变化,改变振弦的振动频率,通过频率仪测得钢弦的频率变化即可测出钢筋所受作用力的大小,换算为混凝土结构所受的力即可。

电阻应变式钢筋计的工作原理是:利用钢筋受力后产生的变形,导致粘贴在钢筋上的电阻片产生变形,从而测出应变值,得出钢筋所受作用力的大小。

3. 钢筋计的用途和数据处理

钢筋计的用途如下:

可以用来测量支护结构沿深度方向的应力,换算为弯矩;基坑支护结构的轴力和平面弯矩;结构地板所受的弯矩。

钢筋计主要用来测量支护结构的弯矩,结构一侧受拉,另一侧受压,相应的钢筋计一只受拉,而另一只受压。测得钢筋计钢弦频率,然后由频率换算成钢筋应力值,再换算为整个混凝土结构所受的弯矩。公式如式(8-10)。

$$M = d(\sigma_1 - \sigma_2) \times 10^{-5} = \frac{E_C}{E_S} l_C (\sigma_1 - \sigma_2) \times 10^{-5} \tag{8-10}$$

式中:M——弯矩(t·m/m);

σ_1、σ_2——开挖面、挡土面钢筋应力(kg/cm²);

E_S——钢筋的弹性模量(kg/cm^2);

E_C——混凝土结构的弹性模量(kg/cm^2);

l_C——结构断面惯性矩;

d——开挖面、挡土面钢筋计间的中心距离(cm)。

4. 钢筋计的操作要点

钢筋计的操作要点如下:做好钢筋计传感部分和信号线的防水处理;仪器安装前必须做好信号线与钢筋计的编号,做到一一对应;钢筋计的焊接质量必须要保证;钢筋计安装好后,浇筑混凝土前测量一次初值;测数时同时用温度计测量气温,考虑温度补偿。

四、应变计

应变计(strain gauge)是用于监测结构承受荷载、温度变化而产生变形的监测传感器。建筑物及岩土体内部应力应变观测的目的,在于了解其应力的实际分布,求得拉应力、压应力和剪应力的位置、大小以及方向,核算其是否超越材料强度的允许范围,以便估量结构强度的安全程度。但是观测应力是个十分复杂的技术难题,迄今为止,还未研制出可以直接观测拉、压应力的实用而有效的仪器。因此,长期以来,应力应变的观测,主要还是利用应变计观测应变,再通过力学计算得到应力的分布。

从某种意义上讲,应变计是混凝土应力应变观测的重要手段。常用的应变计主要包括埋入式应变计、无应力式应变计和表面应变计。从工作原理上来划分,有差动电阻式、钢弦式、差动电感式、差动电容式和电阻应变片式等。国内最常用的是差动电阻式应变计。配合埋设无应力应变计,可以进行混凝土应力应变观测。差动电阻式应变计经国内长期使用,是一种性能可靠的仪器。近年来也使用钢弦式应变计,它与其他类型应变计相比,其输出的是频率信号,电缆长度可达1.5km,长期稳定性较好,且分辨率较高,不受传输电缆长度的影响。

1. 差动电阻式应变计

(1)用途:应变计埋设于混凝土内或其表面观测其应变,也可测量浆砌块石、建筑物或基岩内的应变。通过改装,还可以测量钢板应力。差阻式应变计可以同时监测埋设点的温度。

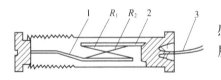

图8-37 差动电阻式应变计结构图
1-方铁杆;2-外壳;3-引出电缆;R_1、R_2-应变电阻

(2)结构形式:差动电阻式应变计,主要由电阻传感器部件、外壳与引出电缆3部分组成。如图8-37所示。

(3)工作原理

①当仪器温度不变而轴向受到应变量为ε的变形时,电阻比变化ΔZ与ε具有线性关系$\varepsilon = f\Delta Z$,其中f为仪器小读数。

②当仪器两端标距不变,而温度增加Δt时,电阻比变化$\Delta Z'$,表明仪器存在应变量ε',且$\varepsilon' = f\Delta Z'$是由温度变化产生的。由实验可知$\varepsilon' = f\Delta Z' = -b\Delta t$,其中$b$为仪器的温度修正系数($10^{-6}/℃$)。

③埋设在混凝土建筑物内部的应变计,受变形和温度双重作用应变的计算公式为:

$$\varepsilon_m = f\Delta Z + b\Delta t^3 \qquad (8-11)$$

式中:ε_m——混凝土的应变量。

④仪器内部总电阻$R_t = (R_1 + R_2)$与仪器温度t有以下关系:当$60℃ \geq t \geq 0℃$时$t' = \alpha'(R_t - R_0')$,当$0℃ \geq t \geq -25℃$时,$t' = \alpha''(R_t - R_0')$。式中,$t$为埋设点的温度(℃);$R_t$为仪器

总电阻值($R_t = R_1 + R_2$);R_0'为仪器计算冰点电阻(Ω)(该值由厂家给出);α''为仪器零点温度系数(℃/Ω),由厂家给出。

2. 钢弦式应变计

(1)用途。直接埋入混凝土内的钢弦式应变计,通常用于测量基础、桩、桥、大坝和隧道衬砌等混凝土的应变值。

(2)结构形式。钢弦式应变计主要由端头、应变管、钢弦、电磁激励线圈和引出导线等组成(见图8-38)。低弹模混凝土使用的应变计的应变管多采用波纹管;高弹模混凝土使用的应变计则采用薄壁钢管作为应变管。

(3)工作原理。埋入式应变计被固定于混凝土结构物中,通过两端的端头与混凝土紧密嵌固,中间受力的应变管用布缠绕,与混凝土隔开。当混凝土产生应变时,则由端头带动应变管产生变形,使钢弦内的应力发生变化,再用频率测定仪测出钢弦受力变形后的频率值,即可求出混凝土真正的应变值。

五、土压力计

1. 用途

土压力观测是土力学理论和实验研究的一个重要方面,是观测测试的重要内容。除了在特点条件下,通过测定土体支撑结构物的变形来换算土压力外,一般采用土压力计来直接测定。土压力计按照埋设方法分为埋入式和边界式两种。埋入式土压力计是埋入土体中测量土中的应力分布,也称为土中压力计或者介质式土压力计。而边界式土压力计是安装在刚性结构物表面,受压面面向土体测量接触压力。这种土压力计也称为界面式或接触式土压力计。

单只土压力计一般仅可测量与其表面垂直的正压力,3~4只土压力计成组埋设,相互间成一定角度,即可用应力状态理论求得观测点上的大、小主应力和最大剪应力。

2. 结构形式

土压力计有立式、卧式和分离式3种结构形式,均应满足以下要求。

(1)压力计直径D与其工作面中心挠度δ之比满足:D/δ大于2000。

(2)压力计直径D与其厚度H之比:$D/H > 10 \sim 20$(边界式土压力计可不受此限制)。

(3)压力计刚度要大,其等效模量要大于土的模量5~10倍。

(4)压力计工作面受力产生的过程应尽量接近于实际过程,且只对受力方向的力反应灵敏,而不受侧向压力的影响。

为了满足以上要求,埋入式土压力计均设计为分离式结构。它主要由压力盒、压力传感器、油腔、承压膜、连接管和屏蔽电缆等组成。其结构,如图8-39所示。

图8-38　埋入式应变计　　　　图8-39　钢弦式土压力计(埋入式)

竖式与卧式土压力计均有连接管。以钢弦式土压力计为例,竖式土压力计的钢弦垂直于受压板的中心,一端固定于受压板上,另一端固定在与受压板连成一体的刚性构架上。因此,当传感器受力后导致钢弦松弛,频率降低。卧式土压力计的钢弦则平行于受压板,钢弦固定支架垂直于受压板。因此,受压板受力后使钢弦拉紧,频率相应增大。竖式钢弦式土压力计,见图8-40。

3. 工作原理

以分离式土压力计为例,当土压力作用于压力盒的一次承压膜上时,承压膜产生微小的挠性变形,使油腔内液体受压,因液体不可压缩特性而产生液体压力,通过连接管传到压力传感器的受压膜即二次膜上,或使钢弦式传感器的自振频率发生变化,或使差动电阻式传感器的电阻比和电阻值发生变化。对电阻应变片式传感器而言,则使四个桥臂的电阻发生变化。通过测读仪表测出相应的变化值,经换算即可求得所测土压力值。

六、锚杆测力计

1. 用途

锚杆测力计(rock-bolt dynamometer)用于测量地下工程中的荷载或集中力的传感器,称为测力计,如图8-41所示。在地下工程中为了观测锚杆加固效果和荷载的形成与变化,采用该仪器进行测量。根据锚杆测力计采用传感器的不同,可以分为差动电阻式、钢弦式和电阻应变片式测力计。

图8-40 钢弦式土压力计　　　　　图8-41 锚杆测力计

2. 结构组成

锚杆测力计主要由:手动加压泵,空心千斤顶两大部分,并用高压橡胶管连接而组成。锚杆测力计体积小,重量轻,携带方便,更主要的是不需要加配其他辅助工序,因随机配有可将锚杆直接卡锁的夹具,具有卡装牢固方便,拆卸方便等特点。

3. 注意事项

严禁超负荷使用,数显峰值表禁止超出最大量程。应保持系统清洁,连接拉油管前应将接头处灰尘擦净,油缸测试完毕应复位。油缸工作时底部应摆平放稳,与所测锚杆成直线,不得超行程工作。

第三节　地下水监测

地下水监测的主要仪器,有水位计和孔隙水压力计。

一、水位计

地下水位的监测方法可以通过钻孔设置水位观测管,采用测绳或水位计等进行测量。

水位观测管埋设稳定后应测定孔口高程并计算水位高程。人工观测地下水位的测量精度不宜低于20mm,仪器观测精度不宜低于0.5%F.S。钢尺水位计通常用于测量井、钻孔及水位管中的水位,特别适合于土建工程中地下水位的观测。本仪器可在施工期间使用,也可以作为工程的长期监测使用,如图8-42所示。

图8-42 钢尺水位计

1. 原理结构

水位变化量的测读由以下两大部分组成。

(1)地下材料埋入部分,由水位管和底盖组成。

(2)地面接收仪器为钢尺水位计,由测头、钢尺电缆、接收系统和绕线盘等组成。

①测头部分:由不锈钢组成,内部安装了水阻接触点。当触点接触到水面时,便会接通接收系统;当触点离开水面时,就会关闭接收系统。

②钢尺电缆部分:钢尺与导线采用塑胶工艺合二为一,既防止了钢尺锈蚀,又简化了操作过程,测读更加方便和准确。

③接收系统部分:由音响器、指示灯和峰值指示器组成。音响器发出连续不断的蜂鸣声响,同时指示灯点亮,峰值指示为电压表指示。

2. 使用方法

测量时,让绕线盘自由转动后,按下电源按钮,把测头放入水位管内,手拿钢尺电缆,让测头缓慢向下移动,当测头的接触点接触到水面时,接收系统的音响器会发出连续不断的蜂鸣声。此时,读出钢尺电缆在管口处的深度尺寸,即为地下水位离管口的距离。

在测读过程中必须注意以下两点:

(1)当测头的触点接触到水面时,音响器会发出声音,指示灯亮,电压表指针转动。此时,应缓慢地下放钢尺电缆,以便仔细寻找到发音或指示瞬间的确切位置,从而读出该点距孔口的深度尺寸。

(2)读数的准确性,决定于及时地判断蜂鸣器或指示的起始位置;测量的精度与操作者的熟练程度有关。

二、孔隙水压力计

孔隙水压力监测应根据工程测试的目的、土层的渗透性和测试期的长短等条件,选用封闭或开口方式埋设孔隙水压力计进行。孔隙水压力监测需要通过埋设振弦式、应变式等孔隙水应力计采用频率仪或应变仪测量,其量程应满足监测范围内静水压力与超孔隙水压力之和的2倍,精度不宜低于0.5%F.S,分辨率不宜低于0.2%F.S。

孔隙水压力计又称为渗压计(pore pressure cell),是用于测量由于打桩、基坑开挖、地下工程开挖等作业扰动土体而引起的孔隙水压变化的测量传感器。

1. 差动电阻式孔隙水压力计

(1)用途。用于测量岩土体内的渗透水压力,也可以监测埋设位置的介质温度;配备动态测试仪表,也可以测量水流的脉动压力或动态水位。

(2)结构形式。差动电阻式孔隙水压力计主要由前盖、透水石、弹性感应板、密封壳体、传感部件和引出电缆等组成。传感部件为差动电阻式感应部件,如图8-43所示。

(3)工作原理。渗透水流通过孔隙水压力计的进水口经过透水石作用于感应板,使其变形并推动传感器,引起传感组件上两组铁丝电阻变化,测出电阻比值和电阻值,就可以计算出埋设点的渗透压力和介质温度。

2. 钢弦式孔隙水压力计

(1)用途。钢弦式孔隙水压力计因传输信号为频率,不受电缆电阻、接头电阻和接地漏电等因素影响,允许长电缆数据传输,而且灵敏度高,能在恶劣条件下长期稳定工作。因此,广泛应用于监测大坝、混凝土建筑物、岩基、钻孔、基础、管道和压力容器内的孔隙水压力、水位或液体压力。

(2)结构形式。钢弦式孔隙水压力计由透水板、承压膜、钢弦、支架、线圈、壳体和传输电缆等构成,见图8-44。

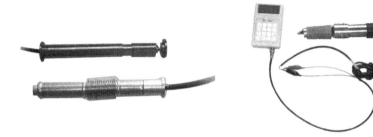

图8-43 差动电阻式孔隙水压力计　　　　图8-44 钢弦式孔隙水压力计

(3)工作原理。钢弦式孔隙水压力计将一根振动钢弦与一灵敏受压膜片相连,当孔隙水压力经过透水石传递至仪器内腔作用到承压腹上,承压膜连带钢弦一同变形,测定钢弦自振频率的变化,即可把液体压力转化为等同的频率信号测量出来。

复习思考题

1. 简述水平位移监测的基本原理是什么?
2. 水平位移监测有哪些主要的方法?
3. 基准线法包括哪些具体方法?
4. 水平位移监测应提交哪些成果?
5. 轨道交通工程中沉降监测技术有哪些?
6. 使用精密电子水准仪沉降观测之前,应首先进行哪些参数设置?
7. 沉降监测应提交哪些资料与图表?
8. 隧道净空收敛监测应提交哪些图表?
9. 水位监测的主要设备和方法有哪些?
10. 裂缝观测有哪些主要方法?

参 考 文 献

[1] 白福祥.道路与铁道工程试验检测技术.2版.[M].北京:人民交通出版社股份有限公司,2016.
[2] 龙兴灿.公路工程检测技术[M].北京:人民交通出版社股份有限公司,2018.
[3] 卿三惠,等.高速铁路施工技术:工程试验与检测分册[M].北京:中国铁道出版社,2013.
[4] 章关永.桥梁结构试验[M].北京:人民交通出版社,2010.
[5] 关宝树.隧道工程施工要点集[M].北京:人民交通出版社股份有限公司,2016.
[6] 朱庆新.轨道施工技术[M].北京:人民交通出版社股份有限公司,2017.
[7] 范智杰.隧道施工与检测技术[M].北京:人民交通出版社股份有限公司,2016.
[8] 中华人民共和国国家标准.GB 50307—2012 城市轨道交通岩土工程勘察规范[S].北京:中国计划出版社,2012.
[9] 中华人民共和国国家标准.GB 50490—2009 城市轨道交通技术规范[S].北京:中国建筑工业出版社,2009.
[10] 中华人民共和国国家标准.GB 50157—2013 地铁设计规范[S].北京:中国建筑工业出版社,2013.
[11] 中华人民共和国国家标准.GB/T 50299—2018 地下铁道工程施工质量验收标准[S].北京:中国建筑工业出版社,2018.
[12] 中华人民共和国行业标准.JGJ/T 70—2009 建筑砂浆基本性能试验方法标准[S].北京:中国建筑工业出版社,2009.
[13] 中华人民共和国国家标准.GB/T 50080—2016 普通混凝土拌合物性能试验方法标准[S].北京:中国建筑工业出版社,2016.
[14] 中华人民共和国国家标准.GB/T 50107—2010 混凝土强度检验评定标准[S].北京:中国建筑工业出版社,2010.
[15] 中华人民共和国国家标准.GB/T 50152—2012 混凝土结构试验方法标准[S].北京:中国建筑工业出版社,2012.
[16] 中华人民共和国国家标准.GB/T 50784—2013 混凝土结构现场检测技术标准[S].北京:中国建筑工业出版社,2013.
[17] 中国工程建设标准化协会标准 CECS 21—2000 超声法检测混凝土缺陷技术规程[S].北京:化学工业出版社,2000.
[18] 中华人民共和国行业标准.JGJ 106—2014 建筑基桩检测技术规范[S].北京:中国建筑工业出版社,2014.
[19] 中华人民共和国行业标准.TB 10102—2010 铁路工程土工试验规程[S].北京:中国铁道出版社,2010.
[20] 中华人民共和国行业标准.TB/T 3192—2008 铁路后张法预应力混凝土管道压浆技术条件[S].北京:中国铁道出版社,2008.
[21] 中华人民共和国行业标准.TB/T 2484—2005 预制先张法预应力混凝土铁路桥简支T梁技术条件[S].北京:中国铁道出版社,2005.

[22] 中华人民共和国行业标准.TB/T 2092—2018 预应力混凝土铁路桥简支梁静载弯曲试验方法及评定标准[S].北京:中国铁道出版社,2018.
[23] 中华人民共和国行业标准.TB/T 1853—2006 铁路桥梁钢支座[S].北京:中国铁道出版社,2006.
[24] 中华人民共和国行业标准.TB/T 1893—2006 铁路桥梁板式橡胶支座[S].北京:中国铁道出版社,2006.
[25] 中华人民共和国行业标准.TB/T 3417—2012 轨道检查仪[S].北京:中国铁道出版社,2012.
[26] 中华人民共和国行业标准.TB/T 1924—2008 标准轨距铁路轨距尺[S].北京:中国铁道出版社,2008.
[27] 中华人民共和国行业标准.TB 10415—2018 铁路桥涵工程施工质量验收标准.北京:中国铁道出版社,2018.
[28] 中华人民共和国行业标准.TB 10751—2010 高速铁路路基工程施工质量验收标准.北京:中国铁道出版社,2010.
[29] 夏才初.地下工程测试理论与监测技术[M].上海:同济大学出版社,2010.
[30] 金淮,张建全,吴锋波,任干.城市轨道交通工程监测理论与技术实践[M].北京:中国建筑工业出版社,2014.
[31] 文妮.高速铁路轨道施工与维护[M].成都:西南交通大学出版社,2010.
[32] 周晓军.地下工程监测和检测理论与技术[M].北京:科学出版社,2014.
[33] 李金生.工程变形监测[M].武汉:武汉大学出版社,2013.
[34] 上海市建设工程安全质量监督总站.软土地区城市轨道交通工程施工监测技术应用指南[M].上海:同济大学出版社,2010.
[35] 韩峰.铁道工程施工及检测技术[M].武汉:武汉大学出版社,2014.
[36] 韩玉民,李利,冷冰.土木工程测量[M].武汉:武汉大学出版社,2014.
[37] 李保平,潘国兵.变形监测[M].成都:西南交通大学出版社,2012.
[38] 姚直书,蔡海兵.岩土工程测试技术[M].武汉:武汉大学出版社,2014.
[39] 中华人民共和国国家标准.GB 50911—2013 城市轨道交通工程监测技术规范[S].北京:中国建筑工业出版社,2013.
[40] 中华人民共和国国家标准.GB/T 50308—2017 城市轨道交通工程测量规范[S].北京:中国建筑工业出版社,2017.
[41] 中华人民共和国国家标准.GB/T 12897—2006 国家一、二等水准测量规范[S].北京:中国建筑工业出版社,2006.